王阳明全集

全译本

石玉　译著

七

天津出版传媒集团
天津古籍出版社

本册目录

卷之二十一　外集三

书……1
答佟太守求雨……1
答毛宪副……4
与安宣慰……6
二……7
三……9
答人问神仙……12
答徐成之……14
二……16
答储柴墟……23
二……28
答何子元……31
上晋溪司马……34
二……37
上彭幸庵……38

寄杨邃庵阁老……39
二……41
三……44
四……45
寄席元山……47
答王亹庵中丞……47
与陆清伯……49
与黄诚甫……50
二……51
三……51
与黄勉之……52
复童克刚……53
与郑启范侍御……55
答方淑贤……57
二……58
与黄宗贤……59
二……60
三……62
四……64
五……66
答见山冢宰……67
与霍兀崖宫端……68
答潘直卿……70
寄翟石门阁老……71
寄何燕泉……72

卷之二十二　外集四

序……73

罗履素诗集序……73
两浙观风诗序……75
山东乡试录序……78
气候图序……81
送毛宪副致仕归桐江书院序……83
恩寿双庆诗后序……85
童刊文章轨范序……88
五经臆说序……90
潘氏四封录序……91
送章达德归东雁序……93
寿汤云谷序……94
文山别集序……97
金坛县志序……99
送南元善入觐序……101
送闻人邦允序……104
送别省吾林都宪序……105

卷之二十三　外集五

记……109
兴国守胡孟登生像记……109
新建预备仓记……113
平山书院记……115
何陋轩记……118
君子亭记……120
远俗亭记……122
象祠记……123
卧马冢记……125
宾阳堂记……127

重修月潭寺建公馆记……128
玩易窝记……131
东林书院记……133
应天府重修儒学记……135
重修六合县儒学记……137
时雨堂记……141
重修浙江贡院记……142
浚河记……145

卷之二十四　外集六

说 杂著……147
白说字贞夫说……147
刘氏三子字说……150
南冈说……151
悔斋说……153
题汤大行殿试策问下……154
示徐曰仁应试……156
龙场生问答……158
论元年春王正月……160
书东斋风雨卷后……165
竹江刘氏族谱跋……166
书察院行台壁……168
谕俗四条……168
题遥祝国……170
书诸阳伯卷……171
书陈世杰卷……172
谕泰和杨茂……173
书乐惠卷……175

书佛郎机遗事……176
题寿外母蟠桃图……178
书徐汝佩卷……179
题梦槎奇游诗卷……183
为善最乐文……185
客坐私祝……186

卷之二十五　外集七

墓志铭、墓表、墓碑、传、碑、赞、箴、祭文……189
易直先生墓志……189
陈处士墓志铭……191
平乐同知尹公墓志铭……194
徐昌国墓志……197
凌孺人杨氏墓志铭……202
文橘庵墓志……204
登仕郎马文重墓志铭……206
明封刑部主事浩斋陆君墓碑志……208
谥襄惠两峰洪公墓志铭……210
赠翰林院编修湛公墓表……216
节庵方公墓表……218
湛贤母陈太孺人墓碑……221
程守夫墓碑……223
太傅王文恪公传……225
平茶寮碑……232
平浰头碑……233
田州立碑……234
田州石刻……235
陈直夫南宫像赞……235

三箴……237
南镇祷雨文……238
瘗旅文……240
祭郑朝朔文……244
祭浰头山神文……245
祭徐曰仁文……248
祭孙中丞文……250
祭外舅介庵先生文……252
祭文相文……253
又祭徐曰仁文……254
祭国子助教薛尚哲文……254
祭朱守忠文……257
祭洪襄惠公文……259
祭杨士鸣文……260
祭元山席尚书文……262
祭吴东湖文……264
祭永顺宝靖土兵文……266
祭军牙六纛之神文……268
祭南海文……269
祭六世祖广东参议性常府君文……269

卷之二十一　外集三

书

答佟太守求雨

癸亥

昨杨、李二丞来，备传尊教，且询致雨之术，不胜惭悚。今早谌节推辱临，复申前请，尤为恳至，令人益增惶惧。天道幽远，岂凡庸所能测识？然执事忧勤为民之意真切如是，仆亦何可以无一言之复！

译文

昨天杨姓、李姓两位官员来到我这里，详细传授了您的教导，并且询问我求雨的办法，我很惭愧，同时也感到压力很大。今天早上谌节推来到我这里，又提出先前杨姓、李姓两位官员的请求，态度更加恳切急迫，令我更添惶恐！宇宙自然的规律幽深玄妙，哪里是平凡庸碌之辈可以观察了解的？可是您尽自己最大努力为百姓担忧考虑是如此的情真意切，我又怎么能够一句话都不回答呢！

孔子云："丘之祷久矣！"盖君子之祷，不在于对越祈祝之际，而在于日用操存之先。执事之治吾越，几年于此矣。凡所以为民袪患除弊、兴利而致福者，何莫而非先事之祷，而何俟于今日？然而暑旱尚存而雨泽未应者，岂别有所以致此者欤？古者岁旱，则为之主者减膳撤乐，省狱薄赋，修祀典，问疾苦，引咎赈乏，为民遍请于山川社稷，故有叩天求雨之祭，有省咎自责之文，有归诚请改之祷，盖《史记》所载"汤以六事自责"，《礼》谓"大雩，帝用盛乐"，《春秋》书"秋九月，大雩"，皆此类也。仆之所闻于古如是，未闻有所谓书符咒水而可以得雨者也。唯后世方术之士或时有之，然彼皆有高洁不污之操，特立坚忍之心。虽其所为不必合于中道，而亦有以异于寻常，是以或能致此。然皆出小说而不见于经传，君子犹以为附会之谈；又况如今之方士之流，曾不少殊于市井嚣顽，而欲望之以挥斥雷电、呼吸风雨之事，岂不难哉！仆谓执事且宜出斋于厅事，罢不急之务，开省过之门，洗简冤滞，禁抑奢繁，淬诚涤虑，痛自悔责，以为八邑之民请于山川社稷。而彼方士之祈请者，听民间从便得自为之，但弗之禁，而不专倚以为重轻。

译文

孔子说："我向上天祈祷时间已经很长了！"大概君子祈祷，并不在对神祈祷的时刻，而首先在日常生活操持。您治理越地已经有很多年了，所有袪除积患忧弊、发扬好处为百姓造福的事情，哪一件不是做在先呢？祈祷为什么等到今天才开始呢？但是酷暑大旱依然存在，始终没有下雨，难道是因为别的原因导致的吗？古时候遇到大旱，万民之主就会减少饮食和礼乐，减少官司、降低税赋，整治祭祀典礼，询问百姓疾苦，把罪过归结到自己身上，救济困苦人民，为了百姓向山川社稷求问祷告，所以有向上天叩拜祈求降雨的仪式，有反省自己过失的文告，有诚心请求改正的祈祷。《史记》

记载的“商汤在六件事上进行自我反省”，《礼记》记载的“在大的祭祀礼仪上，统治者会选用宏大的音乐”，《春秋》记载的“农历秋九月，进行大的祭祀活动”，都是这样的事情。就我所听到的内容而言，自古以来人们都是这样做的，从来没有听说过用祝告就能够求得降雨的。只有后来的方士术士有时会这样做，可是他们都有高尚洁白没有受到玷污的情操和坚忍不拔的毅力情怀。尽管他们的作为不一定都合乎中庸正道，但是也有不同于寻常的地方，这或许是他们能够做到这一点的原因。不过这些都来自民间流传，并没有在正经记载中看到过，君子们认为这些都是牵强附会的传说；何况如今的方士之流有不少是市井中的顽劣之人，指望他们挥斥雷电、呼风唤雨，难道不是很困难的事！我认为您应该斋戒，勤于政务，停止不太急迫的工作，进行自我反省，处理冤案、积案，禁绝奢靡，抑制繁芜，锤炼真心，扫清忧虑，彻底地反思自己的罪责，为百姓向山川社稷祷告。对于那些祈求祷告的方士，可以给民间以自由，让百姓依据自己的想法去做，不禁止他们，但是不要判断这种做法重要与否。

夫以执事平日之所操存，苟诚无愧于神明，而又临事省惕，躬帅僚属致恳乞诚，虽天道亢旱，亦自有数。使人事良修，旬日之内，自宜有应。仆虽不肖，无以自别于凡民，以诚使可有致雨之术，亦安忍坐视民患而恬不知顾？乃劳执事之仆，仆岂无人之心者耶？一二日内，仆亦将祷于南镇，以助执事之诚。执事其但为民悉心以请，毋惑于邪说，毋急于近名。天道虽远，至诚而不动者，未之有也。

译文

我认为您平日里的所作所为，如果确实没有愧对神明，且遇到事情的时候又能够反省和警惕自己的行为，并亲自率领幕僚下属真心诚恳地祈求，那么尽管大旱是自然之道，也会有规律可循。让人的所作所为得到良好的整治，十余日之内，自然会有好的反应。虽然我没有才能修养，与普通老百姓没有什么差别，但如果我真的有求雨的办法，又怎么能够忍心看着老百姓遭受苦难而满不在乎不知关心？何况您如此恳切询问，我难道是没有人心的人吗？一两天内，我也将要到南镇去祈祷，来帮助您为民的真心。只要您真心实意为百姓向上天请求，且不被不正当的言论迷惑，也不急功近利追求声名，那么尽管宇宙自然的规律幽深玄妙，但我们表现了真心上天却不受感动，这种情况是不会有的。

答毛宪副

戊辰

昨承遣人喻以祸福利害，且令勉赴太府请谢，此非道谊深情，决不至此，感激之至，言无所容。但差人至龙场陵侮，此自差人挟势擅威，非太府使之也。龙场诸夷与之争斗，此自诸夷愤愠不平，亦非某使之也。然则太府固未尝辱某，某亦未尝傲太府，何所得罪而遽请谢乎？跪拜之礼，亦小官常分，不足以为辱，然亦不当无故而行之。不当行而行，与当行而不行，其为取辱一也。废逐小臣，所守以待死者，忠信礼义而已，又弃此而不守，祸莫大焉。凡祸福利害之说，某亦尝讲之。君子以忠信为利，礼义为福。苟忠信礼义之不存，虽禄之万钟，爵以侯王之贵，君子犹谓之祸与害；如其忠信礼义之所在，虽剖心碎首，君子利而行之，自以为福也，况于流离窜逐之微乎？某之居此，盖瘴疠蛊毒之与处，魑魅魍魉之与游，日有三死焉，然而居之泰然，未尝以动其中者，诚知生死之有命，不以一朝之患而忘其终身之忧也。太府苟欲加害，而在我诚有以取之，则不可谓无憾；使吾无有以取之而横罹焉，则亦瘴疠而已尔，蛊毒而已尔，魑魅魍魉而已尔，吾岂以是而动吾心哉！执事之喻，虽有所不敢承，然因是而益知所以自励，不敢苟有所隳堕，则某也受教多矣，敢不顿首以谢！

译文

昨天承蒙您派人前来告诉我祸福利害，而且让我不用亲自到您的府上去请罪了，若不是您和我之间情谊深厚，我们不可能做到这一点，我对您非常感激，没有言语可以表达我的心情。可是派人到龙场欺凌侮辱百姓，这种做法想必是当差之人仗着您的势力擅自逞威风，并不是您让他们这样做的。龙场的少数民族百姓与他们发生争执斗殴，是因为他们极为愤怒，也不是我让他们这样做的。既然是这样，那么您本来未曾侮辱过我，我也没有对您傲慢，却又是哪里得罪了您且需要惶恐地向您请罪呢？跪拜礼是小官的本分，不能够成为对我的侮辱，然而也不应无缘无故地这样做。不应该做却做了和应该做却没有做，都是一种侮辱。我是被废黜放逐的小臣，之所以能够在这里坚持下去等待死亡来临，只是因为我坚守忠信礼义。如果我抛弃了忠信礼义，那么就会遭遇很大的灾祸。至于祸福利害的说法，我也曾经讲过。君子把忠诚和守信当作好东西，视礼数和道义为幸福，如果忠信礼义不在了，那么即使被赐予万钟俸禄，被封为尊贵的王侯，君子仍然会认为这是灾祸和危害；如果忠信礼义还在，那么即使被剖开心房、粉碎了头颅，君子也会认为这是幸事并且按照要求去做，自己会认为这是福气，何况我只是遇到了被废黜放逐这样的小挫折呢？我居住在此地，是和瘴气毒虫在一起相处，和妖魔鬼怪在一起游乐，每天都有多次遭遇生命危险的时刻，但尽管这样我却过得十分安泰舒适，我坚守的信念并没有被撼动，这实在是因为我知道生死都在于天，我不会因为一时的困难而忘记值得一生去思考和忧虑的东西。如果您真的想加害于我，而且我自己身上确实有能够让您这样做的原因，那么不能说没有遗憾；如果我自己身上没有能够让您害我的原因而您害了我，那么这与瘴气毒虫、妖魔鬼怪的威胁没有区别，我怎么能够因为这些就动摇了我的真心呢？您对我的教导，尽管我有不敢奉承的内容，但我却因为它们而更加知道了如何自我勉励，不敢有丝毫毁坏堕落，从这个角度上说，我也获得很多教益了，我怎么敢不恭敬地向您叩头道谢！

与安宣慰

戊辰

某得罪朝廷而来，惟窜伏阴厓幽谷之中，以御魑魅，则其所宜，故虽夙闻使君之高谊，经旬月而不敢见，若甚简伉者。然省愆内讼，痛自削责，不敢比数于冠裳，则亦逐臣之礼也。使君不以为过，使廪人馈粟，庖人馈肉，园人代薪水之劳，亦宁不贵使君之义而谅其为情乎！自惟罪人，何可以辱守土之大夫，惧不敢当，辄以礼辞。使君复不以为罪，昨者又重之以金帛，副之以鞍马，礼益隆，情益至，某益用震悚。是重使君之辱而甚逐臣之罪也，愈有所不敢当矣！使者坚不可却，求其说而不得。无已，其周之乎？周之亦可受也。敬受米二石，柴炭鸡鹅悉受如来数。其诸金帛鞍马，使君所以交于卿士大夫者，施之逐臣，殊骇观听，敢固以辞。伏惟使君处人以礼，恕物以情，不至再辱，则可矣。

译文

我是因为得罪了朝廷才来到这里，只能隐藏在阴暗的悬崖和幽远的山谷之中，来防止妖魔鬼怪袭击，这样做，是很合适的。因此，尽管我向来听说您的高洁性情，但十余天甚至一个月也不敢与您相见，好像我怠慢您。我反省自己的过失，严厉地责备自己，我认为我不敢与您比照是一个被废黜放逐之臣的基本礼数。您不但不认为我有过错，反而让农夫给我送来粮食，让厨师给我送来肉，让园丁给我担水劈柴，我怎么能够不看重您的仁义，不理解这种情深义重！我是个有罪的人，怎么能够让您这样一位镇守一方的官员受辱，所以我真的是因为害怕而不敢接受您的盛情，于是就很有礼貌地辞谢了。我这样做，您也不认为我对您有得罪，昨天又向我赠送了金子和丝绸，还有鞍鞯和马匹，礼物越来越贵重，情义越来越深厚，我更加震惊、害怕。您这样做，是让您受到的侮辱越来越重，也让我的罪过越来越深，我更加担当不起了！您派来的人态度坚决，我无法推却，也不能请他向您禀明我的想法。没有办法，我只能把这些当作您对我的救助，救助是能够接受的。我恭敬地接受了您赠予的两石米，柴禾、木炭、鸡、鹅也全都收下了。其他的比如金子丝绸鞍鞯马匹，是您结交官员们的礼物，把这些施舍给被放逐的臣子，闻所未闻，因此我坚决不收。希望您能够以礼待人，充分理解我的心情、体谅我的难处，不要让您再遭受侮辱，这样就可以了。

二

戊辰

减驿事，非罪人所敢与闻。承使君厚爱，因使者至，闲问及之，不谓其遂达诸左右也。悚息悚息！然已承见询，则又不可默。

译文

减少驿站的事情，不是我这个有罪的人能够参与讨论的。承蒙您对我的厚爱，再加上您的使者来到这里，闲谈中他问了我这个问题，没有想到让您知晓了这件事。我十分悚惧！但是既然已经承蒙您来询问，我又不能够沉默不语。

凡朝廷制度，定自祖宗，后世守之，不可以擅改。在朝廷且谓之变乱，况诸侯乎？纵朝廷不见罪，有司者将执法以绳之，使君必且无益。纵幸免于一时，或五六年，或八九年，虽远至二三十年矣，当事者犹得持典章而议其后。若是，则使君何利焉？使君之先，自汉、唐以来千几百年，土地人民未之或改，所以长久若此者，以能世守天子礼法，竭忠尽力，不敢分寸有所违。是故天子亦不得逾礼法，无故而加诸忠良之臣。不然，使君之土地人民富且盛矣，朝廷悉取而郡县之，其谁以为不可？夫驿可减也，亦可增也；驿可改也，宣慰司亦可革也。由此言之，殆甚有害，使君其未之思耶？

译文

凡是朝廷的制度规定，都是先辈祖宗制定的，后世之人应当遵守，不能擅自更改。如果这样的事情发生在朝堂当中，那么这就是发生了政变和祸乱，何况发生在诸侯处呢？即使朝廷不降罪，相关部门的官员也会来拘捕有罪之人，对于您来说，必然没有任何好处。纵使幸运地躲过了一时的惩罚，或者五六年，或者八九年，即使是二三十年，但那时的人们还会拿着典章制度在您的背后议论纷纷。如果是这样，对您来说有什么好处呢？您的祖先，自汉朝、唐朝到现在，经过了千百年，土地和生活在土地上的百姓，并没有什么改变。之所以能保持如此长时间的稳定，就是因为大家世世代代遵守着天子的礼法制度，尽全力效忠于朝廷，不敢有丝毫的违背。正是因为这样，天子也不能逾越礼仪法度，也不能无缘无故地把罪名强加到忠良之臣的头上。如果您不遵守礼法制度，那么即使您的土地和土地上的人民富庶繁盛，朝廷也会将土地和人民全部收取过来，将这些土地和人民分成各个郡各个县，谁会认为这样做不可以呢？驿站的数量可以减少，那么它也可以增加。如果驿站的相关制度可以改变，那么宣慰司也可以被革除掉。这样看来，实在是太有害了，您难道没有认真思考过吗？

所云奏功升职事，意亦如此。夫铲除寇盗以抚绥平良，亦守土之常职，今缕举以要赏，则朝廷平日之恩宠禄位，顾将欲以何为？使君为参政，亦已非设官之旧。今又干进不已，是无抵极也，众必不堪。夫宣慰守土之官，故得以世有其土地人民；若参政，则流官矣，东西南北，惟天子所使，朝廷下方尺之檄，委使君以一职，或闽或蜀，其敢弗行乎？则方命之诛不旋踵而至。捧檄从事，千百年之土地人民，非复使君有矣。由此言之，虽今日之参政，使君将恐辞去之不速，其又可再乎？凡此以利害言，揆之于义，反之于心，使君必自有不安者。夫拂心违义而行，众所不与，鬼神所不嘉也。

译文

您所讲的向朝廷奏明自己的功劳，要求升官的事情；意思也是这样。消灭贼寇强盗，安抚平民百姓，是守卫一方的官员应该做到的事情。现在您不断地以此邀功，希望能够得到奖赏，那么朝廷给您的恩宠和官职，原本是用来做什么的呢？您现在做的这个参政官，本来就不是旧有的官职。如今又不断要求升迁，欲望实在是没有止境，大家必然无法忍受。宣慰是守卫一方的官，所以世世代代都可以拥有所管辖范围内的土地和人民。参政则是一种流动的官职，东南西北，全部由天子来驱使。朝廷下达一道任命，给您一个职务，让您到福建或是四川，您敢不去吗？若是敢违抗朝廷的命令，那么责问和惩罚很快就会来到。按照责问和惩罚来办理，千百年来这片土地和土地上的人民就不再是您的了。这样看来，即使是您现在的参政官职，您恐怕也要迅速辞去，又怎么能够再要求升迁其他官职呢？我出于仗义之心写下了这些关乎您利害关系的话语，您必定会感到不安。如果违背了良心和道义，大家是不会对您表示支持的，鬼神也不会赞美您。

承问及，不敢不以正对，幸亮察。

译文

承蒙您向我询问，我不敢不严肃庄重地回复您，希望您能明察。

三

戊辰

阿贾、阿札等畔宋氏，为地方患，传者谓使君使之。此虽或出于妒妇之口，然阿贾等自言使君尝锡之以毡刀，遗之以弓弩，虽无其心，不幸乃有其迹矣。始三堂两司得是说，即欲闻之于朝；既而以使君平日忠实之故，未必有是，且信且疑，姑令使君讨贼，苟遂出军剿扑，则传闻皆妄，何可以滥及忠良；其或坐观逗遛，徐议可否，亦未为晚，故且隐忍其议，所以待使君者甚厚。既而文移三至，使君始出；众论纷纷，疑者将信。喧腾之际，适会左右来献阿麻之首，偏师出解洪边之围，群公又复徐徐。今又三月余矣。使君称疾归卧，诸军以次潜回，其间分屯寨堡者，不闻擒斩以宣国威，惟增剽掠以重民怨，众情愈益不平。而使君之民罔所知识，方扬言于人，谓“宋氏之难当使宋氏自平，安氏何与而反为之役？我安氏连地千里，拥众四十八万，深坑绝地，飞鸟不能越，猿猱不能攀。纵遂高坐，不为宋氏出一卒，人亦卒如我何！”斯言已稍稍传播，不知三堂两司已尝闻之否？使君诚久卧不出，安氏之祸必自斯言始矣。使君与宋氏同守土，而使君为之长。地方变乱，皆守土者之罪，使君能独委之宋氏乎？夫连地千里，孰与中土之一大郡？拥众四十八万，孰与中土之一都司？深坑绝坉，安氏有之，然如安氏者，环四面而居以百数也。今播州有杨爱，恺黎有杨友，酉阳、保靖有彭世麒等诸人，斯言苟闻于朝，朝廷下片纸于杨爱诸人，使各自为战，共分安氏之所有，盖朝令而夕无安氏矣。深坑绝坉，何所用其险？使君可无寒心乎！且安氏之职，四十八支更迭而为，今使君独传者三世，而群支莫敢争，以朝廷之命也。苟有可乘之衅，孰不欲起而代之乎？然则扬此言于外，以速安氏之祸者，殆渔人之计，萧墙之忧，未可测也。使君宜速出军，平定反侧，破众谗之口，息多端之议，弭方兴之变，绝难测之祸，补既往之愆，要将来之福，某非为人作说客者，使君幸熟思之！

译文

阿贾、阿札等人的叛乱已经成为了宋氏所管辖地域的祸患，传言称是您让他们这么干的。这种说法尽管可能是出自嫉妒您的人口中，但是阿贾等人也声称您曾经赏赐给他们毡刀，送给他们弓弩。尽管您并没有这种心思，但的确是有这样的实际行动。官府听到这个说法后就想让朝廷知道，朝廷认为您平常忠厚老实，觉得这件事不一定是真的，将信将疑，姑且派您去讨伐贼寇。如果您真心出兵剿灭贼寇的叛乱，那么流言也就不攻自破了，怎么能够胡乱地怀疑打击忠良之臣呢？因此他们坐在一旁，隔岸观火，不动声色，暂缓商讨对您采取惩罚措施的事，这也不算晚。于是暂且停下来对您的议论，仍以非常优厚的待遇对待您。这样之后公文来了好几道，您才开始行动，于是大家就议论纷纷，对您有怀疑的人就快要相信传言了。正在喧闹沸腾的时候，你的下属送来阿麻的首级，一部分军队解了对于洪边的围困，官员们又暂缓了商议，到现在已经三个多月了。您自称患病，需要回到家中卧床休养，您的各路军马也渐渐回撤。在这个过程中，分驻在各个村寨堡垒的战士，并没有听说有谁斩杀敌人宣扬国家威风，只是增加了抢劫掠夺，民怨沸腾，大家的情绪越发激动了。而您的百姓也并不清楚具体的情况，对别人说："宋氏遇到的困难，应当让宋氏自己来解决平定，和我们安氏有什么关系，我们为什么反要去给他作战？我们安氏拥有辽阔的土地，有四十八万民众，地势险要，飞鸟不能逾越，猿猴难以攀登，即使我们只是高高地坐着，不给宋氏派出一兵一卒，别人又能够拿我们怎么样呢？"这种言论已经有所传播了，不知道官府是不是已经听到了。如果您真的长期卧病不出，那么安氏的祸患必定要从这些流言开始了。您和宋氏一同镇守这个地方，您是这里的长官。地方如果发生了动乱，那就是镇守这片土地的所有官员的罪过，难道您能把责任全部推给宋氏吗？上千里土地，能够赶上中原地区一个比较大的郡吗？四十八万兵士，和中原地区的一个都司比，谁管辖的兵士数量多呢？很深的坑和险要的寨子，安氏的确有，但是和安氏一样的人，您的四面八方有上百个。现在播州有杨爱，恺黎有杨友，酉阳、保靖有彭世麒等人，如果这种言论让朝廷知道了，朝廷只要下一则命令给杨爱等人，让他们分别和您开战，共同分割安氏拥有的一切，那么大概早上发布号令，晚上安氏就没了。很深的坑和险要的寨子又有什么用呢？您难道不感到胆战心惊吗？何况安氏掌管四十八个分支，互有改变，只有您已经经历了三代，其他的分支不敢和您抗衡，也是由于朝廷有命令。如果有一天他们有了可乘之机，谁会不想起兵将您取而代之呢？可是把这样的言论传播开来加速安氏灾祸到来的人，大概用的就是鹬蚌相争渔翁得利的计策。祸起萧墙这种事，真的是不好说啊。您应该迅速派出军队，平定反叛势力，以打破大家对您的谗言诬陷，平息各方议论，消灭刚发生的动乱，断绝那些难以预测的灾祸，补救过去犯下的错误，求取将来的幸福。我并不是为别人做说客，希望您能够仔细地考虑！

答人问神仙

戊辰

询及神仙有无，兼请其事，三至而不答。非不欲答也，无可答耳。昨令弟来，必欲得之。仆诚生八岁而即好其说，今已余三十年矣，齿渐摇动，发已有一二茎变化成白，目光仅盈尺，声闻函丈之外，又常经月卧病不出，药量骤进，此殆其效也。而相知者犹妄谓之能得其道，足下又妄听之而以见询。不得已，姑为足下妄言之。

译文

您询问我世上有没有神仙以及与神仙有关的事情，您多次来问，我都没有回答。我并不是不想回答，而是没有能够回答的话。昨天您的弟弟来到我这里，一定要得到我的回答。我从八岁开始就喜好研究修仙之道，到现在已经三十多年了，我的牙齿渐渐松动，头发也有一些已经变白，眼睛只能够看到很小范围内的东西，耳朵也只能够听到不远处的声音，又经常整月因为生病卧床不起，药物的服用剂量突然增加，这大概就是它的效果了。与我相识相知的人仍旧荒诞地认为我够得到神仙之道，您又随便相信了这些话语并且向我询问，我没有办法，姑且给您胡乱地谈一谈吧。

古有至人，淳德凝道，和于阴阳，调于四时，去世离俗，积精全神，游行天地之间，视听八远之外，若广成子之千五百岁而不衰，李伯阳历商、周之代，西度函谷，亦尝有之。若是而谓之曰无，疑于欺子矣。然则吸呼动静，与道为体，精骨完久，禀于受气之始，此殆天之所成，非人力可强也。若后世拔宅飞升，点化投夺之类，谲怪奇骇，是乃秘术曲技，尹文子所谓“幻”，释氏谓之“外道”者也。若是谓之曰有，亦疑于欺子矣。夫有无之间，非言语可况。存久而明，养深而自得之，未至而强喻，信亦未必能及也。盖吾儒亦自有神仙之道，颜子三十二而卒，至今未亡也。足下能信之乎？后世上阳子之流，盖方外技术之士，未可以为道。若达磨、慧能之徒，则庶几近之矣，然而未易言也。足下欲闻其说，须退处山林三十年，全耳目，一心志，胸中洒洒不挂一尘，而后可以言此。今去仙道尚远也。妄言不罪。

译文

古时候达到极致的人，道德深厚，与阴阳相和，同四季协调，远离尘世超脱凡俗，能够完全积聚精神，在天地之间畅游，视觉和听觉都能覆盖到很远的地方，像广成子一千五百岁却没有衰老，李伯阳历经了商周两代，向西过函谷关，也是曾经有过的。如果我把这些事情都说成是没有，那大概就是欺骗您了。一呼一吸一动一静，与大道融为一体，精神和骨肉的长久，是从接受灵气的时候就开始了，这大概是上天促成的，不是人力能够勉强的。若是后代有人连同自己的房子一同升天，点化世间的万事万物，则着实是令人奇怪，那是一些秘密的法术和复杂的技巧，大概就是尹文子所说的“幻”和释迦牟尼所说的“外道”。如果我把这些事情都说成是有，那大概也是欺骗您了。“有无”这样的事，不是语言能够说明的，心里若是有这些事情，时间长了自然会清楚，修养深了自然能得到，如果没有达到那样的境界却强要搞明白，那么即使是信仰它，也不一定能得到它。我们这些儒生也有自己的神仙之道，比如颜回在三十二岁的时候死去，但他的精神到现在却依然存在，您相信吗？后代像上阳子一类的人，或者是搞方术技艺的人，不是有道之人。像达磨、慧能这样的人，大概已经接近“道”了，但是不容易说清楚。您如果想要了解这些事情，必须回到深山老林中待上三十年，心无旁骛，一心一意，开阔心胸，专心致志，不被一点尘世纷扰所污染，那么这样以后才能够讨论这些事情。现在您距离成仙之道还有很远的路要走。希望我的一番胡言乱语没有得罪到您。

答徐成之

壬午

承以朱、陆同异见询，学术不明于世久矣，此正吾侪今日之所宜明辨者。细观来教，则舆庵之主象山既失，而吾兄之主晦庵亦未为得也，是朱非陆，天下之论定久矣,久则难变也，虽微吾兄之争，舆庵亦岂能遽行其说乎？故仆以为二兄今日之论，正不必求胜。务求象山之所以非，晦庵之所以是，穷本极源，真有以见其几微得失于毫忽之间。若明者之听讼，其事之曲者，既有以辩其情之不得已；而辞之直者，复有以察其处之或未当。使受罪者得以伸其情，而获伸者亦有所不得辞其责，则有以尽夫事理之公，即夫人心之安，而可以俟圣人于百世矣。今二兄之论，乃若出于求胜者。求胜则是动于气也。动于气，则于义理之正何啻千里，而又何是非之论乎！凡论古人得失，决不可以意度而悬断之。今舆庵之论象山曰：“虽其专以尊德性为主，未免堕于禅学之虚空，而其持守端实，终不失为圣人之徒。若晦庵之一于道问学，则支离决裂，非复圣门诚意正心之学矣。”吾兄之论晦庵曰：“虽其专以道问学为主，未免失于俗学之支离，而其循序渐进，终不背于《大学》之训。若象山之一于尊德性，则虚无寂灭，非复《大学》‘格物致知’之学矣。”夫既曰“尊德性”，则不可谓“堕于禅学之虚空”；“堕于禅学之虚空”，则不可谓之“尊德性”矣。既曰“道问学”，则不可谓“失于俗学之支离”；“失于俗学之支离”，则不可谓之“道问学”矣。二者之辨，间不容发，然则二兄之论，皆未免于意度也。昔者子思之论学，盖不下千百言，而括之以“尊德性而道问学”之一语，即如二兄之辨，一以“尊德性”为主，一以“道问学”为事，则是二者固皆未免于一偏，而是非之论尚未有所定也，乌得各持一是而遽以相非为乎？故仆愿二兄置心于公平正大之地，无务求胜。夫论学而务以求胜，岂所谓“尊德性”乎？岂所谓“道问学”乎？以某所见，非独吾兄之非象山、舆庵之非晦庵皆失之非，而吾兄之是晦庵、舆庵之是象山，亦皆未得其所以是也。稍暇当面悉，姑务养心息辩，毋遽。

承蒙您以朱熹、陆九渊这两个人有何异同这个问题来问我。当下，学问做不明白已经有很长时间了，这正是我们这辈人在如今应该进行辨析的。仔细阅读您的书信，可见舆庵崇尚象山先生这一说法是不成立的，但是我的兄长崇尚晦庵先生的这一说法也不一定就正确。承认称赞朱熹，同时对陆九渊进行否定，世人的结论早已确定，时间久了就难以改变了。即使没有兄长们的争论，舆庵就能够很顺利地推行他的学说吗？因此我认为二位兄长现在的争论，没有必要争一个胜负，没有必要一定要得出象山先生不对而晦庵先生对这样的结论。追其根本，究其根源，在十分细小之处挖掘得失，就像是明白事理的人听双方打官司。对于他们做的有理的地方，对其情况进行辩解显得没有必要；对于他们正直的言辞，有的人却认为是处置失当。让受到惩罚的人能够表达他们的想法，而获得申诉的人也不能够推卸自己的责任，这样就做到了持理秉公办事，人心就会安定，等到百代之后圣人自会来作出判断。现在二位兄长的争论，是要决出胜负。求胜就是斗气了，斗气，和求得正义道理相比，距离又差了何止千里呢？又哪里是关于是非的争论呢？只要是论断古人得失，就绝对不能主观臆断轻易下结论。现在舆庵论证象山先生说："尽管他的学说是专门以尊崇道义为主，但难免会落入到禅学的虚无缥缈当中去。不过他有操守、端正、诚实，仍然是圣人的徒弟。而晦庵先生关于道的学问却支离破碎，这不是圣门的真诚意思，也就不是端正心术的学问了。"兄长论证晦庵是这样说的："尽管他的学问专门是以道的学问为主，但也难免成了俗学的分支，不过它的循序渐进，终于没有违背《大学》的精神。如果像象山先生那样统一于尊德性，那么便会虚无寂灭，不再是《大学》格物致知的学问了。"既然说了"尊德性"那么就不能说"落入禅学的虚空"，因为"落入禅学的虚空"就不能够称为"尊德性"了；既然说了"道问学"那么就不能说"成了俗学的分支"，因为"成了俗学的分支"就不能够称为"道问学"了。二者很难进行区别辨析，二位兄长的争论都是主观臆断。曾经子思讨论学问的文字，大概在千百以上，把它们一言以蔽之就是“尊德性而道问学”，即如二位兄长的讨论。一个主要讲“尊德性”，一个主要说“道问学”，二者本来就不免偏颇，所以是非不一定就有定论，怎么能够由于各持一个自己认为正确的说法便开始互相攻讦呢？因此我希望二位兄长能够心胸开阔，公平正大，千万不要单纯求胜。在讨论学问这件事上求胜，难道是“尊德性”吗？难道是“道问学”吗？以我自己的看法，我的兄长否定象山，舆庵否定晦庵，都失于偏颇；不过我的兄长肯定晦庵，舆庵肯定象山，也都没有真正领悟到他们究竟正确在哪里。稍有闲暇时间我们当面讨论，暂且调养身心好好休息吧。这种事情急不得。

二

壬午

昨所奉答，适有远客，酬对纷纭，不暇细论。姑愿二兄息未定之争，各反究其所是者，必己所是已无丝发之憾，而后可以及人之非。早来承教，乃为仆漫为含胡两解之说，而细绎辞旨，若有以阴助舆庵而为之地者。读之不觉失笑。曾为吾兄而亦有是言耶？仆尝以为君子论事当先去其有我之私，一动于有我，则此心已陷于邪僻，虽所论尽合于理，既已亡其本矣。尝以是言于朋友之间，今吾兄乃云尔，敢不自反？其殆陷于邪僻而弗觉也？求之反复，而昨者所论实未尝有是，则斯言也无乃吾兄之过欤？虽然，无是心而言之未尽于理，未得为无过也。仆敢自谓其言之已尽于理乎？请举二兄之所是者以求正。

译文

昨天我进行了回答，但正巧赶上远方有客人来，应酬事务繁忙，没有时间仔细论述，姑且希望二位兄长能够停止尚无定论的争论，彼此反思一下自己所赞同的观点，确认没有丝毫的错误和遗憾后，再去指责对方。早晨承蒙指教，说我回答的内容模棱两可含糊其辞，仔细推敲其中的意思，好像有暗中偏袒舆庵的地方，我读起来忍不住发笑！难道我的兄长您也有类似的想法？我曾经以为君子讨论事情应当首先除去自己的私心，因为一旦有了小我这样的私念，那么思想就会陷入歧途，偏离正轨，即使所说的内容都在理，但是已经丧失了根本。我曾经在朋友间说过这样的话，如今您这样说，我不能不反思自己，或许我已经陷入歧途偏离正轨而自己却没有觉察。反复思考昨天说过的话，确实未曾如此，那么您这样说就是您的不对了，是不是这样呢？尽管这是您不经意间说出的话，并没有把道理说清楚，但是也不能说我没有错。我敢自称我已经把道理讲清楚了吗？请允许我列举二位兄长各自所赞同的观点来寻求正确的道理。

舆庵是象山，而谓其专以尊德性为主，今观《象山文集》所载，未尝不教其徒读书穷理。而自谓理会文字颇与人异者，则其意实欲体之于身。其亟所称述以晦人者，曰“居处恭，执事敬，与人忠”，曰“克己复礼”，曰“万物皆备于我，反身而诚，乐莫大焉”，曰“学问之道无他，求其放心而已”，曰“先立乎其大者，而小者不能夺”。是数言者，孔子、孟轲之言也，乌在其为空虚者乎？独其“易简”“觉悟”之说颇为当时所疑。然“易简”之说出于《系辞》，“觉悟”之说虽有同于释氏，然释氏之说亦自有同于吾儒，而不害其为异者，惟在于几微毫忽之间而已，亦何必讳于其同而遂不敢以言，粗于其异而遂不以察之乎？是舆庵之是象山，固犹未尽其所以是也。

译文

舆庵赞同象山先生，说他是以“尊德性”为主，如今看《象山文集》的记载，象山先生也是教育弟子们读书要穷尽道理，至于他自称领会文字的方式和别人颇有不同，实际上是想表达凡事都要实践这个道理。他经常用他所称道的话来教诲他人，比如他说：“处在某种位置或者办事情务必要恭敬，待人要忠诚。”他说：“克制自己，恢复周礼。”他说：“万物都在我心中，反思自己就能够达到诚的状态，真是莫大的快乐。”他说：“做学问的途径没有别的，就是要找回丢失的本心。”他说：“先拥有了大思想大境界，那么小的纷扰就不会扰乱心神了。”这些话是孔子、孟子的话，难道他们说的空虚吗？唯独竹简《易经》上所载的“觉悟说”，当时的人大多持怀疑态度，但是《易经》的说法出自《系辞》，尽管和佛家的说法有相同的地方，但是佛家的说法也有和我们儒家相同的地方，之所以不妨害对它们进行区分，就是因为两者之间有细微的差别。何必忌讳二者的相通之处，以至于连说都不敢说？何必对二者的区分习以为常，以至于根本不去明察了解？所以舆庵赞同象山先生，实在是没有把象山先生为什么正确讲清楚。

吾兄是晦庵，而谓其专以道问学为事。然晦庵之言，曰“居敬穷理”，曰“非存心无以致知”，曰“君子之心常存敬畏，虽不见闻，亦不敢忽，所以存天理之本然，而不使离于须臾之顷也”。是其为言虽未尽莹，亦何尝不以尊德性为事？而又乌在其为支离者乎？独其平日汲汲于训解，虽韩文、《楚辞》《阴符》《参同》之属，亦必与之注释考辩，而论者遂疑其玩物。又其心虑恐学者之躐等而或失之于妄作，使必先之以格致而无不明，然后有以实之于诚正而无所谬。世之学者挂一漏万，求之愈繁而失之愈远，至有敝力终身，苦其难而卒无所入，而遂议其支离。不知此乃后世学者之弊，而当时晦庵之自为，则亦岂至是乎？是吾兄之是晦庵，固犹未尽其所以是也。

译文

我的兄长赞同晦庵先生，说他专门研究“道问学”，可是晦庵先生说：“平时保持着恭敬的态度来穷尽天下的道理。”他又说：“不坚守本心就不能获取真知。”他还说：“君子应该保持着敬畏之心，即使没有人看见或听见，也不敢有疏忽，这就是自然保持天理的方法，不能有片刻的偏离。”尽管这些话还不够明晰，但所言内容何尝不是“尊德性”，难道由于它们显得支离破碎就不正确了吗？只有那些平日里热衷于训诂解说的人，即使是韩愈的文章，即使是《楚辞》《阴符》《参同》这样的作品，也一定要对其进行注释、考证、辨析，于是评论的人就怀疑这样的人是在耍小聪明、不务正业。他又担心，唯恐学习的人不循序渐进，有可能由于胡乱作为而发生错误，因此要求他们必须要把格物致知的功夫放在首位，这样就没有什么不能够明白了解的了；这样以后诚正就有了切实的内容，不再有错误。世上的学人做学问难免挂一漏万，把学问搞得越繁杂，距离真理就越远，以至于精疲力竭辛苦一生最终却没有什么收获，于是被世人认为做学问入了歧途，岂不知这也是后世学人的弊病，而当时晦庵先生的所作所为难道是这样的吗？所以我的兄长赞同晦庵，还是没有把晦庵先生正确在哪里讲清楚。

夫二兄之所信而是者既未尽其所以是，则其所疑而非者亦岂必尽其所以非乎？然而二兄往复之辩不能一反焉，此仆之所以疑其或出于求胜也。一有求胜之心，则已亡其学问之本，而又何以论学为哉？此仆之所以惟愿二兄之自反也，安有所谓“含胡两解而阴为舆庵之地”者哉！夫君子之论学，要在得之于心。众皆以为是，苟求之心而未会焉，未敢以为是也；众皆以为非，苟求之心而有契焉，未敢以为非也。心也者，吾所得于天之理也，无间于天人，无分于古今。苟尽吾心以求焉，则不中不远矣。学也者，求以尽吾心也，是故尊德性而道问学，尊者，尊此者也；道者，道此者也。不得于心而惟外信于人以为学，乌在其为学也已！仆尝以为晦庵之与象山，虽其所为学者若有不同，而要皆不失为圣人之徒。今晦庵之学，天下之人童而习之，既已入人之深，有不容于论辩者，而独惟象山之学，则以其尝与晦庵之有言，而遂藩篱之，使若由、赐之殊科焉，则可矣，而遂摈放废斥，若碔砆之与美玉，则岂不过甚矣乎？夫晦庵折衷群儒之说，以发明《六经》《语》《孟》之旨于天下，其嘉惠后学之心，真有不可得而议者，而象山辨义利之分，立大本，求放心，以示后学笃实为己之道，其功亦宁可得而尽诬之！而世之儒者，附和雷同，不究其实，而概目之以禅学，则诚可冤也已！故仆尝欲冒天下之讥，以为象山一暴其说，虽以此得罪，无恨。仆于晦庵亦有罔极之恩，岂欲操戈而入室者？顾晦庵之学，既已若日星之章明于天下，而象山独蒙无实之诬，于今且四百年，莫有为之一洗者，使晦庵有知，将亦不能一日安享于庙庑之间矣。此仆之至情，终亦必为吾兄一吐者，亦何肯“漫为两解之说以阴助于舆庵”？舆庵之说，仆犹恨其有未尽也。

译文

二位兄长对于自己相信而肯定的东西，既然不能够把它们正确在哪里讲清楚，那么你们所认为的那些错误的，就能够把错在哪里讲清楚吗？两位兄长反复争辩的，不可能相反到这种程度，所以我怀疑你们这样争论是因为争强斗胜。一旦有争强好胜之心，就失去了做学问的根本，又怎么能够讨论好学问呢？这就是我希望二位兄长能够进行自我反省的原因。我哪里有你所说的“模棱两可含糊其辞，暗中偏袒舆庵”？君子讨论学术，要领在于用心去领悟。大家都认为是对的东西，若是自己的内心不能够体会，我就不敢说它是正确的。大家都认为是错的东西，若是与我内心的想法契合，我就不敢说它是错误的。我的本心是从上天的道理中得来的。如果天和人之间没有距离，古与今之间没有分别，那么穷尽我的真心来寻求，就能够做到中庸和谐。做学问，就是穷尽我的真心。所以尊德性而道问学，尊的便是这些，说的便是这些。不是得自于内心，而只是向外依赖于他人来做学问，真的是在做学问吗？我曾经认为晦庵先生和象山先生虽然做的学问不一样，但是其本质上都是圣人的门徒。如今，晦庵先生的学说，天下人从儿时就开始学习，既然已经深入人心，那么它自然有不容争辩的地方。可是象山先生的学说却不是这样，由于他曾经和晦庵先生争论过，于是便遭人禁锢，若是把他们作为像子路、子贡那样特别的人来对待，还可以；但若是对他加以贬斥排挤，对两位先生区别对待像对石头和美玉那样，难道不是太过分了吗？晦庵先生调和各派儒家学说，来向天下之人彰显《六经》《论语》《孟子》的要旨，对待后学一片好心，的确是没有办法对他们议论纷纷。而象山先生分辨义和利，树立根本思想，寻求失去的本心，向后学们揭示诚实修身的方法，他的功劳难道就能一笔抹杀了吗？世上的儒生，别人说什么就跟着说什么，不探究实际情况就一概而论，把它当作禅学，确实是冤枉啊！所以我想要冒着被天下人讥讽的风险，来展示发扬象山先生的学说，即使因此获罪，也没有遗憾。我和晦庵先生也有十分深厚的恩情，难道我能挑拨离间同室操戈吗？晦庵先生的学说，已经如日月星辰一般彰显于天下，而象山先生却蒙受着不白之冤，至今已经有四百年了，没有一个为他洗清罪名的人，假如晦庵先生知道这件事，恐怕也不能在供奉他的庙堂里安享了。这是我最终一定要向您倾诉的真心话，怎么能够漫不经心、模棱两可地回答而暗中偏袒舆庵呢？舆庵的言论，我仍然遗憾他有没说清的地方。

夫学术者，今古圣贤之学术，天下之所公共，非吾三人者所私有也。天下之学术，当为天下公言之，而岂独为舆庵地哉！兄又举太极之辩，以为象山“于文义且有所未能通晓，而其强辩自信，曾何有于所养”。夫谓其文义之有未详，不害其为有未详也；谓其所养之未至，不害其为未至也。学未至于圣人，宁免太过不及之差乎！而论者遂欲以是而盖之，则吾恐晦庵禅学之讥，亦未免有激于不平也。夫一则不审于文义，一则有激于不平，是皆所养之未至。昔孔子，大圣也，而犹曰“假我数年以学《易》，可以无大过”；仲虺之赞成汤，亦惟曰“改过不吝”而已。所养之未至，亦何伤于二先生之为贤乎？此正晦庵、象山之气象，所以未及于颜子、明道者在此。吾侪正当仰其所以不可及，而默识其所未至者，以为涵养规切之方，不当置偏私于其间，而有所附会增损之也。夫君子之过也，如日月之食，人皆见之；更也，人皆仰之。而小人之过也必文。世之学者以晦庵大儒，不宜复有所谓过者，而必曲为隐饰增加，务诋象山于禅学，以求伸其说；且自以为有助于晦庵，而更相倡引，谓之扶持正论。不知晦庵乃君子之过，而吾反以小人之见而文之。晦庵有闻过则喜之美，而吾乃非徒顺之，又从而为之辞也。晦庵之心，以圣贤君子之学期后代，而世之儒者，事之以事小人之礼。是何诬象山之厚而待晦庵之薄耶！

译文

学术，是现在和过去的圣人贤哲的学问，是天下人共有的，不是我们三个人私有的。既然是天下人共有的学问，就应该对天下人讲，怎么能是单独针对舆庵的呢？您又拿关于太极的辨析举例子，认为象山先生对于古代经典的文字含义尚且还有不清楚的地方，而他过高地估计自己，他有学术积淀吗？他对于古代经典的文字含义有不清楚的地方并没有什么，因为一个人一定有不够了解的东西。他的学术积淀不够也没有什么，因为一个人总有些没有研究到一定境界的领域，又怎么能够避免太过或不及的差距呢？议论的人于是想要以此来压倒他，那么我觉得，恐怕讥讽晦庵先生的学问是禅学，难免有些感情用事了。一个是理解文义还不够周密，一个是感情用事，这些都是修养不够导致的。孔子是大圣人了，可是仍然说："借给我几年来学习《易》，我才能够没有什么大的过错。"仲虺称赞汤王也只是说："改正错误，就不遗憾。"学术修养不够，对两位先生成为贤哲有什么妨碍呢？这正是晦庵和象山两位先生的气度表现不如通晓天道的颜子的原因，在这里，我辈正应该仰慕他们达不到的境界，在心中默记他们没有做到的事，把它们当作是督促自己提升涵养的良方，不应该怀有私心，随意进行评论、损害。君子犯了错误，就像是日食、月食，人人都看得见；改正了错误，人人都会仰慕，可是小人犯了错误则必定会进行遮掩。世上的学人，认为晦庵先生是大儒，不应该有丝毫的过错，于是必定要歪曲事实来为他掩饰错误，甚至把自己的说法强加到晦庵先生的头上，必定要诋毁象山先生的学说为禅学，以此来宣传晦庵先生的学说，他们自认为这是在帮助晦庵先生，还更加提倡引导，说这是在扶持正统的言论。岂不知晦庵先生犯的错误是君子的过失，但我辈反而拿小人的见地来为他掩饰他的错误；晦庵先生有听到别人指出错误就很高兴的美德，这不是我听他的一面之词而发出的赞美之声。晦庵的本意，是用圣贤君子的学说来期待后人去学习，但是世间的儒生却用对待小人的方式来对待他。这是何等的对象山的严重诋毁和对晦庵的轻视呢？

仆今者之论，非独为象山惜，实为晦庵惜也。兄视仆平日于晦庵何如哉？而乃有是论，是亦可以谅其为心矣。惟吾兄去世俗之见，宏虚受之诚，勿求其必同，而察其所以异；勿以无过为圣贤之高，而以改过为圣贤之学；勿以其有所未至者为圣贤之讳，而以其常怀不满者为圣贤之心，则兄与舆庵之论，将有不待辨说而释然以自解者。孟子云："君子亦仁而已，何必同？"惟吾兄审择而正之。

译文

我现在所谈论的，不仅是为象山先生感到惋惜，也是为晦庵先生感到惋惜。兄长您看我平时对晦庵先生的态度如何呢？我有这样的言论，想来你必定能够体察我的一片真心，只希望兄长能够去除世俗之人的成见，弘扬谦逊的诚意，不必强求意见一致，而是应该去明察意见相同以及不同的原因。不要把没有过失当作是圣贤的高明，而是要把改正错误当作是圣贤做学问的应有之义；不要由于有没有到达的境界就为圣贤避讳，而是要把经常对自己不满足当作是圣贤的心意。如果是这样，那么我的兄长和舆庵的争辩就会不必经过论战而自然化解了。孟子说：“君子讲究仁爱罢了，为什么一定要相同呢？”只希望我的兄长能够审慎地选择并进行改正。

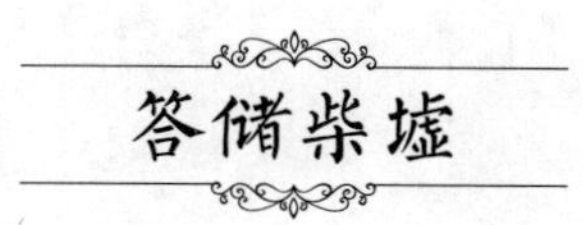

答储柴墟

壬申

盛价来，适人事纷纭，不及细询比来事；既还，却殊怏怏。承示刘生墓志，此实友义所关，文亦缜密，独叙乃父侧室事颇伤忠厚，未刻石，删去之为佳。子于父过，谏而过激，不可以为几；称子之美，而发其父之阴私，不可以为训。宜更详之。

译文

您的仆人来到我这里的时候，正赶上我事务繁忙，就没有来得及细细询问相关情况，等到那些事情都办理妥当之后，我感到十分过意不去。你给我看的刘生的墓志铭，从铭文确实能看出你们之间友谊深厚，文章结构也十分缜密，只是其文中叙述的关于他父亲侧室的事情，十分有损其忠厚之道，最好不要将其刻在碑石上，删掉比较好。儿子针对父亲的过错写的劝谏过于激烈，为了赞美儿子的美德而揭露父亲的隐私，我认为是不可以的，希望您能够更仔细地思考这一问题。

喻及交际之难，此殆谬于私意。君子与人，惟义所在，厚薄轻重，已无所私焉，此所以为简易之道。世人之心，杂于计较，毁誉得丧交于中，而眩其当然之则，是以处之愈周，计之愈悉，而行之愈难。夫大贤吾师，次贤吾友，此天理自然之则，岂以是为炎凉之嫌哉？吾兄以仆于今之公卿，若某之贤者，则称谓以“友生”，若某与某之贤不及于某者，则称谓以“侍生”，岂以矫时俗炎凉之弊？非也。夫彼可以为吾友，而吾可以友之，彼又吾友也，吾安得而弗友之？彼不可以为吾友，而吾不可以友之，彼又不吾友也，吾安得而友之？夫友也者，以道也，以德也。天下莫大于道，莫贵于德。道德之所在，齿与位不得而干焉，仆与某之谓矣。彼其无道与德，而徒有其贵与齿也，则亦贵齿之而已。然若此者，与之见亦寡矣，非以事相临不往见也。若此者与凡交游之随俗以侍生而来者，亦随俗而侍生之。所谓“事之无害于义者，从俗可也”。千乘之君，求与之友而不可得，非在我有所不屑乎？

译文

至于你所说的交结朋友的难处，我认为这大概是因为你被个人见解所困扰。君子和人交往，只是应该从道义出发，其中的深浅轻重，不能够带有个人的感情偏见，这便是关于交友的浅显易懂的道理。世间之人心思纷杂，总是喜欢计较名誉的好坏、利益的得失，迷惑在其中却还以各种各样的大道理来夸耀自己，正是因为这样，处理得越是周到，计较得越是详尽，反而会在行动中显得更加困难。有大贤的人应当当作自己的老师，有次等贤德的人应该结交为朋友，这是很自然的事情，难道能够用世态炎凉的态度来对待交朋友这件事吗？我的兄长以为我这样对如今之公卿贵人：如果某人是有贤德之人，则称其为友生；如果某人和某人的显得比不了某人贤，便称其为侍生，这种方法怎么可能来改变社会上的弊病呢？不是这样的。他可以做我的朋友，我就把他当作我的朋友；他已经是我的朋友了，我怎么能不把他当作是我的朋友呢？他不能做我的朋友，我就不能交这个朋友；他不把我当作朋友，我又怎么能够交这个朋友呢？所谓朋友，必须同道同德，天下没有比道更大的，没有比德更宝贵的。道和德并不在于年龄和地位，它们与这些都没有关系，比如你我之间的友情就是如此。如果一个人没有道和德只有地位和年龄，那么这样的人也就只有地位和年龄。像这样的人，我和他见面的时候就很少，如果不是因为有事必须要见，那就不见了。像这样的人，和他交游只是为了应酬罢了。他作为侍生来，我就以侍生待之，只要不影响道义就和众人一样就可以了。高贵的君主，若是要和他交友却不能实现，难道是我不值得和他交友吗？

嗟乎！友未易言也。今之所谓友，或以艺同，或以事合，狗名逐势，非吾所谓辅仁之友矣。仁者，心之德，人而不仁，不可以为人。辅仁，求以全心德也，如是而后友。今特以技艺文辞之工，地势声翼之重，而骜然欲以友乎贤者，贤者弗与也。吾兄技艺炎凉之说，贵贱少长之论，殆皆有未尽欤？孟子曰："友也者，不可以有挟。"孟献子之友五人，无献子之家者也。曾以贵贱乎？仲由少颜路三岁，回、由之赠处，盖友也。回与曾点同时，参曰"昔者吾友"，曾以少长乎？将矫时俗之炎凉而自畔于礼，其间不能以寸矣。吾兄又以仆于后进之来，其质美而才者，多以先后辈相处；其庸下者，反待以客礼，疑仆别有一道。是道也，奚有于别？凡后进之来，其才者皆有意于斯道者也，吾安得不以斯道处之？其庸下者，不过世俗泛然一接，吾亦世俗泛然待之，如乡人而已。昔伊川初与吕希哲为同舍友，待之友也；既而希哲师事伊川，待之弟子也。谓敬于同舍而慢于弟子，可乎？孔子待阳货以大夫，待回、赐以弟子，谓待回、赐不若阳货，可乎？师友道废久，后进之中，有聪明特达者，颇知求道，往往又为先辈待之不诚，不谅其心而务假以虚礼，以取悦于后进，干待士之誉，此正所谓病于夏畦者也，以是师友之道日益沦没，无由复明。仆常以为世有周、程诸君子，则吾固得而执弟子之役，乃大幸矣。其次有周、程之高弟焉，吾犹得而私淑也。不幸世又无是人，有志之士，伥伥其将焉求乎？然则何能无忧也？忧之而不以责之己，责之己而不以求辅于人，求辅于人而待之不以诚，终亦必无所成而已耳。凡仆于今之后进，非敢以师道自处也，将求其聪明特达者与之讲明，因以自辅也。彼自以后进求正于我，虽不师事我，固有先后辈之道焉。伊川瞑目而坐，游、杨侍立不敢去，重道也。今世习于旷肆，惮于检饰，不复知有此事。幸而有一二后进略知求道为事，是有复明之机，又不诚心直道与之发明，而徒阉然媚世，苟且阿俗，仆诚痛之惜之！传曰："师严然后道尊，道尊然后民知敬学。"夫人必有所严惮，然后言之，而听之也审；施之，而承之也肃。凡若此者，皆求以明道，皆循理而行，非有容私于其间也。

译文

唉！看来这种事情还是不容易讲清楚的。如今能够成为朋友，有的是由于都有相同的技能才艺，有的是由于在一起共事。追名逐势，并不是我所说的推行扶持仁德的友谊。仁德是一个人发自内心的德行，一个人要是没有仁德，那就不能称其为人了。发扬仁义，就是要求能够尽心尽仁，这样之后才能够与人交友。如今仅以文辞技艺的能力和高贵的地位骄傲地想要与贤明的人交友，贤明的人是不会同意的。兄长您所说的因为能力强弱、财富多少、年龄大小来区别对待朋友的现象，大概还没有消除吧。孟子说："交朋友，不能够用自己已经拥有的东西作为条件去要挟别人。"孟献子交了五个朋友，这些人全都没有他那么大那么多的家业财富，他难道以贵贱区别他们吗？仲由比颜回小三岁，他们交往得十分融洽，这才是真正的朋友。颜回与曾参是同辈人，但曾参却说："他是我以前的朋友。"他们按照年龄大小来交友吗？想要改变世俗的偏见，但自己却被礼教束缚，当然自己就没有能够交朋友的能力了。您又认为对于后进的人中品行端正、才华横溢的，大多会以先后辈相论交往；对庸俗低下的人，反而用待客之礼来对待，怀疑我另有一番想法。这其实是符合道理的，难道您有别的意见吗？后进之士，只要是对仁义道德有虚心学习想法的，我怎么能够不用交结朋友的方式来对待他们呢？那些庸俗低下的人，他们不过是世俗中的平凡之人，我当然要用世俗的礼教来对待他们，就像对待乡野之民一样。以前伊川和吕希哲一开始是舍友，后来吕希哲师从伊川，成为伊川的弟子，如果说伊川尊敬舍友而轻视弟子，可以吗？孔子用对待大夫的礼节来对待阳货，用对待弟子的礼节来对待颜回和子贡，难道能够说孔子对待颜回和子贡不如对待阳货好吗？尊师敬友之道已经荒废很长时间了，后学之中，有聪明悟性强的人，知道要学习它，但往往又以为先辈们待他不够真心，也就不能够理解先辈的心意，他们以为先辈们只是用表面上的礼节来让后学者高兴，从而取得善待君子士人的名誉，这就是所谓的伪。正因如此，尊师敬友之道一天比一天荒废，再未发扬光大。我常常认为世上有周敦颐、程颐、程灏等君子，那我就能做他们的弟子，那才好呢。其次，还要有周、程的高徒，我才能够将他们作为我的品行榜样，不幸的是世上已经没有他们，有志于师友之道的人忧虑不安，认为没有什么人可以求教了。既然这样，怎么会没有忧愁呢？因为担心而没有责备自己，责备自己又不求助于别人，求助于别人却做不到诚心诚意，终究是不会有什么成就的。我对于如今的后学之人，不敢以深谙师道自居，只是对那些聪明悟性强的人能够讲述清楚，让他们自助吧。如果他们以后学之人的身份请我指教，即使不把我当老师看待，那么我相信这里面必定也是有先后辈分别和礼义道理的。伊川先生闭着眼睛坐下，游杨站在旁边不敢离开，这是重视师道的表现。现在的学人在旷肆学馆学习，害怕检查仪表服饰之人，不再知道有这种事情，所幸有一两个后学者，略微知道一些，这就有了再次阐明的机会，但又不真心伸张道义，不和他们讲清楚，只是糊里糊涂地讨好世俗，苟且奉承，我确实是十分痛心和惋惜。《传》说："老师严厉，这样以后道义才会够受到尊重，道尊然后百姓才能够知道敬重学问。"每个人都有害怕的东西，然后在说和听上才会多加考虑，做起来和接受起来才会更加严肃。所有像这样的，都要讲明师友之道，都要依理而行，不在其中容纳私心。

伊尹曰："天之生斯民也，使先知觉后知，使先觉觉后觉。予天民之先觉也，非予觉之而谁也？"是故大知觉于小知，小知觉于无知；大觉觉于小觉，小觉觉于无觉。夫已大知大觉矣，而后以觉于天下，不亦善乎？然而未能也。遂自以小知小觉而不敢以觉于人，则终亦莫之觉矣。仁者固如是乎？夫仁者，己欲立而立人，己欲达而达人。仆之意以为，已有分寸之知，即欲同此分寸之知于人；已有分寸之觉，即欲同此分寸之觉于人。人之小知小觉者益众，则其相与为知觉也益易且明，如是而后大知大觉可期也。仆于今之后进，尚不敢以小知小觉自处。譬之冻馁之人，知耕桑之可以足衣食，而又偶闻艺禾树桑之法，将试为之，而遂以告其凡冻馁者，使之共为之也，亦何嫌于己之未尝树艺，而遂不可以告之乎？虽然，君子有诸己而后求诸人，仆盖未尝有诸己也，而可以求诸人乎？夫亦谓其有意于仆而来者耳。

译文

伊尹说："天养育了这些老百姓，让先知者觉醒后知，让先觉启发后觉，我就是百姓的先觉者，我不启发他们，那让谁去启发他们呢？"所以大知者启发小知者，小知者启发无知者；大觉者启发小觉者，小觉者启发无觉者。那些已经大知大觉的人去启发天下民众，不也是很好的一件事吗？然而事实却不尽如此，于是因为自己是小知小觉者而不敢去启发于别人，最终还是不能够启发百姓。仁义之人是这样的吗？仁义之人，自己树立品行，也要让别人树立品行；自己要通于高尚的境界，也要让别人也通于高尚的境界。我认为，哪怕自己知道一丝一毫，也要将这一丝一毫教给别人，普通百姓中小知小觉者越多，那么他们相互启发也就越容易，越能明白道理。如此，就能够期待大知大觉的时代到来了。我对于今天的后学者，尚且不敢以小知小觉者自居；就好像是又冷又饿的人一样，知道耕田种桑可以丰衣足食，而又偶然听说了耕田种桑的办法，将要试着干，又告诉其他又冷又饿的人，让他们都来干活，为什么一定要觉得只是因为自己还没有开始干就不能够把这样的方法告诉给别人呢？既然如此，君子要自己有好的德行，然后才能够带动别人有好的德行，我未尝有什么，就不能够要求别人吗？这也是对那些有意于我的人说的。

承相问，辄缕缕至此。有未当者，不惜往复。

译文

承蒙您提问，我就絮絮叨叨地说到这里吧。若是有不恰当的地方，我们还可以继续讨论。

二

壬申

昨者草率奉报，意在求正，不觉芜冗，承长笺批答，推许过盛，殊增悚汗也。来喻责仆不以师道自处，恐亦未为诚心直道。顾仆何人，而敢以师道自处哉？前书所谓"以前后辈处之"者，亦谓仆有一日之长，而彼又有求道之心者耳。若其年齿相若而无意于求道者，自当如常待以客礼，安得例以前后辈处之？是亦妄人矣。又况不揆其来意之如何，而抗颜以师道自居，世宁有是理耶？夫师法者，非可以自处得也，彼以是求我，而我以是应之耳。嗟乎！今之时，孰有所谓师云乎哉！今之习技艺者则有师，习举业求声利者则有师，彼诚知技艺之可以得衣食，举业之可以得声利，而希美官爵也。自非诚知己之性分，有急于衣食官爵者，孰肯从而求师哉！夫技艺之不习，不过乏衣食；举业之不习，不过无官爵；己之性分有所蔽悖，是不得为人矣。人顾明彼而暗此也，可不大哀乎！往时仆与王寅之、刘景素同游太学，每季考，寅之恒居景素前列，然寅之自以为讲贯不及景素，一旦执弟子礼师之。仆每叹服，以为如寅之者，真可为豪杰之士。使寅之易此心以求道，亦何圣贤之不可及！然而寅之能于彼不能于此也。曾子病革而易箦，子路临绝而结缨，横渠撤虎皮而使其子弟从讲于二程，惟天下之大勇无我者能之。今天下波颓风靡，为日已久，何异于病革临绝之时，然又人是己见，莫肯相下求正，故居今之世，非有豪杰独立之士的见性分之不容已，毅然以圣贤之道自任者，莫之从而求师也。

译文

昨天给您草草写了一封信，本来想在治学做人方面向您请教，但因为信是匆匆写就的，因此难免显得芜杂，承蒙长信批答，信中您对我过度推崇，令我深感惭愧。您在信中批评我不以师长自称，恐怕是在抬举我。我是个什么人呢，竟敢以师长来自称？在从前给您的书信中，我和您曾经以先后辈来论，那是因为我致良知的学问有一日之长，而您又能够虚心好问。如果有年龄相仿的人，但无心向学，我只会把他当普通客人一样看待，怎么会与他以先后辈的身份来论呢。如果那样，我便成了狂妄自大的人。况且您上次来信，我并不知道您有什么打算，如果我随便以师长来自称，世间哪有这样道理？师长并不是自封的，只有他人治学做人有求于我，而我又尽我所能可以给予回答，我才能够算得上是别人的老师。唉！现在，有谁能够称得上是真正的老师呢？学习技艺的、作八股文以应付科举的，都自认为有老师。他们这些人当然知道，学好技艺能够解决衣食的忧虑，通过科举考试能够做官。可是对于为圣之学，这些专于技艺、追求名利的人，又有几个愿意向老师求教的？不懂得技艺的，无非是缺少衣食；不考科举的，无非是做不了官。可是，人的良知受到了蒙蔽，那就不是真正的“人”了。人们只知追求名利，而不知道学习做人的道理，难道不是一件很悲哀的事情吗？我曾经和王寅之、刘景素一起在太学求学，每次季考，王寅之的名次总是在刘景素的前面，可是王寅之总觉得自己在讲谈方面比不上刘景素，并因此对他常以弟子之礼相待，把他看作是自己的老师。每看到这种情形，我都赞叹不已，认为像王寅之这样的人，真的能够称得上是豪杰之士。如果他用这种态度来做学问，必定能够成为圣贤之人。只可惜王寅之能够做到这一点却不能做到别的。曾子身患重病要求换床，子路临死而结头缨，横渠关闭私塾而令其子弟从师于二程，天下有大勇气并且具有无欲无我心胸之人才能这么做。如今天下奢靡之风盛行，已经很长时间了，这无异于刚才所说曾子、子路危难的时候，但是人人又都认为自己是正确的，不愿意虚心向他人求教。因此，在当今社会，若不是那些认识到自己从未曾成就大学问而以成就传播圣贤之道作为己任的豪杰之士，我们就没有必要把他当作老师。

吾兄又疑后进之来，其资禀意向虽不足以承教，若其齿之相远者，恐亦不当概以客礼相待。仆前书所及，盖与有意于斯道者相属而言，亦谓其可以客，可以无客者耳。若其齿数邈绝，则名分具存，有不待言矣。孔子使阙党童子将命，曰：“吾见其居于位也，见其与先生并行也，非求益者也，欲速成者也”，亦未尝无诲焉。虽然，此皆以不若己者言也。若其德器之夙成，识见之超诣者，虽生于吾后数十年，其大者吾师，次者吾友也，得以齿序论之哉？

译文

兄长您又怀疑后进之人，认为他们展现出来的资质、禀赋、意向都意味着没有资格接受教育，且认为对于那些年龄相差很大的人，也不应该一律以客人之礼相待。在上次给您的那封书信中，我所说的是和志同道合之人相处，也说到与人相处，既然能够待之以客礼，也能够没有主宾的分别。如果有年龄与我相差很多的人，那么则应该有长幼的分别，这就不必说了。孔子叫他的童子阙党给他的弟子传话说：“我见他坐在他的位子上，见他和我一起行走，我并不是要求他对我有什么好处，而是想要让他多长点见识，从而尽快学会做人的道理，这也是一种教诲。”尽管是这样，但这都是由于他人不如自己而说的话。若是他人既已经德才兼备，见多识广，那么即使这个人比我小好几十岁，学问大的也可以做我的老师，学问小些的，也可以做我的朋友，这样的话，又为什么一定要计较年龄差别呢？

人归遽剧，极潦草，便间批复可否。不一一。

译文

送信的人马上就要走了，我的字写得十分潦草，希望您闲暇的时候能够给予批评回复，可以吗？别的话不再一一叙述了。

答何子元

壬申

来书云：“礼曾子问：‘诸侯见天子，入门不得终礼，废者几？’孔子曰：‘四。’又问：‘诸侯相见，揖入门，不得终礼，废者几？’孔子曰：‘六，而日食存焉。’曾子曰：‘当祭而日食，太庙火，其祭也如之何？’孔子曰：‘接祭而已矣，如牲至，未杀，则废。’孟春于此有疑焉。天子崩，太庙火，后夫人之丧，雨沾服失容，此事之不可期，或适相值。若日食则可预推也，诸侯行礼，独不容以少避乎？祭又何必专于是日而匆匆于接祭哉？牲未杀则祭废，当杀牲之时，而不知日食之候者，何也？执事幸以见教，千万千万！”

译文

来信中说道，《礼》中记载曾子向孔子请教有关时说：“诸侯来拜见天子，进了宫殿之后也不能够停止礼仪，这里面省略的礼仪有哪几项呢？”孔子回答说：“有四项。”曾子又问：“诸侯之间见面相互揖礼，进了宫门之后也不能够停止礼仪，这里面省略的礼仪又有哪几项呢？”孔子回答：“有六项。但在发生日食现象的那天却是要保留的。”曾子说：“祭祀的时候发生日食，太庙点燃火炬，这时祭祀活动应该怎样进行下去呢？”孔子回答：“继续进行祭祀就可以了。如果祭祀用的动物还没有杀的话，那么就能够停止祭祀。”孟春对此有所疑问，天子驾崩，太庙燃火，皇后夫人守丧之时，雨水淋湿衣服而有失仪态，这些事情不能够能预知或正巧碰上，至于日食则能够预先推算出来。诸侯行礼，为何不能够稍微回避一下呢？何况进行祭祀活动又为什么必须在发生日食那天呢？猪羊还没有杀，祭祀活动就能够停止，在杀猪羊的时候，还不知道日食发生的征兆，这又是什么原因呢？千万请您指教！

承喻曾子问“日食接祭”之说，前此盖未尝有疑及此者，足见为学精察，深用叹服。如某浅昧，何足以辨此。

译文

来信收到。对于曾子提出的问题，以前从来没有人怀疑过，而你能够产生疑问，可见你做学问有了进步，着实令人叹服。像我这样学问浅薄的人，怎么能够说明白？

古者天子有日官，诸侯有日御，日官居卿以底日，日御不失日，以授百官之朝，岂有当祭之日而尚未知有日食者？夫子答曾子之问，窃意春秋之时，日官多失其职，固有日食而弗之知者矣。尧命羲和敬授人时，何重也！仲康之时，去尧未远，羲和已失其职，迷于天象，至日食罔闻知，故有胤之征。降及商、周，其职益轻。平王东迁，政教号令不及于天下。自是而后，官之失职，又可知矣。《春秋》所书日食三十有六，今以《左传》考之，其以鼓用牲币于社及其他变常失礼书者三之一，其以官失其职书者四之二。凡日食而不书朔日者，杜预皆以为官失之，故其必有考也。《经》：“桓公十七年冬十月朔，日有食之。”《传》曰：“不书日，官失之也。”“僖公十五年夏五月，日有食之。”《传》曰：“不书朔与日，官失之也。”则《传》固已言之矣。“襄公之二十七年冬十二月乙卯朔，日有食之，而《传》曰：“辰在申，司历过也，再失闰矣。”夫推候之缪，至于再失闰，则日食之不知，殆其细者矣。古之祭者，七日戒，三日斋，致其诚敬，以交于神明，谓之“当祭而日食”，则固已行礼矣，如是而中辍之，不可也。接者，疾速之义，其仪节固已简略，接祭则可两全而无害矣。况此以天子尝禘郊社而言，是乃国之大祀。若其他小祭，则或自有可废者，在权其轻重而处之。若祭于太庙而太庙火，则亦似有不得不废者。然此皆无明文，窃意其然，不识高明且以为何如也？

译文

古时候天子有日官，诸侯有日御，他们负责考察天象，哪里有祭祀已经开始还不知道发生日食的事情呢？为什么孔夫子这样回答曾子的问题。我希望能够说明白。我认为春秋的时候日官多有失职，因而有时临时祭祀也不知道有日食要发生。尧帝命令羲和观测天象并恭敬地向人们授示天的运行，他们对此是多么重视啊！仲康时代，距离尧的年代还不太远，羲和尚且已经失去了他的职位，对天象没有清楚地了解，到了日食发生的时候，还仍然一无所知，因此才有胤的征讨。到了商周时期，那些负责观测天象的官员的职位就更加轻微了。周平王东迁的时候，他的政治教化和重要法令尚且不能够顺利地推及天下，从此以后，官员们渎职的严重情况就更加可想而知了。《春秋》记载的日食有三十六次，如今用《左传》记载的数据来考证它，用鼓奏乐在社庙中供上牲畜祭品以及其他原因不守礼节的人记载了只有三分之一，而那些失职的官员们记载的则有二分之一。但凡是发生日食而不写发生月、日的人，杜预都以为应该算他们渎职，因此必定能够得到考证。《经》上记载：“桓公十七年冬天十月朔时，发生了日食。”《传》说：“不书写日食出现日期的人，是失职的。”“僖公十五年夏天五月，发生了日食。”《传》说：“不书写方位和日期，属于官员失职。”由此可见《传》早就说过这样的事情了。“襄公二十七年冬十二月乙卯朔时，发生了日食。”而《传》说：“日食的发生时辰是在申时，这属于司历的过失，还丢掉了闰月的记载。”推测征候的错误，甚至因此而丢掉了闰月，那么日食的失考，大概就是由于它是极其细微的事情吧。古时候的人祭祀前七天一戒，三天一斋，要把他至诚至敬的真心交给神明，这叫作可以祭祀，那么发生日食时就坚持行使礼仪，若是发生日食而停止祭祀，则是不能够的。继续进行祭祀的人迅速进行礼仪的要义，就在于他的礼仪已经十分简略了，而继续祭祀的行为则两全其美，不会有什么害处。何况如果天子是去郊社祭祀，那属于国家重大的祭祀活动；如果是其他一些小的祭祀活动，有的能够废除省略掉，能够根据其意义的大小而区别对待处理。若如果是在太庙祭祀，并且在太庙点起了火炬，那么也好像有不得不废除停止的理由，但是这些都是没有明文条例规定。我认为是这样，你有什么高见呢？

上晋溪司马

戊寅

郴、衡诸处群孽，漏殄尚多，盖缘进剿之时，彼省土兵不甚用命，而广兵防夹，又复稍迟，是以致此。其在目今，若无凶荒之灾，兵革之衅，料亦未敢动作，但恐一二年后，则有所不能保耳。今大征甫息，势既未可轻举，而地方新遭士兵之扰，复不堪重困。将纾目前之患，不过添立屯堡；若欲稍为经久之图，亦不过建立县治。然此二端，彼省镇巡已尝会奏举行，生虽复往，岂能别有区划？但度其事势，屯堡之设虽可以张布声威，然使守瞭日久，未免怠弛散归。无事则虚具名数，冒费粮饷；有急则张皇贼势，复须调兵。此其势之所必至者。惟建县一事颇为得策。又闻所设县分乃瓜分两省三县之地，彼此各吝土地人民，岂肯安然割己所有以资异省别郡？必有纷争异同之论，未能归一。则立县之举，势亦未易克就。既承责委，亦已遣人再往询访，苟有利弊稍可裨益者，当复举请。但因闽事孔棘，遥闻庙堂之议亦欲缪以见责，故且未敢辄往郴、桂。然敕书又未见到，则闽中亦不敢遽往。旦夕谘访其事，颇悉颠末。大概闽中之变，亦由积渐所致，其始作于延平，继发于邵武，又继发于建宁，发于汀、漳，发于沿海诸卫所，其间惊哄虽小大不一，然亦皆困倡于前者略无惩创，遂敢效尤而兴。今省城渠魁虽已授首，人心尚尔惊惶未定，邵武诸处尤不可测。急之必致变，纵而不问，将来之祸尤有不可胜言者。盖福建之军，纵恣骄骜已非一日，既无漕运之劳，又无征戍之役，饱食安坐，徭赋不及。居则腹民之膏血以供其粮，有事返藉民之子弟而为之斗。有司豢养若骄子，百姓疾畏如虎狼。稍不如意，呼呶群聚而起，焚掠居民，绑笞官吏，气焰所加，帖然惟其所欲而后已。今其势既盈，如将溃之堤，岌乎汹汹，匪朝伊夕。虽有知者，难善其后，固非迂劣如守仁者所能办此也。又况积弱之躯，百病侵剥，近日复闻祖母病危，日夜痛苦，方寸已乱，岂复堪任！临期败事，罪戮益重，辄敢先以情诉，伏望曲加矜悯，改授能者，使生得全首领，归延残息于田野，非生一人之幸，实一省数百万生灵之幸也。情蹙辞隘，忘其突冒，死罪死罪。

译文

在郴州、衡阳的许多地方，奸徒漏网的情况很多。这大概是由于剿匪的时候那些地方的土兵不愿意为朝廷卖命的缘故。而两广地区的军队防守夹击有些晚，因此才导致了这样的局面。看如今的形势，若是没有大的灾荒，那么即使有战争，料定他们也不敢有什么动作。可是一两年后，情况恐怕就不好说了。如今大规模的征伐刚刚停止，形势还不允许我们轻举妄动。而地方上又刚刚遭受到了士兵的骚扰，更加不能承受太大的困难。想要除去目前的祸患，无非是添建屯堡；若是想作更加长远的打算，也不过是建立县治。但是这两种办法，全都经过大家的讨论，就算是我再次前往，也没有什么好的办法。考虑具体情势，设屯堡能够张布声威，可如果让守军的防守时间过长，可能就会出现松弛涣散的情况，甚至私自跑回来，白白地浪费粮饷；有事也会声张敌情，再进行调兵，形势发展，必定是这样。只有建立县制，才是上策。我又听闻所设立的县份位于两省三县的交界地带，他们彼此都吝惜自己的土地和百姓，怎么会心甘情愿地把自己的土地和百姓割让出去，让其他的省郡来统辖呢？必定会有很多意见和争论，难以达成共识，那么建立县制必定也就不容易实现。既然已经承担了责任，也已经派人再去询问，只要利稍大于弊，就应该再次请示这样做。可是由于福建地区的相关问题十分棘手，听闻庙堂上的议论，也是想要抓住进行责备，因此暂且未敢立刻动身去郴桂地区。可是又没有见到皇帝的命令，那么福建中部我也不敢迅速前往，经常询问关注此事的人，都很了解个中缘由。大概福建中部的变乱，也是由逐渐积累起来的灾祸所导致的，根源在延平，然后在邵武一带发展，又在建宁一带深入，接着又波及汀漳和沿海诸防卫哨所，这其间经受的惊骇冲击尽管程度有所不同，但也都是由于始作俑者没有受到什么惩罚继而各地才纷纷效仿起来的。如今省城的首领尽管已经被诛杀，但是民心还没有安定下来，邵武的很多地方，其发展形势还无法预料。若是情急却没有细致的对策，对此不进行过问，将来的祸患将更加难以预料。大概福建的军队恣肆骄横已经不是一天两天了，他们既没有修沟挖河的劳苦，又没有征戍的徭役，没有什么事情可做，只知道搜刮民脂民膏来满足他们的需求。有情况的时候，反而借助民众的子弟与敌人作战。我们养了这样一群废物，百姓痛恨惧怕他们，把他们当成虎狼。稍微有些不如意，他们便纠集一伙人，焚烧抢掠居民，绑架鞭打官员，气焰十分嚣张，只要满足自己的欲望就可以。如今形势已如即将溃泄的大堤，非常危险，朝不保夕。即便是智慧之士也很难处理得恰当妥帖，何况是我王守仁这样迂腐无能的人呢？又加上我的身体，体弱多病，最近又听闻祖母病危，日夜痛苦，方寸已乱，哪里能够担此重任，如果到那时办不成事，罪行就更加深重了。考虑到这些，我才敢真诚地向你倾诉，希望你能够多加体谅理解，改派其他贤能之人前往处理此事，让活着的人能够保全性命，让他们在田野中多活几年。这不单是我一个人的幸事，更是一省数百万百姓的幸事。我的情感真切，言辞笨拙，若是有所冒犯，真是该当死罪！

二

己卯

赍奏人回，每辱颁教，接引开慰，勤倦恳恻，不一而足。仁人君子爱物之诚，与人之厚，虽在木石，亦当感动激发，而况于人乎！无能报谢，铭诸心腑而已。

译文

送奏章的人回来，每次都让您屈尊来给我教诲，对我进行引导、开解、劝慰，鼓励我不要懈怠，恳求我能够动恻隐之心等等，对于仁人君子来说，如果对万物诚挚热爱，对人忠厚，那么即使是木石也会被感动，何况是人呢？可是我却没有什么能够报答您的恩情的，只能铭记在心。

生始恳疏乞归，诚以祖母鞠育之恩，思一面为诀。后竟牵滞兵戈，不及一见，卒抱终天之痛。今老父衰疾，又复日亟，而地方已幸无事，且蒙朝廷曾有“贼平来说”之旨，若再拘缚，使不获一申其情，后虽万死，无以赎其痛恨矣！老先生亦何惜一举手投足之劳，而不以曲全之乎？今生已移疾舟次，若复候命不至，断亦逃归，死无所憾！老先生亦何惜一举手投足之劳，而必欲置之有罪之地乎？情隘辞迫，渎冒威严，临纸涕泣，不知所云，死罪死罪。

译文

我开始上疏恳请归乡，确实是因为不忘祖母对我的养育之恩，想在永别之前见上一面。但是后来因为战事被耽搁，我没能和祖母见最后一面，我最终只能空怀悲痛。如今我年老的父亲身体衰弱，疾病缠身，而且情况日益紧迫，所幸的是地方上已没有战事，而且朝廷曾经下达了旨意，说只要贼乱被平定就可以上奏请求归乡，若是这次再被情势逼迫而不能归乡到老父亲面前倾诉思念之情，那么以后即便是我死上万次，也不能消除我心中的遗憾！

老先生又为什么要吝惜这一举手投足之劳而不成全我的愿望呢？如今我已经踏上了归乡的快船，若是仍然等不到让我归乡的旨意，我必定要逃跑归去，即便是死我也不会感到遗憾。老先生又为什么要吝惜这一举手投足之劳而一定要置我于有罪的境况中呢？我的归乡之情非常强烈，言辞难免显得急迫，冒犯了您的威严；我面对着这封信流泪哭泣，不知写了些什么，真是死罪！

上彭幸庵

壬午

不孝延祸先子，自惟罪逆深重，久摈绝于大贤君子之门矣，然犹强息忍死，未即殒灭，又复有所控吁者，痛惟先子平生孝友刚直，言行一出其心之诚然，而无所饰于其外。与人不为边幅，而至于当大义，临大节，则毅然奋卓而不可回夺。忝从大夫之后。逮事先朝，亦既荐被知遇；中遭逆瑾之变，退伏田野，忠贞之志，抑而不申。近幸中兴之会，圣君贤相方与振废起旧，以发舒幽枉，而先子则长已矣。德蕴壅阏而未宣，终将泯溷于俗，岂不痛哉！伏惟执事才德勋烈动一世，忠贞之节，刚大之气，屹然独峙，百撼不摇，真足以廉顽而立懦。天子求旧图新，复起以相，海内仰望其风采，凡天下之韬伏埋滞，窒而求通，绌而求直者，莫不延颈跂足，望下风而奔诉。况先子素辱知与，不肖孤亦尝受教于门下，近者又蒙为之刷垢雪秽，谬承推引之恩，盖不一而足者，反自疏外，不一以其情为请？是委先子于沟壑，而重弃于大贤君子也。不孝之罪，不滋为甚欤？先子之没，有司以赠谥乞，非执事之悯之也，而为之一表白焉，其敢觊觎于万一乎？荒迷悬迫，不自知其僭罔渎冒，死罪死罪。

译文

我这不孝的人闯下的祸延及了我的先父，我自感罪孽深重，已经被排除在大贤君子门外很久了。但我还是忍辱偷生，苟且地活着，还要怀着悲痛的心情呼吁。先父一生对长辈孝顺，对朋友真诚，言行全都发自真心，不是在表面上空作掩饰，与人交往也不是表面上的客套，而到了需要展示大义大节之时，就会很坚定勇敢，不会有所改变。我很惭愧地置身在朝廷官员之中，为先朝做事，也是由于被引荐后才被看中任用的，这期间遭逢了叛逆之人刘瑾引起的变乱，于是退避田间乡野，为朝廷献忠贞的志向被压抑着，无法实现。近来有幸遇到国家中兴，皇帝英明，大臣贤善，我这才从颓废中振作起来，来实现自己的抱负，可是先父早已长眠。他的美好品德被堵塞住而没能够表现出来，只能像凡俗之人一样默默地化为尘土了，这难道不值得痛惜吗！我私下里想，只有阁下不管是才华还是品德都十分的杰出，忠贞刚正，屹然独立，不为挫折撼动，真的是能够让顽固的人廉洁，让懦弱的人坚定。皇帝渴求旧臣来治理好国家，再次任用您为宰相，大家都在仰望您的风采，但凡是天下被压制或自行退避的能够为正义牺牲生命的人，不能达志的就想能够通达其志向，被冤屈的就想能够能得到平反，这些人全都伸长了脖子，抬起了脚跟，希望能在你面前倾诉，况且先父向来是您的好朋友，我这不肖的人也曾拜在您的门下学习，最近又承蒙您为我洗刷去了污秽，还引荐了我，这已经不是第一次了，而我反而与您疏远了，不顾您的一片真情，这是置先子于极其尴尬的境地，而自己也就被排除在大贤君子行列之外了。我的不孝的罪名不是非常大吗？先父去世后，朝廷赠谥号并不是由于您怜悯他，而是为了表彰他崇高的品德，可是我所说的太少了，不能够表彰先父品德即使是很少的一部分。对先父的思念让我悲伤，不知道这些内容是不是对您有所冒犯，如果有，真是该当死罪！

寄杨邃庵阁老

壬午

孤闻之：昔古之君子之葬其亲也，必求名世大贤君子之言，以图其不朽。然而大贤君子之生，不数数于世，固有世有其人而不获同其时者矣，又有同其时而限于势分无由自通于门墙之下者矣，则夫图不朽于斯人者，不亦难乎！痛惟先君宅心制行，庶亦无愧于古人。虽已忝在公卿之后，而遭时未久，志未大行，道未大明，取嫉权奸，敛德而归，今则复长已矣。不孝孤将以是岁之冬举葬事，图所以为不朽者，惟墓石之志为重。伏惟明公道德文章，师表一世；言论政烈，仪刑百辟。求之昔人，盖欧阳文忠、范文正、韩魏公其人也，所谓名世之大贤君子，非明公其谁欤！不幸而生不同时也，则亦已矣；幸而犹及在后进之末，虽明公固所不屑，挥之门墙之外，犹将冒昧强颜而入焉，况先君素辱知与，不肖孤又尝在属吏之末，受教受恩，怀知己之感，有道谊骨肉之爱，迩者又尝辱使临吊，宠之以文词，恻然悯念其遗孤，而不忍遽弃遗之者，是以忘其不孝之罪，犯僭逾之戮，而辄敢以志为请。伏惟明公休休容物。笃厚旧故，甄陶一世之士，而各欲成其名；收录小大之才，而惟恐没其善，则如先君之素受知爱者，其忍靳一言之惠而使之泯然无闻于世耶？不腆先人之币，敢以陆司业之状先于将命者。惟明公特垂哀矜，生死受赐，世世子孙捐躯殒命，未足以为报也。不胜惶悚颠越之至！荒迷无次。

译文

我听说：古时候的君子在埋葬他们的亲人的时候，一定会把名世大贤君子的言论刻在墓碑上，以追求永恒不朽。然而这样的大贤君子，却没有几个人还活在世上了。即使真的有这样的人，也是生不逢时。即使如今有这样的人，但迫于权势和形势，也没有机会结识他们了。想谋求这些人的言语，不是很难吗？所幸我的先人对自己的要求非常严格，对自己的言行非常谨慎，算得上对得起古人。尽管被增添在了公卿之后，可是时机却一直没有能够青睐，空有大志却无法伸张，胸中的主张不能够得到施行，反而遭到权贵者的嫉妒，于是便检点言行，抱守德操，归依家中，这样就长期过下去了。不肖子孙打算在今年冬天举行葬礼，从而能够把先人之名永远传下去，只有以墓志为重才能实现这一打算。您的德行和文章，早已誉满当世，言谈论述忠烈不阿，操持权法公正无私，与古时候的人作比较，只有欧阳修、范仲淹、韩愈能够和您相提并论。那么，这样看来，名世的贤人君子之辈除了您以外还能够有谁呢？或许不幸的是我没有能够和他们生活在同一个时代，那也就算了。不过值得庆幸的是您犹在贤人君子的后继者行列之中，即便您把我从你门墙之中赶出去，我仍旧要冒昧地请教于您来做您的学生，况且先君向来被你器重，我这不肖之人又做您属下，颇受教诲的益处，也感恩很深，长时间以来就怀有被您识遇的感受，您对我们还有胜似亲骨肉的亲情；最近又来悼念，又说些好话安慰遗属，看得出您没能够忘了我们。因此就忘掉了不孝的罪责，胆敢犯冒罪的恶名，斗胆向您请求作墓志。您深明大义，体察事理，厚道待人，热情提携当今士人，让他们能够有所作为，广泛地集中和培养各种各样的人才，只怕埋没了他们的天赋，像先君平时所恩授的教诲一样，您哪里能够忍心吝惜一两句话的恩惠，使其沉沦于俗世之中呢？不顾及先人的弊病，胆敢用陆司业那样的建议和要求，来向您请求，您特别垂爱怜悯，对生者死者都不吝惜赐教，我们世世代代献出生命也不足以报答您的恩情。我感到非常慌张害怕！语无伦次，不知道自己说了些什么。

二

癸未

前日尝奉启，计已上达。自明公进秉机密，天下士夫忻忻然动颜相庆，皆为太平可立致矣。门下鄙生独切生忧，以为犹甚难也。亨屯倾否，当今之时，舍明公无可以望者，则明公虽欲逃避乎此，将亦有所不能。然而万斛之舵，操之非一手，则缓急折旋，岂能尽如己意？临事不得专操舟之权，而偾事乃与同覆舟之罪，此鄙生之所谓难也。夫不专其权而漫同其罪，则莫若预逃其任。然在明公亦既不能逃矣。逃之不能，专又不得，则莫若求避其罪，然在明公亦终不得避矣。天下之事，果遂卒无所为欤？夫惟身任天下之祸，然后能操天下之权；操天下之权，然后能济天下之患。当其权之未得也，其致之甚难；而其归之也，则操之甚易。万斛之舵，平时从而争操之者，以利存焉。一旦风涛颠沛，变起不测，众方皇惑震丧，救死不遑，而谁复与争操乎？于是起而专之，众将恃以无恐，而事因以济，苟亦从而委靡焉，固沦胥以溺矣。故曰“其归之也，则操之甚易”者，此也。古之君子，洞物情之向背而握其机，察阴阳之消长以乘其运，是以动必有成而吉无不利，伊、旦之于商、周是矣。其在汉、唐，盖亦庶几乎此者。虽其学术有所不逮，然亦足以定国本而安社稷，则亦断非后世偷生苟免者之所能也。夫权者，天下之大利大害也，小人窃之以成其恶；君子用之以济其善，固君子之不可一日去，小人之不可一日有者也。欲济天下之难，而不操之以权，是犹倒持太阿而授人以柄，希不割矣。故君子之致权也有道：本之至诚以立其德，植之善类以多其辅。示之以无不容之量，以安其情；扩之以无所竞之心，以平其气；昭之以不可夺之节，以端其向；神之以不可测之机，以摄其奸；形之以必可赖之智，以收其望。坦然为之，下以上之；退然为之，后以先之。是以功盖天下而莫之嫉，善利万物而莫与争。此皆明公之能事，素所蓄而有者。惟在仓卒之际，身任天下之祸，决定而操之耳。夫身任天下之祸，岂君子之得已哉？既当其任，知天下之祸将终不能免也，则身任之而已。身任之而后可以免于天下之祸。小人不知祸之不可以幸免，而百诡以求脱，遂致酿成大祸，而己亦卒不能免。故任祸者，惟忠诚忧国之君子能之，而小人不能也。某受知门下，不能效一得之愚以为报，献其芹曝，伏惟鉴其忱悃而悯其所不逮，幸甚！

译文

前几天我提出的建议，大概已经被传达上去了。自从您执掌机密权柄以来，天下的有志之人都十分兴奋地相互庆贺，以为天下太平的日子能够到来了。可是您的门下学生我却情不自禁为您忧愁，觉得这件事情十分困难。不管是从哪一方面说，当下，除了您没有谁能够执行得了。即使您想避开，大概也是不可能做到的。可是分量极重的千斤之舵，要想掌好，并不能仅依靠一个人的力量，因此坎坷波折就会很多，事情未必都能够尽如人意。碰到需要处理的事件又不能够专掌其权，但是出现错误却有你的责任，这就是我所谓的困难。自己不能拿主意，若是出现问题又会有自己的责任，那么看来倒不如须先逃脱这种倒霉的差使。但是对您来讲却又是不能够逃避的。逃避不可能，按照自己的意见办也不可能，那么就不如逃脱罪责，但是对您来说却也是最终不能够逃避的。天下的事情，真的是没有能够有所作为的吗？只有那种能够以身兼天下大祸的人，才能够操纵天下的大权，操纵了天下的大权，然后才能够有条件来救助天下的困难；当这种大权尚且没有得到的时候，要想获得是十分困难的；不过，一旦得到了，具体操纵起来，又是非常的容易。千斤的重舵，平时被人们争夺，因为大家看重的大都是利益而已；一旦波折出现，事情变得不可捉摸，大家才感到迷茫惶惑。自己的生命尚且不能够保全，又有谁还有心思去和他人争权夺利呢？所以便有人起来独揽大权。大家也会因此依靠他而感觉不到惊惶以及危险，事情也能够因此而获得成功；如果一个人在最危急的时候随波逐流，那就会一事无成。可是他回来以后，操纵起权力来，非常容易。古时候的仁人志士洞察事物的道理，把握其中的契机，体察阴阳的消长，顺应其中的趋势；如此一来，他们一行动便会有成绩，天时地利对于他们全都是有利的，伊尹和周公旦在商、周的时候就是这样。汉朝和唐朝时，就几乎没有具备这种才能的人了。尽管他们的学问专长在某些领域无能为力，可是也足够用来安邦定国的了，这必然不是那些苟且偷生之人能够掌握的。权力是天下最大的利也是最大的害，无志的小人会伺机夺取它，用来达到他们险恶的目的；有志的君子会掌握运用它，用来发扬它有利于国计民生的一面。因此说有志之人对这个世界来说确实是太重要了，无志小人多一个便是这个世界的不幸。想要达到匡济天下的目标，却不能够掌握实权，反过来却依靠一些小人，世道就会落入奸佞的手中，真是可惜呀！因此有志之人获取权力是以诚为本，用来树立他的道德情操，培养忠诚可靠的后继之辈，用来增添一些有用的人才，向大家昭示一种莫大的容量，安定大家的情绪；发扬敬业的精神，平定大家的非议；显示出浩然正气，引导正确方向；给大家一种深不可测的印象，来达到慑服奸佞的目的；让大家了解你有能够信赖的品质，来达到树立良好形象的目的。心情坦荡地处理各种事务，用较低的姿态对待各种各样的人，抱着与世无争的思想，本着有功先给他人的处世原则，这样功绩便能够遍及天下，也不会招来他人的嫉妒，善于利用万事万物却不参与争抢，这是您的优良品质，也是您平常注意累积的结果。只是在国家危难的时刻，以身先士卒的大无畏气魄，直面艰难危险的事情，才决定掌权的呀！有志之人去做天下人都认为不对的事情，难道是他们心甘情愿的吗？既然肩负着义不容辞的责任，了解到国家百姓有难，终究是不能够推却的，因此承担重任。担当了重任之后知道能够幸免于天下大祸，挽救百姓于水火，无志小人却是不能够了解这个道理的，于是小人便百般狡辩以求幸免，以致酿成大祸，最终无法逃脱灾难。因此，能够躲避灾祸的人，只有那些忠诚报国的人，无志奸佞小人永远都不会。我在您的关怀和指导下获益很深却没有什么可以回报的，只能够尽我所能，给您进上一两句浅薄之语，希望您能够理解我的心意，原谅我力所不能及之处，那我就实在是太幸运了！

三

丁亥

某素辱爱下，然久不敢奉状者，非敢自外于门墙，实以地位悬绝，不欲以寒暄无益之谈尘渎左右。盖避嫌之事，贤者不为，然自叹其非贤也。非才多病，待罪闲散，犹惧不堪，乃今复蒙显擢，此固明公不遗下体之盛，某亦宁不知感激！但量能度分，自计已审，贪冒苟得，异时偾事，将为明公知人之累。此所以闻命惊惶而不敢当耳。谨具奏辞免，祈以原职致仕。伏惟明公因材而笃于所不能，特赐曲成，俾得归延病喘于林下，则未死余年皆明公之赐。其为感激，宁有穷已乎！恳切至情，不觉渎冒，伏冀宥恕。不具。

译文

我向来有辱于您的爱护，却又一直不敢拜奉您，不是自作主张把自己排斥在您的门墙之外，实在是因为我和您在地位上差距太大，不想见面后只有些寒暄的毫无用处的话语，因为这是对您的不尊重。可能有才能的人不会做这样的事情，我叹息自己并不是有才有德之人。我现在多疾病，身负罪名，赋闲在家，经常不能忍受忧愁惧怕的煎熬。现在又承蒙您的提拔，这本来就是明公您不嫌弃属下的盛情，我怎么会不知道感激呢？但是我估量自己的才德，仔细考虑，觉得超过了力所能及的范围，是太过分太冒险了。假如什么时候又做错了事，将会有损于您知人之明，这就是为什么我接到命令十分惊惶不安、不敢赴任的原因。在此，我详细地写明奏疏，请求免去我的职务，希望我保持原来的职务直到退休。明公您推荐之人的才能有限，不能做力所不及的事，只希望您能够特别地给我照顾，让我可以在乡间姑且活下去，得以在家养病，那么我的余生都是明公恩赐的了。我对您的感激之情是不会有穷尽的！这是我的一番恳切之情，如有冒犯您的地方，还请您多多宽恕。其他的就不赘述了。

四

丁亥

窃惟大臣报国之忠，莫大于进贤去谗，故前者两奉起居，皆尝僭及此意，亦其自信山林之志已坚，而素受知己之爱，不当复避嫌疑，故率意言之若此。乃者忽蒙两广之命，则是前日之言适以为己地也，悚惧何以自容乎？某以迂疏之才，口耳讲说之学耳，簿书案牍，已非其能，而况军旅之重乎！往岁江西之役，实亦侥幸偶成。近年以来，忧病积集，尪羸日盛，惟养疴丘园，为乡里子弟考订句读，使知向方，庶于保身及物亦稍得效其心力，不致为天地间一蠹，此其自处亦既审矣。圣天子方励精求治，而又有老先生主张国是于上，苟有袜线之长者，不于此时出而自效，则亦无其所矣。老先生往岁方秉铨轴时，有以边警荐用彭司马者，老先生不可，曰："彭始成功，今或少挫，非所以完之矣。"老先生之爱惜人才而欲成就之也如此，至今相传以为美谈，今独不能以此意而推之某乎？恳辞疏上，望赐曲成，使得苟延喘息。俟病痊之后，老先生不忍终废，必欲强使一出，则如留都之散部，或南北太常、国子之任，量其力之可能者使之自效，则图报当有日也。不胜恃爱恳渎，幸赐矜察。

译文

我私下认为大臣报国的忠心最重要的在于推荐贤能之人、摒弃进谗言的小人，因此，以前两次到府问候，都曾表示过这个意思。虽然我的归隐山林的志向已经十分坚定，但又受到知己的爱护，不应再避嫌，因此把我所有的想法坦率地向您说出。我忽然被任命到两广地区任职，也就是前些日子说过的，正适合我自己。但我很忧惧，怎样做才能承担起我的责任呢？我才疏学浅，只能简单讲讲学问，案牍工作都做不好，更何况担任这军旅的重任呢！以前江西的战役，实在是侥幸偶然成功的。近几年来疾病缠身，瘦弱不堪，站立不稳，只好在丘园养病，为乡里的子弟修改文章，让他们懂得读书的方法，希望这样能够保护好自己的身体和财物，并且渐渐地动动心智，不至于像天地间的一个蛀虫，这就是我对自己的安排。当今圣上励精图治，又有一位老先生主张国是最为重要，如果有些才能，不在这个时候站出来为国出力，那么就没有发挥才能的时机了。老先生往年去往各地主持官吏的选拔任用，这时，有人推荐彭司马做守卫边疆的官吏，老先生认为不可以，说：“彭司马刚刚取得了一点胜利，现在可能还没有经历多少挫折，他还不能圆满地完成任务。”这是老先生爱惜人才并且想要成就他才这样做的。这句话到现在都被传颂，并成为美谈，现在就不能这样对待我吗？我以诚恳的言辞奏明圣上，希望得到圣上的恩赐并成全我的心意，使我可以暂时得以喘息。等到病痊愈之后，老先生不再忍心我被废弃，一定将强令我出任，如留在京城散余军部或担任南北太常、国子监的任命，估量我的才能所及，让我尽心尽力去干，就会有报效的那一天了。担当不起您一直对我的爱护，向您表达我的一片诚恳，对您不敢不恭敬。望能得到您的怜惜体察。

寄席元山

癸未

某不孝，延祸先子，罪逆之深，自分无复比数于人。仁人君子尚未之知，悯念其旧，远使存录，重以多仪，号恸拜辱，岂胜哀感！岂胜哀感！伏惟执事长才伟志，上追古人，进德勇义，罕其侍匹。向见《鸣冤录》及承所寄《道山书院记》，盖信道之笃，任道之劲，海内同志莫敢有望下风者矣，何幸何幸！不肖方在苦毒中，意所欲请者千万，荒迷割裂，莫得其端绪。使还遽，临疏昏塞，不尽所云。

译文

由于自己不孝，父亲去世，罪孽实在是太深了，我自认为比别人的罪孽更深。仁义的君子还不知道，怜悯、惦记着他的老朋友，远道而来的使者为我送上礼物并表示哀悼，使我不胜感激！使我不胜感激！阁下既有才干又有大志，道德勇毅可以和古人相比。先前看你写的《鸣冤录》和这次寄来的《道山书院记》，对您的道德和勇毅更不怀疑。忠诚地信奉道义，并且大力地推行，这在海内外志同道合的人中，没有人能够和您相比，这是何等的幸事！不争气的我还在苦毒之中，心中想法已是迷乱一团，找不出头绪来了。使者急迫地回还复命，他临走时我匆忙写下这些，写不完我想表达的感情。

答王亹庵中丞

甲申

往岁旌节临越，猥蒙枉顾，其时忧病懵懵，不及少申款曲。自后林居，懒僻成性，平生故旧不敢通音问。企慕之怀虽日以积，竟未能一奉起居，其为倾渴，如何可言！使来，远辱问惠，登拜感怍。舍亲宋孔瞻亦以书来，备道执事勤勤下问之盛。不肖奚以得此！

译文

往年信符快要到了的时候，曾多次承蒙您屈尊照顾，那时我身体多疾病，心情也不好，来不及稍微说明一下理由。而后我又归隐山林，整日懒惰已成为习惯，我和平生的故人旧友都不敢互通音讯，对您仰慕、崇敬的情怀虽然一天天加深，却不曾亲自侍奉您的起居，对您的倾慕渴求怎能用语言来表达！您的使者来了，带来您远方的问候，我深感惭愧，只有登高对您遥拜。我的亲戚宋孔瞻也写来书信，也非常详细地说了大人殷殷问候的盛情，我怎么能担当得了这种盛情呢？我这个不争世事的人怎么能得到如此厚爱！

近世士夫之相与，类多虚文弥诳而实意衰薄，外和中妒，徇私败公，是以风俗日恶而世道愈降。执事忠信高明，克勤小物，长才伟识，翘然海内之望。而自视欲然，远念不遗，若古之君子，有而若无，以能问于不能者也。仆诚喜闻而乐道，自顾何德以承之？仆已无所可用于世，顾其心痛圣学之不明，是以人心陷溺至此，思守先圣之遗训，与海内之同志者讲求切劘之，庶亦少资于后学，不徒生于圣明之朝。然蔽惑既久，人是其非，其能虚心以相听者鲜矣。若执事之德盛礼恭而与人为善，此诚仆所愿效其愚者，然又邑里隔绝，无因握手一叙，其为倾渴又如何可言耶！虽然，目击而道存，仆见执事之书，既已知执事之心，虽在千万里外，当有不言而信者。谨以新刻小书二册奉求教正。盖鄙心之所欲效者，亦略具于其中矣。便间幸示。

译文

现在这个世道，士大夫相互交往，大多数只做表面文章，言词越来越狂妄，而真情实意越来越薄弱，外表和气而内心充满忌恨，贪图私利而败坏国家利益，这真是风俗日趋恶劣，世道越来越败坏。您忠实诚信、高远明净，勤勤恳恳做小事，有很强的才干和宏伟的见识，在四海之内德高望重；然而自己却认为还做得很不够，能在遥远的地方惦念着故人而不遗弃。而古代的君子遇到这种情况，有就像没有似的，能够问候的也不问候。我实在是很高兴地听到您的问候并且愿意告诉别人您的德行，我自省我有什么德行可以承受您的厚爱呢？在这个世上，我已经是没有什么用处的了，但又很痛心圣学没有在天下推广，因而天下人心衰落、虚弱到这个地步，思考着遵守先圣的遗训，和海内外志同道合的人一起向世人讲说，希望消除人心衰落的状况。也希望或多或少地资助后学，不要徒劳生活在这个圣明的时代。但人们受到蒙蔽已经很久了，时过境迁，能虚心地听讲的人已经很少了。您德行高洁、礼仪谦恭、善待他人，实在是我愿意致力的原因；然而，我与您又相距太远，无法面对面地握手相互叙说，虽然对您倾慕已久，又如何对您倾诉呢？即使这样，我们也都将会看到道义将永存下来。我已看到大人的信，已经知道大人心中的所思所想，即使在千万里之外，无法相互表达彼此的信任。我谨将新近刻印的两册小书奉上，请您指正！我心中所想要效仿的，在书中大都有详尽的叙述。如果您有时间，希望能够荣幸地得到您的指点！

与陆清伯

甲申

惟乾之事将申而遂没，痛哉冤乎！不如是无以明区区罪恶之重至于贻累朋友，不如是无以彰诸君之笃于友道。痛哉冤乎！不有诸君在，则其身没之后，将莫知所在矣，况有为之衣衾棺殓者乎！是则犹可以见惟乾平日为善之报，于大不幸之中而尚有可幸者存也。呜呼痛哉！即欲为之一洗，自度事势未能遽脱，或必须进京，候到京日再与诸君商议而行之。苟遂归休，终须一举，庶可少泄此痛耳。其归丧一事，托王邦相为之经理。倘有不便，须仆到京，图之未晚也。行李倥偬中，未暇悉欲所言，千万心照。

译文

惟乾的事情，将要申雪而死去，真令人痛心，真是太冤了！如果不是这样的话，就无法知道小小罪恶的危害之大，以致连累了朋友；如果不是这样的话，也就无法彰显诸位君子的忠诚与友谊。真令人痛心，真是太冤了！如果没有各位在，那么他身亡之后，尸首都不知道在何处了，还能有人替他装殓吗？从这也可以看出惟乾平时对人善良，这是他该有的回报，在大不幸中还有这点幸运在啊！哎，真是令人痛心啊！想要为他洗清冤屈，又估计事态形势，不可能立即洗脱干净，或者只有等我到京城时再和诸君商议此事，决定如何行动。倘若就此罢休，最终还是要做这件事的，希望可以发泄一下痛心之情罢了。至于惟乾的归丧一事，可以委托王邦相来替他经营处理，倘若有不方便之处，等我抵达京城再去处理也不算晚。我在行路匆忙中，没有时间把想说的都表达出来，但我们彼此心里一定要明白。

与黄诚甫

甲申

近得宗贤寄示礼疏，明甚。诚甫之议，当无不同矣。古之君子，恭敬撙节退让以明礼，仆之所望于二兄者，则在此而不彼也。果若是，以为斯道之计，进于议礼矣。先妻不幸于前日奄逝，方在悲悼中；适陈子文往，草草布间阔。

译文

最近收到宗贤寄送的信件，信中说得很明白。诚甫的意见，与他没有什么不同。古代的君子，以谦恭地敬酒、谦虚地退让他人来表明礼节，我对二位仁兄的期望也就是在这一点上而不是别的方面。他们如果都能如此，按照这种道义，你们便是有义、有礼了。我的妻子不幸在前天逝世，我正在悲痛中；适逢陈子文前往，草率地表达一下分别之情。

二

甲申

别久，极渴一语，子莘来，备道诸公进修，亦殊慰。大抵吾人习染已久，须得朋友相夹持。离群索居，即未免隳惰。诸公既同在留都，当时时讲习为佳也。

译文

分别的时间已经很长了，非常渴望能说说话，子莘来我这儿详细地讲了诸公进修的事情，我十分欣慰。大概是我们已形成习惯，需要朋友的扶持和提醒。离开大家而一个人独居，就难免堕落。各位同时在留都，应当一起经常互相讲习才是最好。

三

乙酉

盛价来，领手札，知有贵恙，且喜渐平复矣。贱躯自六月暑病，然两目蒙蒙，两耳蓬蓬，几成废人，仅存微息。旬日前，元忠、宗贤过此，留数日北去。山庐卧病，期少谢人事，而应接亦多。今复归卧小阁，省愆自讼而已。闻有鼓柑之兴，果尔，良慰渴望。切磋砥砺之益，彼此诚不无也。

译文

当您尊贵的仆人送来您的手书时，我才知道您生病了，然而高兴的是您已渐渐开始恢复。我的身体从六月中暑生病之后，两眼看不清东西，两耳听不清声音，几乎成了一个废人，只是还有点气息罢了。十多天以前，元忠、宗贤路过此地，逗留了几天后向北离去。我在山间茅舍卧病不起，希望能够少些应酬之事，但是这样的事还是很多。现在我又躺在我的小阁里了，自省罪过、自我批评罢了。我很高兴很渴望能相互切磋、相互提携、相互受益。彼此坦诚相待，没有什么隐瞒。

与黄勉之

乙酉

承欲刻王信伯遗言，中间极有独得之见，非余儒所及。惜其零落既久，后学莫有传之者。因勉之寄此，又知程门有此人也，幸甚幸甚！中间如论明道、伊川处，似未免尚有执着，然就其所到，已甚高明特远，不在游、杨诸公之下矣。中间可省略者，删去之为佳。凡刻古人文字，要在发明此学，惟简明切实之为贵。若支辞蔓说，徒乱人耳目者，不传可也。高明以为何如？

译文

承蒙你要刻王信伯的遗言，中间很有独到的见解，不是我辈所能比得上的。可惜他已经去世很久了，后学中没有能得到他的真传的人。勉之对这很关心，他寄来一些稿子，又了解到程门中有其传人，真是十分幸运。遗言里提及明道、伊川的地方，不免持其一端，然而就他所论述到的，已经很高明又很特别，并不在游、杨诸公之下。凡是中间可以省略的地方，还是删去为好。凡是刻古人文字，重要之处在于发现、明白这个道理，只以简明、切实为贵。如果肢解言辞、蔓延原文的说法，则只能白白地扰乱人的耳目，不值得流传。不知先生有何高见？

复童克刚

乙酉

春初枉顾，时承以八策见示，鄙意甚不为然。既而思之，皆学术不明之故，姑且与克刚讲学，未暇细论策之是非。旬日之后，学术渐明，克刚知见豁然，如白日之开云雾，遂翻然悔其初志，即欲焚弃八策，以为自此以后誓不复萌此等好高务外之念矣。当时同志诸友，无不叹服克刚，以为不惮改过而勇于从善若此，人人皆自以为莫及也。盛价远来，忽寻长笺巨册，谆谆恳恳，意求删改前策，将图复上，与临别丁宁意大相矛盾。岂间阔之久，切磋无力，遂尔迷误至此耶？《易》曰“君子思不出其位”，若克刚斯举，乃所谓“思出其位”矣。又曰：“不易乎世，不成乎名，遁世无闷”“忧则违之”，若克刚斯举，是易乎世而成乎名，非“遁世无闷”“忧则违之”之谓矣。克刚向处山林，未尝知有朝廷事体。今日群司之中，缙绅士夫之列，其间高明剀切之论，经略康济之谟，何所不有？如八策中所陈，盖已不知几十百人，几十百上矣，宁复有俟于克刚耶？克刚此举，虽亦仁人志士之心，然夜光之璧无因而投，人亦且按剑而怒，况此八策者，特克刚之敝帚耳，亦何保啬之深而必以投人为哉？若此策遂上，亦非独不见施行，且将有指摘非訾之者，其为克刚之累不小小也，克刚亦何苦而汲汲于为是哉？八策之中，类皆老生常谈，惟第五策于地方利害颇有相关，然亦不过诉状之词，一有司听之足矣。而克刚乃以为致治垂统之一策，得无以身家之故，遂为利害所蔽，而未暇深思之耶？明者一览，如见肺肝，但克刚不自知耳。昔者颜子在陋巷箪瓢，孔子贤之。夫陋巷箪瓢，岂遂至于人不堪忧？其间盖亦必有患害屈抑，常情所不能当，如克刚今日之所遭际者矣。若其时遂以控之于时君世主，谫谫屑屑，求白于人，岂得复谓之贤乎？禹、稷昌言于朝，过门不入，以有大臣之责也。今克刚居颜子陋巷之地，而乃冒任禹、稷之忧，是宗祝而代庖人之割，希不伤手矣。

译文

初春的时候委屈你来看我，当时承蒙你把八策给我看，我很不以为然。后来思考了一下，觉得都是学术上不清楚的缘故，姑且只与克刚讲学，没有时间仔细讨论八策的对错。十余日后，学术上渐渐清楚了，克刚的认识豁然开朗，云开雾散，拨云见日，于是产生了悔意，推翻了最初的看法，立刻想烧掉八策，发誓从此以后不再萌生这种好高骛远的念头了。当时诸多志同道合的朋友没有不佩服克刚的，认为像你这样不惧怕改正过错勇于从善，大家都无法与你相比。最近你仆人前来，把你的长信带给我。现在你仍然真诚勤恳，想让我删改前面的内容，以图日后重新上奏，这与临别时叮咛的意思十分矛盾。难道是因为间隔太久，讨论切磋的影响力不大，才使得你如此困惑吗？《易》说“君子思不出其位”，克刚的这番举动，就是“思出其位”了。《易》又说“不易乎世，不成乎名”“忧则违之”，像克刚的这番举动，是容易在世上生存并容易功成名就的，不是“遁世无闷”“忧则违之”。克刚归隐山林，不了解朝廷的情况。现在缙绅士大夫到处都是，符合事理的高明议论和宏才经略的看法，什么没有？正如八策中所说的，大概已经有很多人很多策了，难道还有能和克刚相提并论的吗？克刚的这一举动固然是因为仁人志士的情怀，但设想一下，即使是把夜里能发光的玉璧无缘无故地扔给他人，他人也会动怒按剑的，更何况这克刚敝帚自珍的八策，难道是我们非常保守吝啬，而一定要把玉璧投给别人吗？如果把策就这样献上去，非但不能施行，而且还会受到指责，这对克刚就没有什么好处了，克刚何必辛辛苦苦干这事呢？八策里面都是老生常谈的话题，只有第五策对地方利害的分析与现在的情况颇有相关，但也只不过是描述现状的话题，官府听听就可以了。克刚竟然认为这是治理统一天下的大策略，于是拼上了身家性命，被利害所蒙蔽，这是不是因为没有时间仔细思考的原因呢？贤明的人一看，就好像看见肝肺一样极为明白，但克刚自己还不知道呢。曾经的颜回在简陋的巷子里一箪食一瓢饮，孔子把他当作贤人。简陋的巷子，一箪食一瓢饮，难道不令人忧愁吗？其中大概也有害怕受屈的原因，按照常人的观点就不能理解这种想法，正和克刚今天遭遇的一样。如果颜回絮絮叨叨地向君主献策，怎么能够得到贤人的称谓呢？禹、稷向朝廷上奏，三过家门而不入，是因为有大臣的职责。现在克刚像颜回那样住在简陋的巷子中却担负着禹、稷的忧虑，就像宗祝代替厨师割肉，很难不伤自己的手。

册末“授受”之说，似未端的，此则姑留于此，俟后日再讲。至于八策，断断不宜复留，遂会同志诸友共付丙丁，为克刚焚此魔障。克刚自此但宜收敛精神，日以忠信进德为务，默而成之。不言而信，不见是而无闷可也。

译文

至于“授受”的说法，似乎没有根据，先暂时搁置，等到以后再说。而八策，是绝对不应该再留下的，应和志同道合的朋友一起指出它的若干错误，替克刚烧掉这个魔障。克刚从此以后应该聚精会神，以每天认真修炼自己的德行为首要任务，默默地去做。不求让人信任，让人没有疑惑即可。

与郑启范侍御

丁亥

某愚不自量，痛此学之不讲，而窃有志于发明之。自以劣弱，思得天下之豪杰相与扶持砥砺，庶几其能有成。故每闻海内之高明特达，忠信而刚毅者，即欣慕爱乐，不啻骨肉之亲。以是于吾启范虽未及一面之识，而心孚神契，已如白首之交者，亦数年矣。每得封事读之，其间乃有齿及不肖者，则又为之赧颜汗背，促踏不安。古之君子，耻有其名而无其实。吾于启范，惟切磋之是望，乃不考其实，而过情以誉于朝，异时苟有不称，将使启范为失言矣，如之何而可！不肖志虽切于求学，而质本迂狂疏谬，招尤速谤，自其所宜。近者复闻二三君子以不肖之故，相与愤争力辩于铄金销骨之地，至于冲锋冒刃而弗顾，仆何以当此哉！二三君子之心，岂不如青天白日，谁得而瑕滓之者！顾仆自反，亦何敢自谓无愧！则不肖之躯，将不免为轻云薄雾于二三君子矣，如之何而可！病躯懒放日久，已成废人，尚可勉强者，惟宜山林之下读书讲学而已。两广之任断非所堪，已具疏恳辞。必不得请，恐异日终为知己之忧也。言不能谢，惟自鞭策，以期无负相知，庶以为报耳。

译文

我很愚笨，又不自量力，痛心于这门学问不再讲习，而私下又有发扬光大它的志向。因为我弱小和浅陋，想得到天下豪杰的扶持、鞭策，希望这样做能有所成就。所以每次听到海内外的高明、特异、有远见卓识、忠信刚毅的人，就欣然爱慕，无异于像自己的骨肉那么亲。我和启范就是这样，虽然我们从没有见过一面，但是我们的心神相契合，就像已经有百年之交，这样已经有好几年了。每当我读到封呈的公文，看到里边谈到我不好的一面，就感到脸红汗流，在屋子里急促地踱步，深感不安。古代的君子，以只有名声而没有实在的内容为羞愧，我对于启范来说，只有相互切磋的愿望，其他方面并不考究，因过分重情而称誉于朝廷，假如以后有不符合所赞誉的做法，那么将使启范成为失言的人了，这怎么可以呢？我的志向虽然在于求学，但我性格迂拙放任，又很粗心大意，特别容易招致他人诽谤；近来又听说二三位君子因为我的原因而相互动怒，互相争辩达到铄金销骨的白热化程度，到了动刀动剑不顾一切的程度，我有什么资格让他们变成这样呢？这二三位君子的心，难道不如青天白日？谁能找到缺陷呢？我自己反省，哪敢说自己毫不愧疚？那么我就像轻云薄雾不被这二三位君子所了解，这怎么可以呢！我有病的身体整日懒散，已经很久了，已经成了一个废人，还可以勉强做的，只有在山林之中读书讲学而已。两广的任命绝对不是我能承担的，我已经写了详细恳切的奏疏。我的请求如不被接受，恐怕今后会成为知己的忧患。言辞无法表达我的谢意，只有自己鞭策自己，希望不要辜负了相知的一片心意，以此作为回报。

答方淑贤

丁亥

久不奉状，非敢自外，实以忧疾频仍，平生故旧类不敢通问。在吾兄诚不当以此例视，然广士之来游者相踵，山中启处，时时闻之。简札虚文，似有不必然者，吾兄当能亮之也。

译文

很长时间没有向您请安问好了，不是因为别的，实在是因为我忧虑疾病频繁，对故人旧友都不敢问候。对于我的兄长您，确实是不应该这样，然而很多朋友游人到来，山中门开之处，经常可以听到有人。简单的书信和礼节的往来也经常有，当然也有不必要的，兄长一定明白我的意思。

圣主聪明不世出，诸公既蒙知遇若此，安可不一出图报！今日所急，惟在培养君德，端其志向。于此有立，政不足间，人不足谪，是谓“一正君而国定”。然此非有忠君报国之诚，其心断断休休者，亦只好议论粉饰于其外而已矣。仆积衰之余，病废日甚，岂复更堪兵甲驱驰之劳？况谗构未息，又可复出而冒为之乎？恳辞疏下，望与扶持，得具养疴林下。稍俟痊复，出而图报，非晚也。

译文

当今君主的聪明，古来少有，诸公既然像这样蒙受知遇之恩，怎么可以不站出来以图回报！现在迫切需要的，只在于培养君子的德行，端正君子的志向。在此基础上，朝政才不会被分解，臣子才不会被贬谪，这就是“君主公正而国家安定”。然而如果没有忠君报国的诚心，他的心意就只能断断续续，只能仅仅通过言语议论来粉饰自己。我的体力一天比一天衰弱，病一天比一天严重，又怎么能忍受驱驰战场的劳苦呢？更何况流言还没有平息，又怎么能够冒险复出呢？我只能恳切地写出奏疏，希望能得到您的支持，让我可以在山林中养病。等到痊愈了，我再出山，报答恩情，那也不算晚。

二

丁亥

昨见邸报，知西樵、兀崖皆有举贤之疏，此诚士君子立朝之盛节，若干年无此事矣，深用叹服。但与名其间，却有一二未晓者，此恐鄙人浅陋，未能知人之故。然此乃天下治乱盛衰所系，君子小人进退存亡之机，不可以不慎也。此事譬之养蚕，但杂一烂蚕于其中，则一筐好蚕尽为所坏矣。凡荐贤于朝，与自己用人又自不同，自己用人，权度在我，故虽小人而有才者，亦可以器使。若以贤才荐之于朝，则评品一定，便如白黑，其间舍短录长之意，若非明言，谁复知之？小人之才，岂无可用？如砒硫芒硝皆有攻毒破壅之功，但混于参苓耆术之间而进之养生之人，万一用之不精，鲜有不误者矣。仆非不乐二公有此盛举，正恐异日或为此举之累，故辄叨叨，当不以为罪也。

译文

昨天看到官府的通报，知道西樵、兀崖都有举荐贤明人士的奏疏，这的确是忠诚的义士君子支持朝廷的大气节，很多年都没有这种情况了，令人深深叹服。但是给他们授予官职却很有区别，有的事我不清楚，这恐怕是我见识浅陋、没有真正了解他们的缘故。这是天下治乱盛衰的关键，也是君子小人或进或退或存或亡的时刻，不可以不慎重。这很像养蚕，只要有一条烂蚕混杂在里面，那么一筐好蚕就会全部被破坏。大凡向朝廷推荐人才的，都和自己用人有所不同，自己用人，权力、尺度都掌握在自己手中，所以即使是小人，但只要有才能，也可以器重他使用他。如果把贤才向朝廷推荐，那么对其品德的评论一旦确定，便黑白分明，这里面用其长处舍其短处的意义，若不明确地说出来，谁会知道呢？小人的才干，难道就没有用处吗？就好像砒硫芒硝都有攻毒破壅的功效，但如果将它们混杂于参苓耆术中送给想要养生的人，如果不能很好地使用它们，很少有不出现失误的。我并不是因为你们有这样的举动而不高兴，只是怕有一天你们受到此事的连累，所以说的很多，希望你们不要怪罪我。

思、田事，贵乡往来人当能道其详。俗谚所谓生事事生，此类是矣。今其事体既已坏尽，欲以无事处之，要已不能，只求减省一分，则地方亦可减省一分劳攘耳。鄙见略具奏内，深知大拂喜事者之心，然欲杀数千无罪之人，以其求一己之功，仁者之所不忍也！赍奏人去，凡百望指示之，舟次草草，未尽鄙怀，千万鉴恕。

译文

思、田的事，你们乡里往来的人应当都能说得很详细。俗话说生事然后事生，就是这个意思。现在事情已经全部混乱了，想要按无事来对待它，已经不可能了，只希望事情减少一分，地方上就减省一分劳苦纷乱。我的意见已经全部简略地写在奏疏里，我深知这极大地违背了好功者的心思，然而要杀掉几千个无罪的人来求得自己的功劳，这是仁义的人不能容忍的。送奏疏的人已经走了，所有的希望都在这上面了，停船时匆忙地写了这封信，不能全面地表达我的想法和感情，还请您明察宽恕。

与黄宗贤

丁亥

仆多病积衰，潮热痰嗽，日甚一日，皆吾兄所自知，岂复能堪戎马之役者？况谗构未息，而往年江西从义将士，至今查勘未已，往往废业倾家，身死牢狱，言之实为痛心，又何面目见之！今若不量可否，冒昧轻出，非独精力决不能支，极其事势，正如无舵之舟乘飘风而泛海，终将何所止泊乎？在诸公亦不得不为多病之人一虑此也。恳辞疏下，望相扶持，终得养疴林下是幸。

我积劳成疾，身体日渐衰弱，发热咳嗽一天比一天严重，这些情况我的兄长已经知道了，我怎能胜任戎马倥偬驰骋沙场呢？更何况谗言还没有平息，而往年在江西就义的将士，至今还没有查勘完毕，他们常常家败业废，死在牢狱中，说起来实在是令人痛心，我哪里有面目见他们！现在如果不仔细思考是否可行就冒昧轻率出征，不仅精力不能支撑，形势也如同没有舵的船随风漂流在海上，船最终将停泊在什么地方呢？对于诸公来说，不得不为体弱多病的我考虑到这些。我已经恳切地奏明，希望诸位相互扶持，让我能够在山林中养病休息，这就是我最大的幸事了。

席元山丧已还蜀否？前者奠辞想已转达。天不慭遗，此痛何极！数日间唐生自黄岩归，知宅上安好。世恭书来，备道佳子弟悉知向方，可喜。间附知之。

译文

席元山的遗体送回蜀地了吗？我为他写的悼词想来已经送到了吧。上天不开恩，这是何等的悲痛啊！数日之前，唐生从黄岩归来，知道宅上一切都好。世恭写信来，详细地说了子弟们的情况，他们都知道为学之道，这是可喜的。附上这些，以让你知道。

丁亥

得书，知别后动定，且知世事之难为，人情之难测有若此者，徒增慨叹而已！朽才病发，百念俱息，忽承重寄，岂复能堪？若恳辞不获，自此将为知己之忧矣，奈何奈何！江西功次固不足道，但已八年余矣，尚尔查勘未息，致使效忠赴义之士废产失业，身死道途。纵使江西之功尽出冒滥，独不可比于留都、湖、浙之赏乎？此事终须一白。但今日言之，又若有挟而要者，奈何奈何！

收到信后才知道分别后您的情况，我不禁感叹世事如此艰难和人心如此难以预测，徒增慨叹。我的身体病弱得像废人一样，所有的想法都消失了。忽然承蒙您寄予厚望，怎能担当得起？如果我诚恳的辞呈也能让您收回成命的话，从此我将像一个知己一样替您分担忧愁，我也没有办法！江西事件本来已不值得提，但过去八年多了，检查勘定那次事件的活动尚未停息，致使那些为国效忠、为义而奋斗的人失去了他们的田园和家业，有些人甚至死在半路上。即使江西事件告破，其中冒名顶替、滥用职权的真相全部查出，不能与留都、湖、浙的赏赐相称的。这件事终究是需要说个清楚明白的。不过今天说这些，似乎有要挟的嫌疑，没有办法！

木翁旬日间亦且启行矣。此老慎默简重，当出流辈，但精力则向衰。若如兀崖之论，欲使之破长格以用财，不顾天下之毁誉荣辱，以力主国议，则恐势有所未能尽行耳。因论偶及，幸自知之。

译文

木翁过些天将要启程动身了。他为人谨慎沉稳，超乎众人之上，但是他的精力已经趋于衰退。如果像兀崖所说，想让木翁打破常规而使他掌管钱财，不顾及天下之人的毁誉和自己的荣辱，符合朝廷的要求，恐怕形势不能像他所期望的那样发展。偶然谈到这里。希望他有所醒悟。

东南小蠢，特疮疥之疾；群僚百司各怀谗嫉党比之心，此则腹心之祸，大为可忧者。近见二三士夫之论，始知前此诸公之心尚未平贴，姑待衅耳。一二当事之老，亦未见有同寅协恭之诚，间闻有口从面谀者，退省其私，多若雠仇。病废之人，爱莫为助，窃为诸公危之，不知若何而可以善其后，此亦不可不早虑也。

译文

东南地区的那些小反贼，只不过是像疮疥一样的疾病而已；众大臣官员各自怀着嫉妒诋毁的心，这才是真正的心腹大患，令人非常担忧。我近来听到几个士大夫的言论，才知道前些日子诸公的心情还没有平缓，姑且再等等吧。一两个主持事务的大人，也不见得有团结同侪办事的诚心；偶尔听说有人当面奉承，私下里却又好似仇敌。我这个病废之人也只能是爱莫能助。我私下里为诸位大人担心，却又不知怎样才可以妥善处理这件事情，而这件事也不能不早早考虑。

兵部差官还，病笔草草附此。西樵、兀崖皆不及别简，望同致意。近闻诸公似有德色傲容者，果尔，将重失天下善类之心矣。相见闻可隐言及之。

译文

兵部的官差要回来了，因我在病中，所以笔迹潦草。写成此信，顺便叫他带去。另外对西樵、兀崖等人，我来不及另外给他们写信了，希望在此一同向他们致意。听说近来他们有自以为德行高尚而骄傲的人，果真如此的话，将失去天下善良人们的支持。你们见面时可以向他们含蓄地提醒一下。

丁亥

近得邸报及亲友书，闻知石龙之于区区，乃无所不用其极若此，而西樵、兀崖诸公爱厚勤拳，亦复有加无已，深用悚惧。嗟乎！今求朝廷之上，信其有事君之忠、忧世之切，当事之勇，用心之公若诸公者，复何人哉！若之何而不足悲也！诸公既为此一大事出世，则其事亦不得不然。但于不肖，则似犹有溺爱过情者，异日恐终不免为诸公知人之累耳。悚惧悚惧！

译文

近来通过官方的消息和亲友们的书信，我知道了石龙的一些情况。可以说用尽了所有办法攻击我，而西樵、兀崖等人对我爱护帮助也用了不少力量。我深深感到恐惧不安。哎！在朝廷之上像你们这样有侍奉君主的忠心，有忧虑百姓的情思，有处理政事的勇气，有为国用心的公正的人，除了你们还有谁呢？怎能不叫人悲哀呢？你们既然是为了实现这件大事而出头露面，那么事情一定是这样的，但对于我，则好像还有姑息溺爱的倾向，他日恐怕不免会给你们的知人之明带来损伤罢了。我十分担心害怕！

思、田之事，本亦无大紧要，只为从前张皇太过，后来遂不可轻易收拾，所谓“天下本无事，在人自扰之”耳，其略已具奏词，今往一通，必得朝廷如奏中所请，则地方庶可以图久安；不然，反复未可知也。贱躯患咳，原自南、赣蒸暑中得来，今地益南，气类感触，咳发益甚，恐竟成痼疾，不复可药。地方之事苟幸塞责，山林田野则惟其宜矣，他尚何说哉？

译文

思、田事件本来也没有什么重要的，只是因为以前他太过分张扬，以至于后来无法轻易收拾。人们常说的天下本无事，只是人们自己给自己找麻烦罢了。这件事都粗略地写入了奏辞之中，现在去通融，朝廷一定会恩准奏疏中的请求，那么地方上就可以长治久安；如果朝廷不恩准，那么结果也就不知道是什么了。我羸弱的身体患了咳嗽，原来是从南、赣夏天暑热中得的，现在处在更南的地方，热气一触发，咳嗽就更厉害了，恐怕成为痼疾而不可医治了。地方上的事，只能苟且敷衍塞责了。我唯一喜欢的是山林田野的适宜气候，其他的就顾不上了。

西樵、兀崖家事，极为时辈所挤排，殊可骇叹！此亦皆由学术不明。近来士夫专以客气相尚，凡所毁誉，不惟其是，惟其多且胜者是附是和，是以至此。近日来接见者略已一讲，已觉豁然有省发处，自后此等意思亦当渐消除。

译文

西樵、兀崖家里的事情，是被当时有名的人所排挤，真让人觉得不可思议，让人十分感叹！这也都是因为学术上的一些不清楚的现象所导致，近来士大夫把人际交往时的表面客气当作时尚，凡是涉及毁坏名誉的问题，不是根据事情的真实情况而是根据赞同哪一方的人多就认为哪一方正确这一原则来处理，往往附和人多的一方而丢弃人少的一方，事情已经发展到这个地步。这些天以来，我与前来拜访的人曾大略提到这件事，觉得有突然醒悟之处，从那以后我也逐渐消除了这种偏颇的想法。

京师近来事体如何？君子道长，则小人道消；疾病既除，则元气亦当自复。但欲除疾病而攻治太厉，则亦足以耗其元气。药石之施，亦不可不以渐也。木翁、邃老相与如何？能不孤海内之望否？亦在诸公相与调和，此如行舟，若把舵不定而东撑西曳，亦何以致远涉险？今日之事，正须同舟共济耳。赍本人去，凡百望指示。

译文

京师近来情况怎么样？人常说君子的道义长一分则小人的气焰就要灭一分；疾病消除那么元气就自然恢复。但是如果因为想除掉疾病而过分医治的话，那么元气也会因此而消耗。医药的使用，也得循序渐进，欲速则不达。木翁、邃老最近怎么样？能不辜负海内对他的希望吗？这全靠大家一起，互相协调，就像行船，如果不把定舵的方向而东摇西荡，又怎么能到达更远之处，又怎么能涉过危险的地方？现在的形势，正是需要大家同舟共济。送奏疏的人已经离开了，十分期盼您的指导教诲。

四

戊子

两广大势，罢敝已极，非得诚于为国为民，强力有为者为之数年，未可以责效也。思、田之患则幸已平靖，其间三五大巢，久为广西诸贼之根株渊薮者，亦已用计剿平。就今日久困积冤之民言之，亦可谓之太平无事矣。病躯咳患日增，平生极畏炎暑，今又深入炎毒之乡，遍身皆发肿毒，旦夕动履且有不能。若巡抚官再候旬月不至，亦只得且为归休之图，待罪于南、赣之间耳。圣天子在上，贤公卿在朝，真所谓明良相遇，千载一时。鄙人世受国恩，从大臣之末，固非果于忘世者，平生亦不喜为尚节求名之事，何忍遽言归乎？自度病势，非还故土就旧医，决将日甚一日，难复疗治，不得不然耳。

两广的形势已经十分困顿，必须要有一诚心为国为民而又强有力的人出来改变局面，然而即使如此，恐怕几年之内也难以见成效。不过思、田事件的忧患有幸得以平息安定，而其中的几个大的巢窝，长久以来是广西贼子们的老窝和据点，现在也已经用计谋剿灭。对现在那些长期以来被深仇大恨所困扰的民众而言，也可以说是天下太平无事了。我的病体又患咳嗽，一天比一天严重，我素来害怕炎热的夏季，现在又处在炎热的地方，周身都发肿毒，早晚穿着鞋走动都无法做到。如果巡抚官员再等十天半月还不能到来，我也只能作回去休养的计划，而在南赣这个地方，听凭发落了。圣天子在上，贤公卿在朝廷，真是所谓明君和良相相遇，这是千年难遇的场景。我一生受恩于国家。忝居大臣的末位，本来就不是忘记世俗的人，平生也不喜欢干那些追求名节的事，又怎么忍心说回去的话呢？只是考虑到我的病情，如果不回家进行医治的话，一定会病得一天比一天更严重，直到最后难以治疗。所以我不得不这样做了。

静庵、东罗、见山、西樵、兀崖诸公，闻京中方严书禁，故不敢奉启。诸公既当事，且须持之以镇定久远，今一旦名位俱极，固非诸公之得已，是乃圣天子崇德任贤，更化善治，非常之举，诸公当之，亦诚无愧。但贵不期骄，满不期溢，贤者充养有素，何俟人言？更须警惕朝夕，谦虚自居。其所以感恩报德者，不必务速效，求近功，要在诚心实意，为久远之图，庶不负圣天子今日之举，而亦不负诸公今日之出矣。仆于诸公，诚有道义骨肉之爱，故不觉及此，会间幸转致之。

译文

静庵、东罗、西樵、兀崖诸公，听说京都中正严令禁止书信来往，所以不敢上书。你们既然正身居要职，一定要持之以恒，镇定天下。今天一旦名声和地位都到了极高的地步，也一定要想到是圣天子崇德任贤的结果，所以要更加好好地治理国家，做出不寻常的壮举，你们这一点确实当之无愧。但是，希望你们一定不要骄傲自满，贤德的人是有自己的素养的，这一点是不需要多说了。更需要注意的是早晚都要小心谨慎，为人谦虚，所谓感恩报德的人，是不必要求很快见效，不求尽快建功的，而需要诚心实意，替国家做长久的打算，这样才能不辜负圣上的抬举赏识，才不辜负大家出山报效的一番心意和远大抱负。我对诸公有道义、骨肉上的感情，所以不知不觉写了这些，如果大家能够相互转告，我将感到无比荣幸。

五

戊子

前赍奏去，曾具白区区心事，不审已能遂所愿否？自入广来，精神顿衰。虽因病患侵凌，水土不服，要亦中年以后之人，其势亦自然至此，以是怀归之念日切。诚恐坐废日月，上无益于国家，下无以发明此学，竟成虚度此生耳。奈何奈何！

译文

前次带来的奏疏，曾经详细地表达了我的心意，不知是否能实现我的愿望？自从我到广西以来，精神很快衰退，不只是因为疾病的侵袭和水土不服，也是因为人到中年以后精神自然减退，因此我想归还故土的念头一天比一天迫切。确实担心因无所事事荒废了时间，上对国家来说没有好处，下对自己来说也不能治学，那就是虚度此生了。那可就不好了！

春初思、田之议，悉蒙朝廷裁允，遂活数万生灵。近者八寨、断藤之役，实以一方涂炭既极，不得已而为救焚之举，乃不意遂获平靖。此非有诸公相与协赞，力主于内，何由而致是乎？书去，各致此感谢之私，相见时，更望一申其悬悬。

春初时的思、田事件，承蒙朝廷的裁决和允许，从而使数万人得以活下来。近来八寨、断藤的战役，实在是因为一方百姓性命受到威胁，为救急而不得已做出的行动，没想到竟很快平定了事件。这是由于有你们在内部鼎力相助，否则哪里会取得这样的结果呢？通过书信来往，我已经向各位表示了感激之情，等到相见时，我将再次表明我的诚恳谢意。

巡抚官久未见推，仆非厌外而希内者，实欲早还乡里耳。恐病势日深，归之不及，一生未了心事，石龙其能为我恝然乎？身在而后道可弘，皮之不存，毛将焉附？诸公不敢辄以此意奉告，至于西樵，当亦能谅于是矣，曷亦相与曲成之？地方处置数事附进，自度已不能了此。倘遂允行，亦所谓尽心焉耳已。舟次伏枕草草，不尽所怀。

译文

巡抚官员久久还没有被推荐来，我并非厌恶外面而留恋故旧的人，实在是希望早点归还故土罢了。只恐怕病势一天天加重。来不及归去，不能了结我一生的心事。石龙能为我感到冷漠不在意吗？人的肉体存在，然后才可以弘扬他的道义精神，正如所谓“皮之不存，毛将焉附”。对你们我总不敢轻易地表明我这种思归的心意，但西樵应当能给予谅解吧，能否曲意成全我呢？附上地方上一些待处理的事情，我估计我已无力去处理它们了。这次倘若允许我归还故土，这也可以说是我尽心尽力了。船停在这里，我伏在枕上草草写完这封信，无法尽情表达我的情怀。

答见山冢宰

丁亥

向赍本人去，曾奉短札，计已达左右矣。朽才病废，宁堪重托？恳辞之疏，必须朝廷怜准，与其他日蒙颠覆之戮，孰若今日以是获罪乎？东南小夷，何足以动烦朝廷若此！致有今日，皆由愤激所成。以主上圣明，德威所被，指日自将平定。但庙堂之上，至今未有同寅协恭之风，此则殊为可忧者耳。不知诸公竟何以感化而斡旋之？大抵谗邪不远，则贤士君子断不能安其位，以有为于时。自昔当事诸公，亦岂尽不知进贤而去不肖之为美？顾其平日本无忠君爱国之诚，不免阿时附俗，以苟目前之誉，卒之悦谀信谗，终于蔽贤病国而已矣。来官守催，力遣数四，始肯还。病笔草草，未尽倾企。

译文

先前送奏本去的时候，曾给您送上一封短信，估计已送到您的身边了。我身体多病，简直是个废人，怎么能担当如此重大的责任呢？恳求辞职的奏疏，应该得到朝廷的恩准，与其他日因罪而被罢官，不如今天因恳辞而获罪。东南部的小动乱，怎么值得这样惊动、烦扰朝廷。今日局面的形成，都是因为愤怒、偏激，以圣上的圣明、德化、威武，不用多日自然会平定。但在朝廷里，至今也没有同心合力的风气，这是特别值得担忧的。不知你们怎样去感动他人，化解怨恨，然后从中斡旋的呢？大概说来，如果谗邪小人不能远离，那么贤士君子就不能安心工作，为时代做出贡献。过去主持政事的诸位先生，难道都不知道亲近贤才而远离不肖小人是好事？看来他们平日没有忠君爱国的诚心，不免于阿谀附和，以求得到眼前的好名声，他们喜欢奉承，听信谗言小人，从而导致最后埋没贤才，误了国家。派来的官员守在这里催我，用力赶了他许多次，他才肯回去。病中写得简单，未能尽情地倾诉企慕之情。

与霍兀崖宫端

丁亥

往岁曾辱大礼议见示，时方在哀疚，心善其说而不敢奉复。既而元山亦有示，使者必求复书，草草作答。意以所论良是，而典礼已成，当事者未必能改，言之徒益纷争，不若姑相与讲明于下，俟信从者众，然后图之。其后议论既兴，身居有言不信之地，不敢公言于朝。然士夫之问及者，亦时时为之辨析，其在委曲调停，渐求挽复，卒亦不能有益也。后来赖诸公明目张胆，已申其义。然如倒仓涤胃，积于宿痰，虽亦快然一去，而病势亦甚危矣。今日急务，惟在扶养元气，诸公必有回阳夺化之妙矣。仆衰病陋劣，何足以与于斯耶！数年来频罹疾构，痰嗽潮热，日益尫羸，仅存喘息，无复人间意矣。乃者忽承两广之推，岂独任非其才，是盖责以其力之所必不能支，将以用之而实以毙之也。恳辞疏下，望相与扶持曲成，使得就医林下。幸而痊复，量力图报，尚有时也。

译文

往年曾经承蒙你把大礼议给我看，当时我正沉浸在悲哀内疚之中，心里认为你的说法很好，而没有奉上回复的信。不久元山也有表示，派来的人要求一定要有回信，因此只得草草写了回信。我认为你所论述的内容是正确的，但典礼已成定局，当事的人未必能改，说了这些话只会徒然增加纷争，不如姑且相互在下面讲明，等到相信的人多了再图改正。以后争论虽兴起来，但身居说出来的话没人相信的处境，自然就不敢公然在朝廷上表达想法。但如果有士大夫问及的话，也经常为他们分析辩解，期望用曲折迂回的方式调停，逐渐挽回影响，但最终不能起到什么作用。后来依靠诸位先生为我伸张正义，已经讲明了道理。但这就像清理仓库和洗涤肠胃一样，其中的积淤宿痰虽然去得很快，但病人的病情也很危险了。当务之急是扶养元气，诸位先生一定有起死回生的能力。我身体衰弱多病，学识浅陋低劣，怎能够参与这件事呢？数年来我多次患上疾病，咳嗽潮热，身体日益瘦弱，只剩喘息，几乎不想活了。这时忽然接到被推荐前往两广的命令，不仅是用人不当，更是在责令我完成以我的力气根本不可能完成的任务，表面看似在任用我，实则是要杀掉我。恳切的奏章奉上，希望能帮助我实现我的想法，使我能在乡间就医治病。如果幸而痊愈，那么我还有时间来量力图报。

答潘直卿

丁亥

远承遣问情意蔼切，兼复奖与过分，仆何以得此哉？仆何以当此哉？愧悚愧悚！病废日久，习成懒放，虽问水寻山，渐亦倦兴，况兹军旅之役，岂其精力所复能堪？已具疏恳辞，必须得请，始可免于后悔，不然，将不免为知己之忧矣，奈何奈何！

译文

我在远方，承蒙您派人询问，情意恳切，而且您对我又褒奖过分。我怎么能够得到这些呢？我又怎么担当得起呢？真是羞愧难当啊！生病的时间长了，养成了懒散放荡的习惯。虽然常常游山玩水，现在也渐渐厌倦了这种兴致，何况军旅的生活又怎是我的精力所能忍受的呢？我已写奏疏请求辞官，一定要得到批准，这样我才不会后悔，如果不这样的话，不免让知己为我担忧，那可怎么办啊！

宁藩之役，湖浙及留都之有功者，皆已升赏，独江西功次，今已六七年矣，尚尔查勘未息。今复欲使之荷戈从役，仆将何辞以出号令？亦何面目见之？赏罚，国之大典，今乃用之以快恩仇，若此，仆一人不足惜，其如国事何？连年久分废弃，此等事不复挂之齿牙，今疼痛切身，不觉呻吟之发，不知毕竟何如而可耳。知子文道长尚未至，且不作书，见时望致意。

译文

宁藩之役，湖浙和留都的有功之人，都已得到升赏，唯独江西官阶升迁的先后顺序，到现在已经六七年了，仍然没有查清。今天又想使人拿着兵器从军出征，我将凭借什么话来命令他们呢？有什么脸面见他们呢？赏罚是国家的重要制度，今天却用来快意恩仇，像这样，我一人不值得珍惜，能把国事怎样了呢？时间已过去了多年，这样的事不再挂在嘴边，而今天有了切身之痛，不觉发出呻吟牢骚，不知究竟怎样做才好。知道子文道长还没到，暂且不作书，希望当面向他致意。

寄翟石门阁老

戊子

思、田之议，悉蒙裁允，遂活一方数万之生灵。近者八寨、断藤之役，实以生民涂炭既极，不得已而为之救焚之举，乃不意遂获平靖。此非有魏公力主于朝，则金城之议无因而定；非有裴公赞决于内，则淮、蔡之绩何由而成？今日之事，敢忘其所由来乎？赍奏人去，辄申感谢之诚，并附起居之敬。但惟六月徂征，冲冒瘴疫，将士危险，颇异他时。稍得沾濡，亦少慰其勤苦耳。处置地方数事附进，得蒙赞允，尤为万幸。舟中伏枕，莫既下怀，伏祈鉴亮。

思、田的主张和建议，全都得到批准，这样就能救活一方的数万生灵。最近的八寨、断藤战役，实在是让百姓受苦至极，这是不得已而采用的救急举措，没想到竟因此得到平定。如果不是有魏公在朝廷极力主张，那么金城之议就不会定下来；如果不是有裴公在内部策划支持，那么淮、蔡的政绩凭什么获得呢？今日的事，难道能够遗忘它们的由来吗？送奏本的人去，就是要表明感谢的诚意，并向您表示慰问和祝福。但只有六月的出征，战士们冒着瘴疫，危险与往日有很大不同。如能稍微得些赏赐，就可以安慰他们的劳苦。处置地方多种事务时，能得到支持赞同，真是万幸！我在船上伏枕写作，如果有说得不对的地方，还请您不要放在心上，恭敬地希望得到您的原谅。

寄何燕泉

戊子

某久卧山中，习成懒僻，平生故旧，音问皆疏。遥闻执事养高归郴，越东楚西，何因一话？烟水之涯，徒切瞻望而已。去岁复以兵革之役，扶病强出，殊乖始愿。正如野麋入市，投足摇首，皆成骇触。忽枉笺教，兼辱佳章，捧诵洒然，盖安石东出之高，靖节柴桑之兴，执事兼而有之矣。仰叹可知！地方事苟幸平靖。伏枕已逾月，旬日后亦且具疏乞还。果遂所图，虽不获握手林泉，然郴岭之下，稽山之麓，聊复同此悠悠之怀也。使来，值湖兵正还，兼有计处。地方之奏，冗冗乃尔久稽，又未能细请，临纸惘然，伏冀照亮，不具。

译文

我在山中长时间居住，形成了懒散的怪僻，平生的老朋友，音信和问候都少了。在远方得知执事您回到郴州养老，但咱们一个在越东，一个在楚西，如何交流呢？烟水相望，只能在远处迫切遥望。去年又因为战争的事，勉强带病出山，很是违背本心。如同野麋鹿进入闹市，举手投足都令人害怕。忽然承蒙您来信教导，还收到您的好文章，拜读后不禁肃然起敬。大概谢安的高明和陶渊明的兴致，执事您兼而有之。我禁不住仰天长叹，您可知道！地方的事，总算幸运地平定了。我因病卧床已经超过一个月了，病后十来天就写了奏疏请求归乡。果然遂了我的愿望，即使不能够握手于田园山林，但郴岭之下，稽山之麓，也姑且能共同享受这样的悠然自得的情怀。使者来的时候，正赶上湖兵还师，并且已有计划，做好了处置。地方的奏疏，繁多且很难及时进行处理，也不能详细请示，面对着信纸，我恍惚怅惘，恭敬地希望您原谅我的话，这里就不多说了。

卷之二十二　外集四

序

罗履素诗集序

壬戌

履素先生诗一帙，为篇二百有奇，浙大参罗公某以授阳明子某而告之曰："是吾祖之作也。今诗文之传，皆其崇高显赫者也。吾祖隐于草野，其所存要无愧于古人，然世未有知之者，而所为诗文又皆沦落止是，某将梓而传焉。惧人之以我为僭也。吾子以为奚若？"某曰："无伤也。孝子仁孙之于其父祖，虽其服玩嗜好之微，犹将谨守而弗忍废，况乎诗文，其精神心术之所寓，有足以发闻于后者哉！夫先祖有美而弗传，是弗仁也，夫孰得而议之！盖昔者夫子之取于诗也，非必其皆有闻于天下，彰彰然明著者而后取之。《沧浪》之歌采之孺子，《萍实》之谣得诸儿童，夫固若是其宽博也。

然至于今，其传者不过数语而止，则亦岂必其多之贵哉？今诗文之传则诚富矣，使有删述者而去取之，其合于道也能几？履素之作，吾诚不足以知之，顾亦岂无一言之合于道乎？夫有一言之合于道，是其于世也，亦有一言之训矣，又况其不止于是也，而又奚为其不可以传哉？吾观大参公之治吾浙，宽而不纵，仁而有勇，温文蕴籍，居然稠众之中，固疑其先必有以开之者。乃今观履素之作，而后知其所从来者之远也。世之君子，苟未知大参公之所自，吾请观于履素之作；苟未知履素之贤，吾请观于大参公之贤，无疑矣。然则是集也，固罗氏之文献系焉，其又可似无传乎哉？”大参公起拜曰：“某固将以为罗氏之书也，请遂以吾子之言序之。”大参公名鉴，字某，由进士累今官。有厚德长才，向用未艾。大参之父某，亦起家进士，而以文学政事显。罗氏之文献，于此益为有证云。

译文

履素先生有一帙诗，数量总共是二百余篇，浙人大参公罗某把它给了我并且告诉我说：“这是我的祖先的著作。当下广为传颂的诗文都是崇高显赫的。我的祖先隐居草野，他留下的作品虽然无愧于古人，但是世上没有人知道，而他的作品又都散落丢失，如今只剩这些了，我将刻印它们并出版发行。我又怕别人认为我不自量力。先生您怎么看？”我说：“无妨。孝子仁孙对于他们的父辈祖辈，就算他们的嗜好是很微小的东西，都会谨慎遵守保留，不忍心抛弃废除，何况诗文呢？诗文是一个人精神心灵所寄托的地方，完全可以发扬光大，流传于后世！祖辈留下了珍贵的东西而没有被广泛传播，是不仁，谁会加以非议呢！大概过去夫子编诗集，也不是天下闻名的才搜集，也不是已经被广泛传颂的才收录。《沧浪》歌是从小孩那里采集的，《萍实》谣是从儿童那里得到的，这是宽博精神的体现，可是到今天还能广为传颂的，不过只有几句罢了，难道一定要多才好吗？现在广为传颂的诗文的确很多，但若加以删除取舍，又有几首是合乎道的呢？履素的作品，我确实不了解，但难道没有一句合乎道吗？有一句合乎道，后世就有一句之训，更何况他的作品肯定不止只有一句合乎道，那么又怎么能武断地说他的著作不能在后世传播呢？我看大参公你治理我们浙江，宽厚但不放纵，仁爱而又勇敢，温文尔雅，蕴藏了不少典籍知识，处在核心地位，肯定有人认为你的祖辈有文章开示你。现在看履素的著作，才知道您的家学源远流长。世上的君子，不知大参来自何处就看履素的著作，不知履素的贤达就看大参的贤达，无疑了。这个诗集是罗氏的，他的著作怎么能不传播呢？”大参公起身拜了一拜说：“写罗氏的书，我将以先生的话为序言。”大参公名鉴字某，由进士升为现在的官位，有宽厚的道德和充分的才华，向来受重用。大参的父亲也是进士起家，又以文学政事出名。罗氏的文献于此处更加有证了。

两浙观风诗序

壬戌

《两浙观风诗》者，浙之士夫为佥宪陈公而作也。古者天子巡狩而至诸侯之国，则命太师陈诗，以观民风。其后巡狩废而陈诗亡。春秋之时，列国之君大夫相与盟会问遣，犹各赋诗以言己志，而相祝颂。今观风之作，盖亦祝颂意也。王者之巡狩，不独陈诗观风而已。其始至方岳之下，则望秩于山川，朝见兹土之诸侯，同律历礼乐制度衣服纳价，以观民之好恶，就见百年者而问得失，赏有功，罚有罪。盖所以布王政而兴治功，其事亦大矣哉！汉之直指、循行，唐、宋之观察、廉访、采访之属，及今之按察，虽皆谓之观风，而其实代天子以行巡狩之事。故观风，王者事也。

译文

《两浙观风诗》，是两浙的士大夫为佥宪陈公创作的。古代，天子巡狩到达诸侯国，就令太师向天子陈述诗歌民谣，并通过诗歌民谣来体察风土人情。后来，天子巡狩废止了，所以，向天子陈诗的情况也就随之不存在了。到春秋时期，各国的国君大夫在相互拜会结盟及问候时，还以诗来表达各自的志趣，用以互相祝贺称颂。如今的观风诗文，也是祝贺称颂的意思。王者巡狩，也不只是陈诗观风。君主刚到诸侯领地的时候，则通过察看山川风土面貌，接见地方官员，检查历法律条、礼仪乐章、典章制度、穿戴服饰及买卖交换的情形，来了解当地人民喜好什么、憎恶什么，遇见年长的人就问政令的得失，然后以此来判断当地封疆大吏的工作情况，并依此来赏功、罚罪，依此来宣布朝廷政令，使政令达到最好的效果。君主巡狩的意义是非常重要的，汉朝的直指、循行，唐、宋的观察、廉访、采访，以及现在的按察，虽然都被称作观风，但实际上却是代替天子行使巡狩职责的。由此看，观风是朝廷的事情。

陈公起家名进士，自秋官郎擢佥浙臬，执操纵予夺生死荣辱之柄，而代天子观风于一方，其亦荣且重哉！吁，亦难矣！公之始至吾浙，适岁之旱，民不聊生。饥者仰而待哺，悬者呼而望解，病者呻，郁者怨，不得其平者鸣，弱者、强者、蹶者、啮者，梗而孽者、狡而窃者，乘间投隙，沓至而环起。当是之时，而公无以处之，吾见其危且殆也。赖公之才，明知神武，不震不激，抚柔摩剔，以克有济。期月之间，而饥者饱，悬者解，呻者歌，怨者乐，不平者申，蹶者起，啮者驯，孽者顺，窃者靖，涤荡剖刷而率以无事。于是乎修废举坠，问民之疾苦而休息之，劳农劝学，以兴教化。然后上会稽，登天姥，入雁荡，陟金娥，览观江山之形胜，慨然太息。吊子胥之忠谊，礼严光之高节。希遐躅于隆庞，挹流风于仿佛。固亦大丈夫得志行道之一乐哉！然公之始，其忧民之忧也，亦既无所不至矣。公唯忧民之忧，是以民亦乐公之乐，而相与欢欣鼓舞以颂公德。然则今日观风之作，岂独见吾人之厚公，抑以见公之厚于吾人也。虽然，公之忧民之忧，其惠泽则既无日而可忘矣，民之乐公之乐，其爱慕亦既与日而俱深矣。以公之才器，天子其能久容于外乎？则公固有时而去也。然则其可乐者能几，而可忧者终谁任之？则夫今日观风之作，又不徒以颂公之厚于吾人，将遂因公而致望于继公者亦如公焉。则公虽去，而所以忧其民者，尚亦永有所托而因以不坠也。

译文

陈公是进士出身。从秋官郎升至两浙臬，有生杀赏罚大权，代替天子到一方观风，真是一件光荣且责任重大的事啊！哎，也是一件极难的事啊！陈公您刚到我们浙江的时候，正赶上大旱之年，民不聊生，饥饿的人躺着等待食物，无依无靠的人哭喊着渴望能活下去，生病的人呻吟，忧郁的人抱怨，不平的人到处喊冤，弱的人、强的人、跌倒的人、咬牙切齿的人、强硬且邪恶的人、狡诈凶暴且偷盗的人，纷纷趁机揭竿而起。在当时，公无处置身，我亲眼看到情形十分危险，不可收拾。靠陈公您的才能，明知神武，分寸有度，不慌不乱，安抚弱者，抚顺挑剔者，救扶困苦者。几个月的时间过去，饿着的人能吃饱，无依无靠的人得到救助，呻吟抱怨的人开始歌唱，平时经常抱怨的人快乐起来，愤恨不平的人得到纾解，跌倒的人站了起来，咬牙切齿的人被驯服，不安分的人守法了，偷窃的人改正错误了，经过一番治理，混乱不平全都得以平息，人民安居乐业。于是陈公又修废兴利，体察人民疾苦，使之休养生息，并举办教育，使老百姓受到教化。这样之后您又上会稽，登天姥，入雁荡，陟金娥，遍览江山美景，慨然叹息；凭吊伍子胥的忠心，礼敬严光的高风亮节。盼望能游历远方，倏忽间抓住流风。这确实是大丈夫得志行道的一大乐趣啊！然而您从一开始就以人民的忧虑为忧虑，已经无所不至了。您以人民的忧虑为自己的忧虑，所以，人民也就以您的快乐为他们的快乐，相互欢欣鼓舞来称颂您的大德。今日的《两浙观风诗》，不单是我们两浙人对您的厚爱，也显示您对两浙人的厚爱啊！即使这样，您以人民的忧虑为自己的忧虑，这个恩惠老百姓是永远不会忘记的。人民以您的快乐为他们的快乐，他们对您的爱慕敬仰之情也是与日俱增的。以您的才能，朝廷怎么可能长时间把您放在外面呢？因此，您终有离去的时候。如果是这样，人民幸福愉悦的时间能有多久呢？人民的忧虑又有谁来解决呢？所以，今日的《两浙观风诗》，也不单是颂扬您对于江浙人民的厚爱，同时也希望接您班的人也能如您一样忧人民之忧。这样，即使您离去了，但为人民分忧的人会一直存在，不会因您的离开而没有这样的人了。

山东乡试录序

甲子

山东，古齐、鲁、宋、卫之地，而吾夫子之乡也。尝读夫子《家语》，其门人高弟，大抵皆出于齐、鲁、宋、卫之叶，固愿一至其地，以观其山川之灵秀奇特，将必有如古人者生其间，而吾无从得之也。今年为弘治甲子，天下当复大比，山东巡按监察御史陆偁辈以礼与币来请守仁为考试官。故事，司考校者惟务得人，初不限以职任；其后三四十年来，始皆一用学职，遂致应名取具，事归外帘，而糊名易书之意微。自顷言者颇以为不便，大臣上其议。天子曰："然，其如故事。"于是聘礼考校，尽如国初之旧，而守仁得以部属来典试事于兹土，虽非其人，宁不自庆其遭际！又况夫子之乡，固其平日所愿一至焉者，而乃得以尽观其所谓贤士者之文而考校之，岂非平生之大幸欤！

译文

山东是古代齐、鲁、宋、卫等国的领地，也是孔子的家乡。我曾经读过《孔子家语》，他的门徒大多都出自齐鲁宋卫周围。所以我很想到这个地方，看看那里灵秀奇特的山川。我想一定有如孔子及其高徒那样的人生活在这个地方，而我却不知道他们。今年是弘治甲子年，是全国科举考试之年。山东巡按监察御史陆偁送聘礼来请我去做考试官。过去管理考试的，任命的人，开始并不限于职务。随后三四十年，始终都用学职，临时任用，归外帘管理，来应付易书之名，大多数人认为这种做法不方便，于是大臣向朝廷进言以求更改，得到了朝廷的赞同。于是就恢复到以前聘请考校的作法，和本朝建立初期一样，这样我才因管理考试的事情来到山东。我虽然不是最恰当的人选，但也不能不庆幸得到这种机会。山东是孔子的故乡，我一直想到这里来一次，今日得以尽观此地被称作贤人志士的文章并且考校他们，真是平生的一大幸事！

虽然，亦窃有大惧焉。夫委重于考校，将以求才也。求才而心有不尽，是不忠也；心之尽矣，而真才之弗得，是弗明也。不忠之责，吾知尽吾心尔矣；不明之罪，吾终且奈何哉！盖昔者夫子之时，及门之士尝三千矣，身通六艺者七十余人，其尤卓然而显著，德行言语则有颜、闵、予、赐之徒，政事文学则有由、求、游、夏之属。今所取士，其始拔自提学副使陈某者盖三千有奇，而得千有四百，既而试之，得七十有五人焉。呜呼！是三千有奇者，皆其夫子乡人之后进而获游于门墙者乎？是七十有五人者，其皆身通六艺者乎？夫今之山东，犹古之山东也，虽令之不逮于古，顾亦宁无一二人如昔贤者？而今之所取苟不与焉，岂非司考校者不明之罪欤？

译文

即使这样，我的心中也很恐惧。我被委任主管考校以求人才，求才若有不尽心，是不忠；尽心尽力了却发现不了人才，是不明通事理。尽忠的责任，我只要尽心尽力就行了；而责备我不明事理，我真是没有办法呀！过去，在孔子时代，上门学习的有三千多人，其中精通六艺的人有七十多人。其中显著优秀的，在德行言语方面有颜回、闵子骞、宰予、端木赐等人；在政事文学方面有仲由、冉求、子游、子夏等人。今年所取之士，最初提学副使陈某选拔了三千多人，经考试从中选出了一千四百人，再经过考试又选出七十五人。哎呀！三千多名有特长的人，都是孔子故乡人的后代，难道都徘徊在孔子之学的门墙之外吗？这七十五个被最终选出的人，都精通六艺吗？今天的山东犹如过去的山东，虽然现在不能与过去相比，难道没有一二人能够与过去的贤能之士相提并论？今年所录取的人中却没有那样优秀的，难道这不是管理考试的人不英明的罪过吗？

虽然，某于诸士亦愿有言者。夫有其人而弗取，是诚司考校者不明之罪矣。司考校者以是求之，以是取之，而诸士之中苟无其人焉以应其求，以不负其所取，是亦诸士者之耻也。虽然，予岂敢谓果无其人哉！夫子尝曰："鲁无君子者，斯焉取斯！"颜渊曰："舜何人也，予何人也，有为者亦若是。”夫为夫子之乡人，苟未能如昔人焉，而不耻不若，又不知所以自勉，是自暴自弃也，其名曰不肖。夫不肖之与不明，其相去何远乎？然则司考校者之与诸士，亦均有责焉耳矣。嗟夫！司考校者之责，自今不能以无惧，而不可以有为矣。若夫诸士之责，其不能者犹可以自勉，而又惧其或以自画也。诸士无亦曰：吾其勖哉，无使司考校者终不免于不明也。斯无愧于是举，无愧于夫子之乡人也矣。是举也，某某同事于考校，而御史偁实司监临，某某司提调，某某司监试，某某某又相与翊赞防范于外，皆与有劳焉，不可以不书。自余百执事，则已具列于录矣。

译文

尽管如此，我和诸位考生还有话要说。假如确有贤者而没被录取，这确实是主管考试的人不英明的罪过。主管考试的人用考试求贤，以考试取贤，然而诸士之中却没有人能应其所求，来不辜负他所录取，这也是诸士的耻辱。即使这样，我怎敢武断地说一定没有所寻之人！孔子曾经感叹：“鲁地没有君子，怎样才能找到君子啊！”颜渊说：“舜是什么样的人，我是什么样的人，有作为的人也是这样。”作为孔子的乡人，没有赶上先辈而不知耻辱，不如古人又不知道自勉，这是自暴自弃，是不肖，而不肖与不明的差别是多么大啊！因此，主管考试的人和众考生都有责任。哎！主管考试者的责任，自现在起不能没有恐惧，然而主管考试的人却不能因恐惧而不去做。如果众考生责备他没有能力，主管考试者还可以用来自勉，而有所恐惧就把他写出来自我检讨，那大家还不如说，让我们自我勉励吧，不要使主管考试的人最终不免受不明之责。这样才不愧于这次考试，才不愧为孔子的故乡人。在这次考试中，某某和我共同主管考试。御史陆偁以司监亲监考场，某某主管提调，某某主持监试，某某某又帮助防范于场外，这些人都是有功的，不能不把他们写上。包括我在内的百余名主管者，都已经列出来了。

气候图序

戊辰

天地一元之运为十二万九千六百年，分而为十二会，会分而为三十运，运分而为十二世，世分而为三十年，年分而为十二月，月分而为二气，气分而为三候，候分为五日，日分为十二时，积四千三百二十时三百六十日而为七十二候。会者，元之候也；世者，运之候也；月者，岁之候也；候者，月之候也。天地之运，日月之明，寒暑之代谢，气化人物之生息终始，尽于此矣。月，证于月者也；气，证于气者也；候，证于物者也。若孟春之月，其气为立春，为雨水，其候为东风解冻，为蛰虫始振，为鱼负冰，獭祭鱼之类，《月令》诸书可考也。

译文

天地一元为十二万九千六百年，可分为十二会，会又可分为三十运，运可分为十二世，世可分为三十年，年可分为二月，月可分为二气，气可分为三候，候分为五日，日可分为十二时辰，所以一年共有四千三百二十个时辰，三百六十个日，七十二个候。会，就是元；世，就是运；月，就是年；候，就是月。天地的命运、日月的光辉、寒暑的交替、万物的生息，都包括在里边。月、节气都证明其本身，气候证明于万物。如果是孟春之月，其节气就是立春、雨水，其物候就是东风吹拂、河水解冻、蛰虫复生、鱼儿出水、水獭搏鱼等，对于月令之事，史书上是有记载的。

气候之运行，虽出于天时，而实有关于人事。是以古之君臣，必谨修其政令，以奉若夫天道；致察乎气运，以警惕夫人为。故至治之世，天无疾风盲雨之愆，而地无昆虫草木之孽。孔子之作《春秋》也，大雨、震电、大雨雪则书，大水则书，无冰则书，无麦苗则书，多麋则书，蜮蜚雨、螽蝝生则书，六鹢退飞则书，陨霜不杀草、李梅实则书，春无水则书，鸜鹆来巢则书，凡以见气候之愆变失常，而世道之兴衰治乱，人事之污隆得失，皆于是乎有证焉，所以示世之君臣者，恐惧修省之道也。

译文

气候的运行，虽然有赖于天时，而实际上也与人事息息相关。所以自古以来君臣都谨慎地行施政令，来合乎天理，观察天时、气候，从而小心应对。所以当社会安定时，上天也就没有太多的疾风暴雨等灾害，大地也没昆虫草木的灾害。孔子所作的《春秋》，当有大雨、地震、雷电、大雪时，就记载下来；发洪水时，记载下来；没有冰时，记载下来；庄稼歉收，记载下来；麋鹿较多，记载下来；发生虫灾，记载下来；鹢鸟离去，记载下来；降霜却无害于草、李、梅，记载下来；春天没有雨水，记载下来；八哥筑巢，记载下来。只要见到气候变化失常、社会兴衰更替、个人荣辱得失，就都记载下来，所以告诫君臣要谨守其道。

大总兵怀柔伯施公命绘工为《七十二候图》，遣使以币走龙场，属守仁叙一言于其间。守仁谓使者曰："此公临政之本也，善端之发也，戒心之萌也。"使者曰："何以知之？"守仁曰："人之情必有所不敢忽也，而后著于其念；必有所不敢忘也，而后存于其心。著于其念，存于其心，而后见之于颜色言论，志之于弓矢几杖盘盂剑席，绘之于图画，而日省之于其心。是故思驰骋者，爱观夫射猎游田之物；甘逸乐者，喜亲夫博局燕饮之具。公之见于图绘者，不于彼而于此，吾是以知其为善端之发也，吾是以知其为戒心之萌也。其殆警惕夫人为，而谨修其政令也欤！其殆致察乎气运，而奉若夫天道也欤！夫警惕者，万善之本，而众美之基也。公克念于是，其可以为贤乎！由是因人事以达于天道，因一月之候以观夫世运会元，以探万物之幽赜，而穷天地之始终，皆于是乎始。吾是以喜闻而乐道之，为之叙而不辞也。"

译文

负责安抚我的大总兵施公命画匠画成了《七十二候图》，派人带着钱来，让我去龙场，叫我在上面写段话。我说："施大人做这件事，真是大发善心，他是想告诫自己。"使者问道："您是怎么知道的？"我说："人的内心世界里都有不敢忽视和忘记的东西，所以才不敢将它们忘记，而牢记在心中。我观察他的言行，他有志于兵器，于是画在图上，存在此中，整日反省。所以想要骑马驰骋的喜爱观看打猎、游田等事；好玩乐的喜欢观看赌博、喝酒等事。这些都不是施大人的真正心思所在，他的心思通过画可以看出来。所以，我知道施大人这是大发善心、告诫自己的举措。他这不是在警告人们要善修其行吗！不是要求人们做事要合乎天理吗！他这种警惕是万善之本、万美之基。他这样做，可以算得上是圣贤之举了！通过这个来合乎天理，通过一个月的时令来看整个宇宙的变迁，用探寻万物之本来穷尽天地的变化，都有赖于此。因此我十分乐意为他写下这篇文章，没有丝毫的推辞。”

送毛宪副致仕归桐江书院序

戊辰

正德己巳夏四月，贵州按察司副使毛公承上之命，得致其仕而归。先是，公尝卜桐江书院于子陵钓台之侧者几年矣，至是将归老焉，谓其志之始获遂也，甚喜。而同僚之良惜公之去，乃相与咨嗟不忍，集而饯之南门之外。酒既行，有起而言于公者，曰：“君子之道，出与处而已。其出也有所为，其处也有所乐。公始以名进士从政南部，理繁治剧，颀然已有公辅之望。及为方面于云、贵之间者十余年，内厘其军民，外抚诸戎蛮夷，政务举而德威著。虽或以是召嫉取谤，而名称亦用是益显建立，暴于天下。斯不谓之有为乎？今兹之归，脱屣声利，垂竿读书，乐泉石之清幽，就烟霞而屏迹，宠辱无所与，而世累无所加。斯不谓之有所乐乎？公于出处之际，其亦无憾焉其已！”公起拜谢。复有言者曰：“虽然，公之出而仕也，太夫人老矣，先大夫忠襄公又遗未尽之志，欲仕则违其母，欲养则违其父，不得已权二者之轻重，出而自奋于功业。人徒见公之忧劳为国而忘其家，不知凡以成忠襄公之志，而未尝一日不在于太夫人之养也。今而归，告成于忠襄之庙，拜太夫人于膝下，旦夕承欢，伸色养之孝，公之愿遂矣。而其劳国勤民，拳拳不舍之念，又何能释然而忘之！则公虽欲一日遂归休之乐，盖亦有所未能也。”公复起拜谢。又有言者曰：“虽然，君子之道，用之则行，舍之则藏。用之而不行者，往而不返者也；舍之而不藏者，溺而不止者也。公之用也，既有以行之；其舍之也，有弗能藏者乎？吾未见夫有其用而无其体者也。”公又起拜，遂行。

译文

正德己巳年夏四月，贵州按察司副使毛公奉了皇上的旨意，得以退休，告老还乡。在这以前，毛公曾看中桐江书院的子陵钓台好几年了，到这时，将要告老还乡，可以说，他的夙愿得以实现了，对此，毛公由衷地感到高兴。但他的同僚却对他的退休感到非常惋惜，嗟叹不已。同僚们在南门外为他饯行。在喝酒的时候，有一个人站起来发言，对毛公说：“君子的处世之道，不过是出来做事和在家闲居。出来做事有所作为，在家居住有所快乐。先生开始以有名的进士而从政于南部，理繁治乱、政绩突出，博得了很高的声望。在云贵之间行政十余年，对内治理其军民，对外安抚诸戎蛮夷，政务显著而德威彰昭。虽然因此也遭到了一些人的嫉妒与诽谤，不过您的名声因此而广闻于天下，这难道不是有所作为吗？如今先生将要归隐，摆脱俗世的声利，垂钓读书，以泉石的清幽为乐趣，把烟霞作为隐居之所，宠辱都忘记了，世俗的一切也不会再来侵扰，这难道不是极大的乐趣吗？先生在出来做事和在家居处这两个方面，都没有什么遗憾了。”毛公站起身来，对此表示感谢。又有人说道：“即使如此，先生出来做官，家中老夫人年纪已是很大了，先大夫忠襄公又留下了未尽的志愿，做官就无法对母亲尽孝，对母亲尽孝又违背父亲的遗志，没有办法，只好权衡两者的轻重，出来做事便致力于建功立业。别人只看见先生的忧劳，为了国事而忘了家事，却不知先生在完成先父遗愿的同时，却没有一天不在想着为母亲尽孝。如果归隐田园，在忠襄公的庙前告慰遗愿完成，然后拜候于老夫人的膝下，尽赤子之孝心，先生的愿望就都实现了，然而勤政爱民、孜孜以求的精神，又如何能够完全放得下呢？因此，先生虽想归隐尽享退休之乐，恐怕还是不可能完全放得下国家大事的。”毛公再次站起身来，表示感谢。又有一个人说道：“尽管如此，君子之道是用的时候则实行，不用则收起来。用的时候而不能实行的，就如去而不返；不用的时候而不能收藏起来，就好比沉溺其中而不能自拔。先生对于君子的处世之道，既能由之行之，难道不用的时候还不能收起来吗？我没有见过只有其用而无有其体的。”毛公又站起身来，对此表示感谢，于是就出发了。

阳明山人闻其言而论之曰：“始之言，道其事也，而未及于其心；次之言者，得公之心矣，而未尽于道；终之言者，尽于道矣，不可以有加矣。斯公之所允蹈者乎！”诸大夫皆曰：“然。子盍书之以赠从者？”

译文

我听了他们的发言，就对此发表议论：“一开始发言的那个人，只说出了毛公做的事，却没有说出他的心声；第二个发言的人说出了毛公的心声，却并未说出他的处世之道；最后发言的那个人，道出了毛公的为人处世之道，没有别的可说的了。这是毛先生深以为然的啊！”诸位大夫都说：“的确是这样。你为什么不把这些内容都写下来，赠送给跟从的人？”

恩寿双庆诗后序

戊辰

正德丙寅，丹徒沙隐王公寿七十，配孺人严六十有九。其年，天子以厥子侍御君贵，封公监察御史，配为孺人。在朝之彦，成为歌诗，侈上之德，以祝公寿，美侍御君之贤。又明年，侍御君奉命巡按贵阳，以王事之靡盐，将厥父母之弗遑也，载是册以俱。每陟屺岵，望飞云，徘徊瞻恋，喟然而兴叹，黯然而长思，则取是册而披之，而微讽之，而长歌咏叹之，以舒其怀，见其志。虽身在万里，固若称觞膝下，闻《诗》《礼》而趋于庭也。大夫士之有事于贵阳者，自都宪王公而下，复相与歌而和之，联为巨帙，属守仁叙于其后。

译文

正德丙寅年，丹徒沙隐王公七十大寿，他的妻子严孺人六十九岁。那一年，皇上因为他们儿子侍御君对朝廷有功，就封王公为监察御史，王公的夫人为孺人。在朝廷之中有才学的人都作歌赋诗，歌颂皇上的功绩，以此为王公祝寿，也赞美侍御君的贤良。到了第二年，侍御君奉皇上之命巡按贵阳，国事紧迫，他顾不上见父母，只好将诗抄录带在身边。每当侍御君登上高山，望着天边的浮云，往往是流连忘返，喟然而长叹，神情黯然而思绪万千，取出这本集子来翻阅。有时候暗自讽诵，有时候赋长歌而咏叹之，以此来抒发自己的情怀，抒发自己的心怀。虽然身在万里之外，但仍像在父母身边一样，对父母的孝心一如既往。在士大夫们中，凡是在贵阳当差的人，都很自然地常常相聚在王公家中，互相作歌赋词，出诗答对，汇编为一集，叮嘱我在后面写篇序。

夫孝子之于亲，固有不必捧觞戏彩以为寿，不必柔滑旨甘以为养，不必候起居奔走扶携以为劳者。非子之心谓不必如是也，子之心愿如是，而亲以为不必如是，必如彼而后吾之心始乐也。子必为是不为彼以拂其情，而曰："吾以为孝，其得为养志乎？孝莫大乎养志。"亲之愿于其子者曰："弘乃德，远乃犹。嘻嘻旦夕，孰与名垂简册，以显我于无尽？饮食口体，熟与泽被生民，以张我之能施？服劳奔走，孰与比迹夔、皋，以明我之能教？"非必亲之愿于其子者咸若是也，亲以是愿其子，而子弗能焉，弗可得而愿也。子能之，而亲弗以愿其子焉，弗可得而能也。以是愿其子者，贤父母也；以是承于其父母者，贤子也。二者恒百不一遇焉，其庸可冀乎？侍御君之在朝，则忠爱达于上；其巡按于兹也，则德威敷于下。凡其宣布恩惠，摩赤子，起其疾而乳哺之者，孰非公与孺人之慈！凡其慑大奸使不得肆，祛大弊使不复作，爬梳调服，抚诸夷而纳之夏，以免天子一方之顾虑者，孰非侍御君之孝！而凡若此者，亦孰非侍御君之所以寿于公与孺人之寿哉！公孺人之贤，靳太史之《序》详矣。其所以修其身，教其家，诚可谓有是父有是子。是诗之作，不为虚与谀，故为序之云尔。

译文

孝子对于父母，本来不必亲自捧着酒杯，到处张灯结彩，为他的父母祝寿；不必甘食美味地供养着父母；不必恭候父亲的起居；不是搀扶着步履蹒跚的父母才算是尽心尽力地尽孝。并不是当儿子的真的从心里认为不必这样，当儿子的人，心里当然是想这样的。可是，做父母的以为，当儿子的并不一定非得这样，当父母的心里才高兴。如果儿子却一定要这样而不那样，反而导致父母不高兴，而当儿子的还说："我这样是尽孝。"难道这有利于树立他自己远大的志向吗？对父母来说，尽孝的最好方式就是自己的儿子能有远大的理想。父母的心愿对儿子而言，常常是这样的："弘扬你的美德，光大你的志向，整天嘻嘻哈哈的，怎么比得上名垂史册、光耀家门于万世？整日吃得饱饱的，穿得好好的，怎么比得上恩泽广大百姓，以弘扬我家的恩惠？整日在我的身旁侍候，哪里比得上为国家建功立业，以表明我教子有方？"并不是父母对儿子的愿望都是如此，父母以这样的心愿要求他的儿子，然而他的儿子却不能做到，是不可能实现父母心愿的；儿子能做到的，却不是父母希望儿子做的，所以还是不能实现父母的心愿。因此，对儿子抱有期望，希望儿子能树立远大志向的父母，是贤良的父母；能够实现父母的心愿的儿子也是贤良的儿子。这两者都能兼备的，恐怕还达不到百分之一，难道这是人人可以期待的吗？侍御君在朝廷上能够对皇上竭尽忠心，在贵阳巡察能够对百姓恩威并施。他在贵阳所施的恩泽，难道不也是王公与孺人的恩惠吗？他威慑奸邪，使坏人不敢放肆；除去弊端，使这些问题不再复发；抚平诸夷，使他们归顺于华夏，从而免除天子一方的顾虑，这一切，难道不是侍御君的孝心吗？凡是像这样的一切，哪一件不是侍御君用来为王公与孺人祝寿所献上的寿礼？王公与孺人的贤良，靳太史已经在序中叙述得详尽了。他所用来修身、齐家的一切，可以说是有其父必有其子。这些诗赋，不是为了虚伪与阿谀奉承而作，因此我写了这篇序。

童刊文章轨范序

戊辰

宋谢枋得氏取古文之有资于场屋者，自汉迄宋，凡六十有九篇，标揭其篇章句字之法，名之曰《文章轨范》。盖古文之奥不止于是，是独为举业者设耳。世之学者传习已久，而贵阳之士独未之多见。侍御王君汝楫于按历之暇，手录其所记忆，求善本而校是之，谋诸方伯郭公辈，相与捐俸廪之资，锓之梓，将以嘉惠贵阳之士。曰："枋得为宋忠臣，固以举业进者，是吾微有训焉。"属守仁叙一言于简首。

译文

宋朝的谢枋得曾经从古文当中选取了一些有助于应对科举考试的文章，从汉到宋，一共有六十九篇，主要目的用来揭示那些文章在篇、章、句、字方面的用法，将它命名为《文章轨范》。其实，古文的奥秘不只是书中所说的这些，这只是用来应对科举考试的东西罢了。这些内容在世间的学者们之中，已经流传得很久了。然而，贵阳的学子们，见到的却不是很多。侍御君王汝楫，在工作间隙把自己所记忆的都写下来，并寻找好的本子来校正它，把这件事同方伯郭公等人商量，商定互相从自己的俸禄之中，拿出一部分钱银来，将这本书重新刊印，以使它有益于贵阳一带的学子们。并且告诫说："谢枋得是宋朝的忠臣，本来是科举出身的，对此我们应当有所鉴训。"嘱咐我在本书的开头写上序言。

夫自百家之言兴，而后有《六经》；自举业之习起，而后有所谓古文。古文之去《六经》远矣，由古文而举业，又加远焉。士君子有志圣贤之学，而专求之于举业，何啻千里！然中世以是取士，士虽有圣贤之学，尧舜其君之志，不以是进，终不大行于天下。盖士之始相见也必以贽，故举业者，士君子求见于君之羔雉耳。羔雉之弗饰，是谓无礼；无礼，无所庸于交际矣。

故夫求工于举业而不事于古作，弗可工也；弗工于举业而求于悻进，是伪饰羔雉以罔其君也。虽然，羔雉饰矣，而无恭敬之实焉，其如羔雉何哉！是故饰羔雉者，非以求媚于主，致吾诚焉耳；工举业者，非以要利于君，致吾诚焉耳。世徒见夫由科第而进者，类多徇私媒利，无事君之实，而遂归咎于举业。不知方其业举之时，惟欲钓声利，弋身家之腴，以苟一旦之得，而初未尝有其诚也。邹孟氏曰："恭敬者，币之未将者也。"伊川曰："自洒扫应对，可以至圣人。"夫知恭敬之实在于饰羔雉之前，则知尧舜其君之心不在于习举业之后矣；知洒扫应对之可以进于圣人，则知举业之可以达于伊、傅、周、召矣。吾惧贵阳之士谓二公之为是举，徒以资其希宠禄之筌蹄也，则二公之志荒矣，于是乎言。

译文

自从百家争鸣之后，就有了《六经》；自从有了科举考试后，就有了所谓的古文。古文同六经相比，差别已经很大了。科举考试文章和古文，相差就更远了。士人君子们有志于圣贤之学，然后却专门从科举文章中寻求，相差何止千里！然而中世以来皆以此取士。士人们虽有圣贤之学、尧舜那样的志向，朝廷却并不以此作为进身之阶，到底还是不能行大道于天下。士人君子初次相见需要互赠礼物，像用来做见面礼的鸡羊一样。鸡羊不加以装饰打扮会被看作是无礼，无礼是不利于交际的。因此，只在科举考试的文章上面下功夫，而不从事古文学习，这就像对鸡羊的装饰，是用来欺骗别人的。虽然鸡羊打扮了，可是没有恭敬虔诚的心，那对于鸡羊又有什么本质的改变呢！因此，打扮鸡羊的人，倒不是来求媚于君上，而只不过是表现自己的诚意而已。通过科举考试做官的人，不是想从君主那里得到利益，也只是献上诚意而已。有的人只看见那些以科举进身仕途的人，有很多只顾个人的私利，而没有为君主的诚意，因此就把所有的弊端都归咎于科举。殊不知，在他从事科举时，一心一意只为个人的私利着想，希冀一旦科举成功就可以飞黄腾达，本来就没有为国家为人民的诚意。孟子曾经说过："恭敬，是抵御和消除弊病的根本。"伊川先生也说过："自觉地洒扫庭院，虔诚地对待他人，就可以达到圣人的境界。"由此可知，恭敬诚恳在于打扮鸡羊之前；由此可知，尧舜那样的君子们的诚心，不在于建功立业之后；由此可知，洒扫庭院，善待他人，也可到达圣人的境界，为国为民可以达到伊尹、周公、召公等人的业绩。我担心贵阳的学子们会误认为两位大人的意思只是为了让学子们专注于科举。若果真如此，那么两位大人的心愿也就不可能达到了。因此，我写下了这些文字。

五经臆说序

戊辰

得鱼而忘筌，醪尽而糟粕弃之。鱼醪之未得，而曰是筌与糟粕也，鱼与醪终不可得矣。《五经》，圣人之学具焉。然自其已闻者而言之，其于道也，亦筌与糟粕耳。窃尝怪夫世之儒者求鱼于筌，而谓糟粕之为醪也。夫谓糟粕之为醪，犹近也，糟粕之中而醪存。求鱼于筌，则筌与鱼远矣。

译文

得到鱼之后，就忘掉了捕鱼用的竹器；酿出酒之后，就把酿酒用的糟粕丢弃了。在没有得到鱼和没酿出酒的时候，就说这是竹器和糟粕，这样鱼和酒是永远不会得到的。《五经》之中已经有了圣人之学。然而，对于知道《五经》的人来说，《五经》对于道，就像竹器和糟粕一样。我曾经责怪世间的学儒们，从竹器中求鱼，又把糟粕看作是醇酒。把糟粕看作是美酒，还算是有点道理，因为糟粕之中，就已经蕴含了美酒的成分。然而，从竹器中求鱼，鱼和竹器则就相差得太远了。

龙场居南夷万山中，书卷不可携，日坐石穴，默记旧所读书而录之。意有所得，辄为之训释。期有七月而《五经》之旨略遍，名之曰《臆说》。盖不必尽合于先贤，聊写其胸臆之见，而因以娱情养性焉耳。则吾之为是，固又忘鱼而钓，寄兴于曲蘖，而非诚旨于味者矣。呜呼！观吾之说而不得其心，以为是亦筌与糟粕也，从而求鱼与醪焉，则失之矣。

译文

龙场这个地方，位于贵州少数民族的群山之中，不能够携带书卷到这边来。我每天只好坐在石洞里，默默地回忆所读过的书，并把它们记录下来，在原来的内容上常常有不少心得，因此就对原来书中的内容作了不少阐释。这样做下来，大约用了七个月的时间，就把《五经》的内容大略地阐释了一遍，将其命名为《五经臆说》。这并不一定完全合乎先贤们的本意，只是阐述我自己的看法，以此来娱乐自己的情怀，修养自己的心性罢了。我这样做，可以说只专注于钓而不在意鱼，把兴趣寄托在酿酒的糟粕上，而不在意它的味道。唉！阅读我的学说，而不能够理解我的心意，认为我的学说就是竹器和糟粕而从中寻求鱼和美酒的人，那可以说是大错特错了。

夫《说》凡四十六卷，《经》各十，而《礼》之说尚多缺，仅六卷云。

译文

《五经臆说》一共有四十六卷，《经》各有十卷，而《礼》则有许多欠缺，只有六卷。

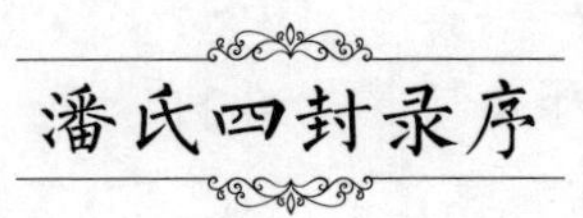

潘氏四封录序

辛未

歙潘氏之仕于朝者，户部主事君选、大理寺副君珍、户部员外君旦、南大理评事君鉴，凡四人。正德五年冬，珍、旦以上三载最，选、鉴以两宫徽号，旬月之间，皆得推恩，封其亲如其官焉。于是叙八制为录，侈上之赐，以光其族裔，而来谓某曰：“德下宠浮，若之何其可？请一言以永我潘氏。”某曰：“一族而四显，来者相望也，其盛哉！夫一月之间而均被荣渥，则又何难也！盖吾闻之，大山之木千仞而四干垂，而四峰之巅，飞鸟之鸣声不相及也。春气至而四干之杪花叶若一，则其所出之根同，有不期致焉。潘氏之在婺，闻望自宋、元而来，其培本则厚。四子者，固亦潘氏之四干矣。是惟否寒闭晦，苟际明期而谐景会，其轩竦条达孰御！则夫宠命之沾，暨不约而同也，其又足异哉？虽然，木之生，风霆之鼓舞，炎暑之酷烈，阴寒冰雪之严沍剥落，俾坚其质而完其气，非独雨露之沾濡生成之也。夫恩宠爵禄，雨露也；号令宣播，风霆也；法度政事之苛密烦困，炎暑也；时之险厄患难颠沛，阴寒冰雪之严沍剥落也。何莫而非生成？四子盖亦略尝历之。其材中楹柱而任梁栋矣，吾愿潘氏之益培其根也。”四子拜而起曰：“吾其益培之以忠孝乎！溉之以诚敬乎！植之以义而防之以礼乎！”某曰：“然则潘氏之轩竦涤达，其益无穷尔已矣。”

译文

潘氏一家在朝廷做官的，有户部主事的潘选、大理寺的副官潘珍、户部员外潘旦、南大理评事潘鉴，一共四个人。正德五年冬，潘选、潘珍、潘旦、潘鉴四人，皆加官晋爵，一个月的时间内，都受到了皇上的重用，并对他们的亲属也加以封赏。于是便记叙了整个过程，集成一册，盛赞皇上的恩赐，以此来光大自己的家族门风，潘家人来对我说：“我们家里的人才德不高，然而皇上却如此地恩宠，这如何是好呢？希望您能赠给我家几句话，以使我家的荣光能长久地延续下去。”我便对来人说：“一家之中，而四人显赫，可以说是后继有人，那是何等兴盛啊！在一个月的时间内，都加官晋爵，又多么不容易啊。我听说高山的大树，山虽高千丈，而树的各枝低垂而苍郁，生长在山峰之巅，就连飞鸟的鸣叫都难以达到。春天到来的时候，大树的各枝萌发的花叶都是一个样，是因为它们的根一样。潘氏一族，在婺州这一带，自宋元以来，便一直有着极高的声望，主要是因为家族的根基深厚。潘家的四子，就像潘家这棵大树上的根枝一样，根深叶茂，养分充足，枝叶自然会旺盛。皇上对潘家的恩泽，四子仕途的顺畅，并没有什么值得大惊小怪的。即使如此，树大之招风，雷霆之奔鸣，炎暑之酷烈，寒冬之冰雪，水因寒冷而冻结，历经这一切，大树更加坚固其本质，生机更蓬勃，不仅仅是沾些雨露的滋润就会长成参天大树的。恩宠爵禄，就如雨露一样；号令宣播，就像风雷一样，法度政事的困扰烦乱，就如同炎暑一样；时局的艰险，患难中的颠沛流离，就像寒冬的冰雪和水因寒冷而冻结一样。这些，没有哪一个不是大树生长的因素。潘氏四子，也应该大略地经历一些，这样，才会真正地成为栋梁之才。我希望潘氏家族能更培固它的根本。”四个人在听了我的话后，站起身来对我拜谢，并说：“我们应该用忠孝来培固吧！我们应该用诚敬来灌溉吧！我们应该用道德来扶植吧！我们应该用礼义来约束吧！”我回答说：“果真如此的话，潘氏家族这棵大树会根深叶茂，它的好处是不会有穷尽的。”

某不为应酬诗文余四年矣。寺副君之为暨阳也，予尝许之文，未及为而有南北之别。今兹复见于京师，而以是责偿焉，故不得而辞也。

译文

我不作应酬的诗文已经四年多了。珍君在暨阳主政的时候，我曾经答应为他写一篇文章，但没有来得及写我们便天南地北地分开了。现在我们在京师重逢，我应兑现往日的诺言，不能推辞。

送章达德归东雁序

辛未

章达德将归东雁，石龙山人为之请，于是甘泉子托以《考槃》，阳明子为之赋《衡门》。客有在坐者，哑然曰：“异哉！二夫子之言，吾不能知之。夫闷尔形，无莹尔精也，其可矣。今兹将惟职业之弗遑，而顾雁荡之怀乎？彼章子者，雁荡之产矣，则又可以居而弗居，依依于京师者数年而未返，是二者交相慕乎其外也。夫苟游心恬淡，而栖神于流俗尘嚣之外，环堵之间，其无屏霞、天柱乎？雁荡又奚必造而后至？不然，托踪泉石，而利禄𤟹其中，虽庐常云之顶，其得而居诸？”于是阳明子仰而喟，俯而默，卒无以应之也。志其言以遗章子曰：“客见吾杜权焉，行矣，子毋忘客之言，亦无以客之言而忘甘泉子之托。”

译文

章达德将回到东雁去，石龙山人为他举行宴会。于是，甘泉子就用《考槃》来嘱托他，而我则送他一首《衡门》。有一位在座的客人，笑着说："奇怪！我无法理解两位先生刚才说话的用意。隐匿自己的身形、韬光养晦，那是可以的。只是当下单就职业之事，就已忙得不亦乐乎，怎么还顾得上归隐雁荡山的情怀呢？章先生是在雁荡出生的，本来可以居住在那儿，可是并没有在那儿住，而是恋恋不舍地居住在京师，数年都没有回去。这两首诗，互相羡慕的只在于事情的外表。如果章先生内心恬淡，无意于宦游，而想将自己的心神情趣超出世间的流俗尘嚣，寄托于青山绿水之间，那不是有屏霞山和天柱山吗？又为何非到雁荡山去才算达到目的呢？如果章先生的内心不是上述那样，那么，即便是归隐山林，利禄之心也会掩盖不住，即便是在常山、云山的山顶上结庐，他的功名利禄之心也不会消除。"听了他的这些话，我仰天长叹，低头沉默。最后也没有话来应对他。记下他的这些话，将它送给章先生，并说："可别忘了这位客人的话，也不要因为客人的话而忘了甘泉子的嘱托。"

寿汤云谷序

甲戌

弘治壬戌春，某西寻句曲，与丹阳汤云谷偕。当是时，云谷方为行人，留意神仙之学，为予谈呼吸屈伸之术，凝神化气之道，盖无所不至。及与之登三茅之巅，下探叶阳，休玉宸，感陶隐君之遗迹，慨叹秽浊，飘然有脱屣人间之志。予时皆未之许也，云谷意不然之，曰："子岂有见于吾乎？"子曰："然。子之眉间惨然犹有怛世之色。是道也，迟之十年，庶几矣。"云谷曰："子见吾之貌，而吾信吾之心。"既别，云谷寻入为给事中，又迁为右给事，律心职务，驱逐瘁劳，竟以直道抵权奸斥外。而予亦以言事得罪，奔走谪乡，不相见者十余年。

译文

弘治壬戌年的春天，我和丹阳的汤云谷先生一起漫游句曲一带。当时，汤云谷还是一个游历四方的人，十分注重成为神仙的学说，为我讲解呼吸屈伸的方法、凝神化气的道理，无所不至。我同他登上三茅的顶峰，探访叶阳一带，在玉宸休息时，有感于陶隐君的遗迹，于是慨叹岁月匆匆，飘飘然有脱离人间、成神成仙之志趣。我当时并不赞许他这样，而汤云谷则对我不以为然，问我说："你难道从我身上看出了些什么吗？"我回答说："是的，你的眉宇之间有着愤世嫉俗、忧伤悲苦之色，要想得道，再过十年可能就差不多了。"汤云谷说："你只看到我的相貌，而我却深知自己的内心。"那次分别之后，汤云谷做了给事中，又升迁到右给事。为了工作殚精竭虑，奔波忙碌，日夜操劳。最后竟因为坚持正义、抵制当朝的奸臣权贵而被排斥在外。而我也因为文章之事而得罪权奸，奔走到被贬谪的乡间，同汤云谷先生不相见已经十多年了。

至是正德癸酉某月，予自吏部徙官南太仆，再过丹阳，而云谷已家居三年矣。访之，迎谓予曰："尚忆'眉间'之说乎？吾信吾之心，而不若子之见吾貌，何也？今果十年而始出于泥涂，是则信矣。然谓古之庶几也，则貌益衰，年益逝，去道益远；独是若未之尽然耳。"予曰："乃今则几矣。今吾又闻子之言，见子之貌矣，又见子之庐矣；又见子之乡人矣。"云谷曰："异哉！言貌即远矣，庐与乡人亦可以见我乎？"曰："古之有道之士，外槁而中泽，处隘而心广，累释而无所挠其精，机忘而无所忤于俗。是故其色愉愉，其居于于，其所遭若清风之披物，而莫知其所从往也。今子之步徐发改，而貌若益惫，然而其精藏矣；言下意恳，而气若益衰，然而其神守矣；室庐无所增益于旧，而志意扩然，其累释矣；乡之人相忘于贤愚贵贱，且以为慈母，且以为婴儿，其机忘矣。夫精藏则太和流，神守则天光发，累释则恬愉而静，机忘则心纯而一：四者道之证也。夫道无在而神无方，安常处顺，其至矣。而又何人间之脱屣乎？"云谷曰："有是哉！吾信吾之心，乃不若子之见吾庐与吾乡人也。"

正德癸酉年间的某个月，我从吏部被调为南太仆，再次路过丹阳时，汤云谷已经在家三年之久了。我前去拜访，他迎出来，对我说："还记得当初眉宇间的说法吗？我相信自己的心，却不如你从外表上对我看得准，到底是为什么呢？果然是过了十年，到今天我才开始摆脱尘世的迷途，这才使我相信你当时说的话。然而说起古时候的庶几来，外表越是衰老，岁月越是流逝，离道越远，这样说起来，你所说的也不完全对。"我说："到今天应该差不多了。今天，我又听到了你所说的话，见到了你的外表，又看到了你所住的茅屋，又见到了你的乡人。"汤云谷说："真是奇怪！说起外表来，已经有了很大的变化，从茅屋与我的乡人那儿，难道也能看出我的变化吗？"我回答说："古时候得道之士，看起来外表枯槁，然而其中蕴含着光泽；处狭隘之所，然而心态旷达；抛弃外在的束缚，没有什么能够干扰精神，忘掉尘世的一切，就不会有什么世俗的东西忤逆他的心意。因此他的神色愉悦，起居坦然。他所经历一切，就如同清风拂物，不知道它从何处来，又往何处去。如今你的步履徐慢，头发虽然变白，容颜虽然变老，可是你的精神内蕴其中。言谈诚恳神气衰微，然而其精神内敛。你住的茅屋同先前相比没有什么变化，然而你的志趣与意气恬然舒展。抛却外在的束缚，你和乡里之人也都忘了什么贤愚贵贱之分，只是做一个慈母，做一个婴儿。他们浑然忘却了外在的一切。因此，精神内敛则神气流畅，神态安然则容光焕发，抛弃外在束缚则心情愉悦，忘却俗世一切则心纯如一，这四点是得道的证明。因此，道没有具体的所在，神仙也没有有效的妙方，只要安常处顺，它便会自然而然地到来。那又有什么摆脱人间世俗之说的呢？"汤云谷感慨地说："真有这样的道理，我信我的心，却不如你从我的住所和我的乡人身上对我看得透彻啊。"

于是云谷年七十矣。是月，值其悬孤，乡人方谋所以祝寿者，闻予至，皆来请言。予曰："嘻，子之乡先生既几于道，而尚以寿为贺乎？夫寿不足以为子之乡先生贺。子之乡而有有道之士若子之乡先生者，使尔乡人之子弟皆有所矜式视效，出而事君，则师其道以用世；入而家居，则师其道以善身。若射之有的，各中乃所向。则是先生之寿，乃于尔乡之人复有足贺也已。”

译文

这一年汤云谷已经七十岁了。这个月，正逢他的寿辰。他的乡人计划给他筹办祝寿的事，听说我来了，便都来请求我发言。我便对他们说：“哈哈，你们的这位汤先生既然已经得道，难道还会以为寿辰是什么值得庆贺的事情吗？因此，寿辰并不足以成为你们这位汤先生的祝贺之事，你们的家乡有汤先生这样的有道之士，能够使你们的子弟都规范要求自己，如果出来做官则可以向他学习救民济世之道，在家居住则可以向他学习修身养性，就像射箭有靶子，各自射中各自指向的目标。这就是先生最好的寿礼，即使对于你们自己，这也是值得祝贺的。”

明年三月，予再官鸿胪，而乡之人复以书来请，遂追书之。

译文

第二年三月，我又到鸿胪去为官，汤先生家乡的人再次来信请我将此事记录，于是我追记了下来。

文山别集序

甲戌

《文山别集》者，宋丞相文山先生自述其勤王之所经历，后人因而采集之以成者也。其间所值险阻艰难，颠沛万状，非先生之述，固无从而尽知者。先生忠节盖宇宙，皆于是而有据。后之人因词考迹，感先生之大义，油然兴起其忠君爱国之心，固有泫然泣下，裂眦扼腕，思丧元首之无地者。是集之有益于臣道，岂小小哉！

译文

《文山别集》这本书，是宋朝的丞相文山先生自己叙述他勤王所经历的一切，后人将它集中起来而成册的。他遭遇到的艰难险阻，他的颠沛流离，都到了难以名状的程度，如果不是先生讲述，旁人是无法全部知道的。文山先生忠节盖宇宙，可以从这本书中找到根据。后来的人们先生的这本书中可以感受到先生的崇高大义，从而忠君爱国思想油然而生，有的人还会泫然泪下，悲伤愤怒，痛思丧于元人之手的大好河山。因此，把文山先生的言论汇集成册，训示后人，有益于后人为人臣子，这绝不是一件可有可无的小事。

古之君子之忠于其君，求尽吾心焉以自慊而已，亦岂屑屑言之，以蕲知于世？然而仁人之心忠于其君，亦欲夫人之忠于其君也。忠于其君，则尽心焉已。欲夫人忠于其君，而思以吾之忠于其君者启其良心，固有人弗及知之者，非自言之，何由以及人乎？斯先生之所为自述，将以教世之忠也。当其时，仗节死义之士无不备载，亦因是以有传，是又与人为善者也。是集也，在先生之自尽，若嫌于蕲世之知；以先生之教人，则吾惟恐其知之不尽也！在先生之自尽，若可以无传；以先生之与人为善，则吾惟恐其传之不远也。

译文

古时候的君子，忠于君主，只是尽自己的心意而已，岂是一些细小平庸之辈所说的，只是为了求得让后人知道？大仁大义的人，忠于自己的君主，也希望别人也能够忠于自己的君主。忠于自己的君主，就已经算是尽心了。希望别人也能够忠于各自的君主，是希望自己的忠君之心，来开启别人的良心。使别人也能够忠效于他们的君主，这就是文山先生做自述的原因，目的是教世人忠君之道。在那个时候，仗节而死的义士，没有不被记载下来的，也因此而有义士之传。这也是与人为善的行为。如果认为汇编这本集子是因为文山先生想要求得后人知道自己，那么我认为以文山先生的品性，他只会担心那些知道他的人还不能够完全地了解他。对于先生的自述，如果认为可以没有传记，只凭先生的与人为善，我担心它不会流传得太远。

先生之裔孙，今太仆少卿公宗严，复刻是集，而属某为之序。某之为庐陵也，公之族弟某尝以序谋，兹故不可得而辞。呜呼！当颠沛之心而不忘乎与人为善者，节之裕也；致自尽之心欲人同归于善者，忠之推也；不以蕲知为嫌而行其教人之诚者，仁之笃也。象贤崇德，以章其先世之美之谓孝；明训述事，以广其及人之教之谓义。吾于是集之序，无愧辞耳矣。

译文

先生的后人，今天的太仆少卿公宗严，重新刻印了这本集子，并嘱咐我为它写序。我在庐陵的时候，少卿公的一个族弟也曾经向我求过序，因此我是不可能推辞的。哎！在颠沛流离之际还不忘与人为善，这是崇高气节的体现；有自述之心还希望别人同归于善，这是忠义的推广；不避求名于后世之嫌而推行自己教人的诚意，这是仁义的深重；为模仿贤行、崇敬道德而表彰其先生的美德，可谓是孝；记录这些事情来表明先生的想法，以推广其教人之心，可谓是道义。我对于写这本集子的序，没有愧疚，义不容辞。

金坛县志序

乙亥

麻城刘君天和之尹金坛也，三月而政成。考邑之故而创志焉，曰："于乎艰哉！吾欲观风气之所宜，民俗之所向，而无所证也，以诹于乡老，有遗听焉；吾欲观往昔之得失，民俗之急缓弛张，先后之无所稽也，以询于闾野，有遁情焉；吾欲观山川之条理，疆域之所际，道路井邑之往来聚散，制其经，适其变，而无所裁也，则以之僻荒秽，入林麓，有遗历焉。亦惟文献之未足也而尔已矣。呜呼！古君子之忠也，旧政以告于新尹，吾何以尽吾心哉？夫政，有时而或息焉；告，有时而或穷焉。书之册而世守之，斯其为告也，不亦远乎！"志成，使来请序。

译文

麻城的刘天和做了金坛的县尹，上任三月就将金坛治理得井然有序。他还阅读该县的历史，编成了县志，说："这件事真是艰难啊！我打算察看社会风气所适宜的社会环境、民俗的变化情况等资料，可是，却没有什么可依据的，只有向乡间有品德的老人们请教；我打算察看往昔施政的得失，民俗的轻重缓急的记录，可是先后都无所依据，只好向乡野中的知情人士探询；我打算察看山川河流的分布，疆域的边界，道路井邑的往来聚散，以便适应它们的变化，可是也没有什么记载，只好带着问题到荒野、山林去考察，看看有无遗迹，也只是为了使文献充足而已。唉！古代君子的忠义表现，往往是记录旧政，以用来告知新来的官员，我用什么尽我的忠心呢？我要编订县志，以便于施政，对将来也有好处啊！"县志编成后，他派人来请我作序。

吾观之，秩然其有伦也，错然其有章也。天也，物之祖也；地也，物之妣也。故先之以天文，而次之以地理。地必有所产，故次之以食货；物产而事兴，故次之以官政；政行而齐之以礼，则教立，故次之以学校；学以兴贤，故次之以选举；贤兴而后才可论也，故次之以人物；人物必有所居，故次之以宫室；居必有所事，事穷则变，变则通，故次之以杂志终焉。呜呼！此岂独以志其邑之故，君子可以观政矣。

译文

我看了以后，觉得其中的一切都规划得井井有条。上天是万物之祖，大地是万物之母，所以先写天文，后写地理；大地必定有它的物产，因此，在它之后写粮食货物；物产丰饶后百事可兴，因此物产之后写官政；官政畅达则自然成礼、成教，因此官政之后写学校；学校产生贤良，因此学校之后写选举；贤良兴旺才可以谈论人才，因此贤良之后写人物；人物必定要有地方住，因此人物之后写宫室房屋；安居了，还要做事，事情到了尽头就会发生变化，变化了则畅通，因此最后是以杂记作为结束。唉！这难道只是记录了他所在县的历史吗？君子由此可以读到很多东西，可以以此观政。

夫经之天文，所以立其本也；纪之地理，所以顺其利也；参之食货，所以遂其养也；综之官政，所以均其施也；节之典礼，所以成其俗也；达之学校，所以新其德也；作之选举，所以用其才也；考之人物，所以辨其等也；

修之宫室，所以安其居也；通之杂志，所以尽其变也。故本立而天道可睹矣，利顺而地道可因矣，养遂而民生可厚矣，施均而民政可平矣，俗成而民志可立矣，德新而民性可复矣，才用等辨而民治可久矣，居安尽变而民义不匮矣。修此十者以治，达之邦国天下可也，而况于邑乎？故曰：君子可以观政矣。

译文

通天文之事，可以立其本；记地理之况，可以顺其利；粮食货物充足，有利于人民生活；综合官政，可以作为施政的参考；规范典礼，有利于优良民俗习惯的形成；建立学校，可以更新人们的品德；实行选举，可以选拔出人才；考察人物，可以量才而用；修建宫室房屋，可以使人民安居乐业；杂记通志，可以尽容其变化。因此，立本即可见天道；利顺则地道有据，货源充足，人民幸福；施政有方而民心畅顺；好的风俗可使民志自然而立；品德良好，人民便可恢复和善、纯朴的天性；量才而用，人尽其才，自然可以达到长治久安；长治久安，人民自然不会缺乏仁义道德。能够达到上述这十条，就完全可以治理天下了。何况是对一个小小的县城呢？所以说："君子可以从这本县志中看到本县的政事。"

送南元善入觐序

乙酉

渭南南侯之守越也，越之敝数十年矣。巨奸元憝，窟据根盘，良牧相寻，未之能去，政积事隳，俗因隳靡。至是乃斩然剪剔而一新之，凶恶食残，禁不得行；而狡伪淫侈、游惰苟安之徒，亦皆拂戾失常，有所不便，相与斐斐缉缉，构谗腾诽，城狐社鼠之奸，又从而党比翕张之，谤遂大行。士夫之为元善危者沮之曰："谤甚矣，盍已诸？"元善如不闻也，而持之弥坚，行之弥决。且曰："民亦非无是非之心，而蔽昧若是，固学之不讲而教之不明也。吾宁无责而独以咎归于民？”则日至学宫，进诸生而作之以圣贤之志，启之以身心之学。士亦蔽于习染，哄然疑怪以骇，曰：“是迂阔之谈，将废吾事。”则又相与斐斐缉缉，訾毁而诋议之。士夫之为元善危者沮之曰：“民之谤若火之始炎，士又从而膏之，孰能以无烬乎？盍遂已诸？”元善如不闻也，而持之弥坚，行之弥决。则及缉稽山书院，萃其秀颖，而日与之谆谆焉，亹亹焉，越月逾时，诚感而意孚。三学洎各邑之士亦渐以动，日有所觉而月有所悟矣。于是急相奋曰：“吾乃今知圣贤之必可为矣，非侯之至，吾其已夫！侯真吾师也。”于是民之谤者亦渐消沮。其始犹曰：“侯之于我，利害半；我之于侯，恩爱半。”至是惠浴泽流，而政益便，相与悔曰：“吾始不知侯之爱我也，而反以为殃我也；吾始不知侯之拯我也，而反以为劳我也，吾其无人之心乎！侯真吾之严父也，慈母也。”于是侯且入觐，百姓皇皇请留，不得，相与谋之多士曰：“吾去慈母，吾将安哺乎？严父吾去，吾将安恃乎？”士曰：“吁嗟！维父与母，则生尔身；维侯我师，实生我心。吾宁可以一日而无吾师之临乎！”则相与假重于阳明子而乞留焉。阳明子曰：“三年之觐，大典也。侯焉可留乎？虽然，此在尔士尔民之心。夫承志而无违，子之善养也；离师友而不背，弟子之善学也。不然，虽居膝下而侍几杖，犹为不善养而操戈入室者也，奚必以留侯为哉！”众皆默然，良久，曰：“公之言是也。”相顾逡巡而退。明日，复师生相率而来请曰：“无以输吾之情，愿以公言致之于侯，庶侯之遄其来旋，而有以速诸生之化，慰吾民之延颈也。”

译文

渭南的南元善先生在主政越州时，越州的各种弊病，积累已长达数十年了。巨奸恶人们互相结伙成帮，邪恶势力盘根错节。先前的好官，曾想尽各种办法，也没有能够把他们除去。政令不能施行，民俗非常败坏。南元善到任以后，断然推行新政，决定把旧势力、旧弊政剔除。这些新政措施，使得凶恶之徒有所顾忌而不敢放肆；而那些狡诈伪善、淫意奢侈、游手好闲、蝇营狗苟之辈，也都不能够像从前那样。于是，这些人便互相聚众私议，造谣生事，无事构陷。而那些城狐社鼠之辈也极力煽动，气焰嚣张，于是对南元善的诽谤诋毁便迅速蔓延。士人们之中，那些替南元善安危着想的，便沮丧地说："诽谤之声，如此高涨，最好还是算了吧。"对这些言论，南元善就如同没有听到，更加坚定地坚持自己的主张，更加坚决地推行自己的措施，并且说："百姓们并不是没有是非之心，他们的是非之心被蒙蔽到了这个程度，主要是因为教化不明的原因。我们难道对此没有责任，而只是将这一切归咎到百姓头上吗？"于是，南元善便几乎每天都到学宫去，给诸学子们讲学，用圣贤的志趣来振作他们，以修身养性的学说来开示他们。士人们也因受长期恶习的蒙蔽浸染，对南元善的这些话感到既吃惊又可笑，嘲笑说："这都是些迂阔的谈论，这将会败坏、荒废我们的事业。"于是，士人们也开始议论纷纷，相互诋毁非议南元善。对此，那些为南元善安危着想的人说："百姓们的流言蜚语就像刚开始燃烧起来的火苗，而士人们的非议则如火上浇油，怎么能不被毁灭呢？还是尽早算了吧。"对于这些话，南元善如同没听见一样，而依然坚持自己的信念，坚决地推行自己的措施，并且又整修了稽山书院，聚集其中的杰出人才，每天对他们谆谆告诫，同他们倾心交流。这样，过了一个月之后，南元善先生的真情实意逐渐让人们感到信服。乡间的许多有识之士也逐渐被元善的诚心所感动，每天都有所觉醒，每月都有所感悟。从此以后，便争相传告说："直到如今，我方才明白圣贤人是一定会有所作为的，不是南太守到这里来，我们恐怕永远也不会觉悟。南太守真是我们的圣贤之师啊！"自此以后，百姓们对南太守的诽谤也逐渐消失了，还说："南太守真心实意为我们好，我们也应该知恩图报。"从此，官民心心相通，融洽相处，政令也畅通无阻地推行，有人后悔道："我们开始不知道侯王是爱我们，反而认为他是在害我们；我们开始不知道太守是要拯救我们，反以为他是要劳役我们，我们怎么能够没有良心呢？太守真是我们的慈母严父啊！"过了一段时间，太守将回朝参见皇上，百姓对此惶惶不安，想请他留下来，可是没有成功。他们找到士人，说："我们离开了慈母，我们将怎样生活？我们失去了严父，我们又依靠什么？"士人说："父母亲只是生了我们的身，我们的恩师南太守则是再生了我们的心，我们一日都离不开我们的恩师！"于是，众人便纷纷前来求我，盼我能够出面将元善先生留下来，我便对他们说："三年一朝见，乃朝廷大典，太守怎么可能留下来呢？虽然这是大家的心意，但是只要继承太守的意志而不违背，也就没有辜负太守；只要你们真正理解了修身养性的益处，就算离开了师友，也不会有什么违背。不然的话，即使朝夕相处，也不会有圣贤仁人之心，那又何必非得留下太守呢？"听了我的话，众人都沉默不语，过了一会儿，才说："你说的话确实有道理。"于是大家犹豫着退了出去。第二天，众人又一起前来找我，请求说："我们没有什么能够表达自己心意的，只希望能够将您的话送给太守，只希望太守能快些回来，让我们得到更多的教化，表达我们对太守的殷切盼望。"

送闻人邦允序

闻人言邦允者，阳明子之表弟也，将之官闽之苍峡而请言。阳明子谓之曰："重矣，勿以进非科第而自轻；荣矣，勿以官卑而自慢。夫进非科弟，则人之待之也易以轻，从而自轻者有矣；官卑，则人之待之以易以慢，从而自慢者有矣。夫科第以致身，而恃以为暴，是历阶也；高位以行道，而遽以媒利，是盗资也，于吾何有哉？吾所谓重，吾有良贵焉耳，非矜与敖之谓也；吾所谓荣，吾职易举焉耳，非显与耀之谓也。夫以良贵为重，举职为荣，则夫人之轻与慢之也，亦于吾何有哉！行矣，吾何言！"

译文

闻人言邦允，是我的表弟，将到福建的苍峡去做官，前来同我告别，并希望我送给他几句话。我就对他说道："要自重，不要因为不是科第出身的官员而自己轻贱自己；要自己感到光荣，不要因为官小而怠慢行事。不是科第出身的官员，别人也往往以轻视的态度来对待，因而自己看不起自己的可以说大有人在；官职低微，别人也很容易怠慢，因此而自己看轻自己的也是大有人在。科第出身的官员，往往以此作为升官的台阶。等到他登上高位、主政一方时，往往容易以权谋私，这是盗贼的行径，如果是这样，那科第出身又有什么好处呢？我所谓自重，是自己有着贤良高贵的品德，而没有虚浮与傲气；我所说的对你的工作感到光荣，是说应该重视自己的职责，真心实意地做事，而不是显赫与夸耀。以自己的高贵品德为重，以自己的职务工作为荣，那么别人的轻视和怠慢，对你来说算得了什么呢！出发吧，我没有什么要说的了！”

送别省吾林都宪序

戊子

嘉靖丁亥冬，守仁奉命视师思、田，省吾林君以广西右辖，实与有司。既思、田来格，谋所以缉绥之道，咸以为非得宽厚仁恕、德威素为诸夷所信服者父临而母鞠之，殆未可以强力诡计劫制于一时而能久于无变者也，则莫有瑜于省吾者。遂以省吾之名上请，乞加宪职，委以重权，以留抚于兹土，盖一年二年而化洽心革，朝廷永可以无一方顾也乎！则又以为圣天子方侧席励精，求卓越之才，须更化善治，则如省吾之成德夙望，大臣且文章论荐，或者请未及上，而先已有隆委峻擢，恐未肯为区区两府之遗黎，淹岁月而借之以重也。

译文

嘉靖丁亥年冬天，我奉命到思、田视察军队。当时林省吾正担任着广西右辖之职，实际是地方当局。他在思、田多方谋求能平息地方之乱的方法。大家认为必须找到宽厚仁恕、德行威望的人来主事，这个人要让各少数民族信服，需要如父母一样对待他们，决不能用强力诡计威逼强迫于一时，这样才能让这些地区达到长治久安，而此项任务没有人比省吾更合适。于是林省吾的名字被上奏给皇上，请授以大权，任其重任，以使他能留下来管理地方。只要他在，一两年的教化即可使百姓愉悦和谐融洽，让朝廷安心，再无后顾之忧。皇帝此时也正是为国寝食不安，要励精图治，就要有卓绝的人才；要改善政治，就要有如林省吾这样的德高望重的人。加以大臣们都争着举荐，恐怕还有的人奏章尚未送达，皇帝就已委派给省吾重要使命了。恐怕两个府州的少数民族之地的百姓，不会耽误时间来借重于他。

疏去未逾月，而巡抚郧阳之命果下矣。当是时，八寨之瑶积祸千里，且数十年，方议进兵讨罪。省吾将率思、田报效之民以先之。报闻，众咸为省吾贺，且谓得免兵革驱驰之劳也。省吾曰："不然。当事而中辍之，仁者忍之乎？遇难而苟避之，义者为之乎？吾既身任其责，幸有改命，而亟去之，以为吾心，吾能如是哉？"遂弗停驱而往。冒暑雨，犯瘴毒，乘危破险，竟成八寨之伐而出。

译文

岂料，递疏上去不到一个月，巡抚郧阳的任命就下来了。当时八寨的瑶族祸患千里，且积数十年之久，正拟议进军讨伐。林省吾率领思、田的民兵先期前去。接到这个消息后，很多人就都去向林省吾祝贺，并且说这下就可以减轻林省吾的驱驰劳苦了，他不用再去打仗冒险了。林省吾说："不行。我正在做的事情突然中止，我于心不忍。遇到困难我就逃避，这是仁人义士的行为吗？我既然身负此责，有幸能发令行事，就赶紧去那里，这才是我的心意，我怎么能中止而不去呢？"于是他马不停蹄赶往八寨，一路上冒着酷暑，顶着大雨，还对抗着瘴毒泛滥，冒着危险完成了讨伐，胜利归来。

嗟呼！今世士夫计逐功名，甚于市井刀锥之较，稍有患害可相连及，辄设机阱，立党援，以巧脱幸免；一不遂其私，瞋目攘臂以相抵捍钩摘，公然为之，曾不以为耻，而人亦莫有非之者。盖士风之衰薄，至于此而亦极矣！而省吾所存，独与时俗相反若是。古所谓托孤寄命，临大节而不可夺者，省吾有焉。

译文

唉！今天的士大夫们追逐计较功名比市井之徒还要厉害，稍有祸患能够联系到的，就要陷害、嫁祸于他人。结党营私以求得侥幸逃脱幸免；一旦不能满足私欲，就进行内部斗争，赤膊相斗，有时甚至公然相斗也毫不以为耻，即使是这样也没有人说他们的不是。这都是因为士之衰败呀，这样的程度也算到极点了！可是林省吾所具有的性格和世俗相反。古代的托孤、寄命、面临大节志向不变的品质，省吾全都具备。

正德初，某以武选郎抵逆瑾，逮锦衣狱，而省吾亦以大理评触时讳在系，相与讲《易》于桎梏之间者弥月，盖昼夜不怠，忘其身之为拘囚也。至是，别已余二十年，而始复会于此。省吾貌益充，气益粹，议论益平实。而其孜孜讲学之心，则固如昔加恳切焉。公事之余，相与订旧闻而考新得。予自近年偶有见于良知之学，遂具以告于省吾，而省吾闻之，沛然若决江河，奇谓平生之一快，无负于二十年之别也矣！

译文

正德初年，我以武选郎的身份触犯了逆贼刘瑾，被逮捕入锦衣卫狱。林省吾也因犯忌讳被捕。我俩戴着枷锁讨论了一个月《易》。昼夜讲论，忘了自己是囚徒。至今，已经过去了二十多年，而今又在这里重逢。省吾面貌更饱满，精神状态更好，议论起事来更加平静而实在。他孜孜不倦的讲学之心不减当年，而且更加恳切。工作之余，我们相互征订旧闻，研究新思想。我自近年偶尔有感于良知论的见解，就全部讲来给他听。省吾听了我的话，如江河决堤一样兴奋至极，这真是生平一大快事，无负于我们二十年的分别！

今夫天下之不治，由于士风之衰薄；而士风之衰薄，由于学术之不明；学术之不明，由于无豪杰之士者为之倡焉耳。省吾忠信仁厚之质，得之于天者既与人殊，而其好学之心，又能老而不倦若此，其德之日以新而业之日以广也，何疑乎！自此而明学术，变士风，以成天下治，将不自省吾为之倡也乎！于省吾之别，庸书此以致切劘之意。若夫期望于声位之间，而系情于去留之际，是奚足为省吾道之哉！

译文

现在天下不治，是由于士风衰落；而士风衰落是由于学术不清楚；学术不清楚则是因为没有豪杰之士提倡。林省吾的忠厚仁义的品质得之于天，已和常人不一样，而且他孜孜不倦的好学之心又能到老不变，因此他的德行日益完美，功业日益扩大，这没有什么可怀疑的！自此后申明学术要义，改变士人之风，以成为治理天下的方法，那是省吾倡导的！在和省吾离别之际，我絮絮叨叨写了这些，以表达我真挚的感情和想法。如果我只是期望他提高声名地位，只是在离别之时抒发感情，那么这些话根本没有必要说给省吾听啊！

卷之二十三　外集五

记

兴国守胡孟登生像记

壬戌

弘治十年，胡公孟登以地官副郎谪贰兴国。越三年，擢知州事。公既久于其治，乃奸锄利植，而民以大和。又明年壬戌，擢浙江按察司佥事以去。民既留公不可，则相率祀公之像，以报公德。而学宫之左有叠山祠，以祀宋臣谢枋得者，旧矣。其士曰："合祀公像于是。呜呼！吾州违胡元之乱以入于皇朝，虽文风稍振，而陋习未除。士之登名科甲以显于四方者，相望如晨天之星，数不能以一二。盖至于今遂茫然绝响者，凡几科矣。自公之来，斩山斥地以恢学宫，洗垢摩钝以新士习，然后人知敦礼兴乐，而文采蔚然于湖、湘之间，荐于乡者，一岁而三人。盖夫子之道大明于兴国，实自公始。公之德惠，固无庸言；而化民成俗，于是为大。祀公于此，其宜哉！”民曰：“不可。其为公别立一庙。公之未来也，吾民外苦于盗贼，内残于苛政。滨湖之民，死于鱼课者数千余家。自公之至，而盗不敢履兴国之界，民违猛虎鱼鳖之患，而始释戈而安寝，歌呼相慰，以嬉于里巷。公之惠泽，吾独不能出诸口耳。呜呼！公有大造于吾民，乃不能别立一庙而使并食于谢公，于吾心有未足也。”士曰：“不然。公与谢公皆以迁谪而至吾州。谢公以文章节义为宋忠臣，而公之气概风声实相辉映。祀公于此，所以见公之庇吾民者，不独以其政事；而吾民之所以怀公于不忘者，又有在于长养恩恤之外也。其于尊严崇重，不滋为大乎？”于是其民相顾喜曰：“果如是，我亦无所憾矣。然其谁纪诸石以传之？”士曰：“公之经历四方也久矣，四方之人，其闻公之贤亦既有年矣。然而屡遭谗嫉，而未畅厥猷意，亦知公之深者难也。公尝令于余姚，以吾人之知公，则其人宜于公为悉。”乃走币数千里而来请于某，且告之故。某曰：“是姚人之愿，不独兴国也。”公之去吾姚已二十余年，民之思公如其始去。每有自公而来者，必相与环聚，问公之起居饮食，及其履历之险夷，丰采状貌，须发之苍白与否，退则相传告以为欣戚。以吾姚之思公，知兴国之为是举，亦其情之有不得已也。然公之始去吾姚，既尝有去思之碑以纪公德，今不可以重复其说。而兴国之绩，吾虽闻之甚详，然于其民为远，虽极意揄扬之，恐亦未足以当其心也。姑述其请记之辞，而诗以系之。

译文

弘治十年，胡孟登被贬到兴国任地方官副郎。过了三年，升任知州。胡公主政日久，兴利除弊，民众安居乐业。到了第二年壬戌年，又升任浙江按察司佥事，被调任他处。百姓都想把他留下来，但最终留不住，于是大家要供奉胡公的像，来感戴胡公的恩德。学宫的旁边有叠山祠，供奉的是宋朝名臣谢枋得，祠堂已经旧了。士子们说：“将胡公像和谢公像一起供奉在这里吧。”哎呀！我们州脱离元朝的战乱，一统于明朝之后，文明教化之风稍有振作，但民间旧性陋习并未清除。读书人通过科举考试的很少，寥若晨星。时至今日，更是已连续几科无人登榜了。自从胡公上任之后，致力于兴办学宫，整饬学风，以致此地人民性格温和敦厚，礼乐兴盛；士子们文采焕发，教化蔚然成风，声名显于湖、湘，每年从乡里被荐为孝廉的有三个人。圣人之道，大行于兴国，实在是由胡公理政后开始的。胡公的贤德和恩惠，毋庸赘言；特别是胡公淳化民风世俗，更是巨大的贡献。将胡公的像供奉在谢公旧祠，真是适宜呀！”百姓说：“不行，应该为胡公另外建一座庙宇。胡公没来的时候，我们乡民外苦于盗贼，内苦于苛政。滨湖的居民，死于繁重的渔税的有千余家。自从胡公到来，盗贼不敢踏入兴国的地界，老百姓也脱离了如猛虎般的苛捐杂税的祸患，这才能放下武器安心睡觉，歌唱着，呼朋引伴，分外欣慰，在巷子里嬉戏欢笑。胡公的恩德我们是说不尽道不完的。啊！胡公为我们老百姓造福甚大，我们不能为胡公专门建立一座庙宇，而将胡公和谢公合供在一处，我们心里过意不去！”士子说：“不是这样的。胡公和谢公都是被贬到我们这儿来任职的。谢公以其文章道德而被尊为宋朝的忠臣，而胡公的气节风范确实能和谢公相辉映。将胡公供奉于此，正显示了胡公荫庇我们普通百姓，不单单是他的政绩；而我们民众之所以怀念胡公，除了他休养生息的政绩之外，还有对他道德文章的景仰崇拜。这样供奉胡公，我们对胡公恩德的崇敬不是更重吗？”于是百姓们互相看看，都很高兴地说：“确实是这样，我们也就没有遗憾了。但请谁将胡公的事迹记载下来刻碑流传呢？”士子说：“胡公经历四方很长时间了，各地的民众了解胡公的贤德已经很多年了。但胡公屡遭谗臣嫉妒和污蔑，他的宏图伟略并没能畅快地施展，理解胡公是很难的。胡公曾经做过余姚县令，既然我们都比较了解胡公，那么余姚的人对胡公了解得更清楚。”于是他们从数千里之外带钱来余姚来请我写，并陈述了请求的原委。我说：“这不仅仅是兴国民众的心愿，也是我们余姚人的心愿。”胡公离开余姚已经二十多年了，但百姓思念胡公的程度，还和胡公刚离去的时候一样。每当有从胡公那里来的人，我们就一定要把他团团围住，问胡公的起居饮食，问胡公的经历，问胡公是否平安，问胡公的容貌，问胡公的须发是否已经苍白。回去之后，我们都互相转告胡公的消息，如果他平安我们就高兴，如果他不平安我们就担忧。因为我们余姚人对胡公就是这样思念，所以完全能够理解兴国民众的思想感情和举止行为。但胡公刚刚离开余姚之时，我就曾经因思念胡公而刻碑纪念胡公的恩德，现在不能够再把那些话重复说一遍。虽然胡公在兴国的功绩我们听说得也很详细，但毕竟我们离得太远，即使我们极力赞扬，恐怕也不足以慰兴国民众之心。姑且叙述他们的请求，撰文记录下来，同时以诗来加以概括。

公讳瀛，河南之罗山人，有文武长才，而方向于用。诗曰：

译文

胡公名瀛，河南罗山人，文武双全，是国家栋梁。诗写道：

于维胡公，允毅孔直。惟直不挠，以来兴国。惟此兴国，实荒有年。自公之来，辟为良田。寇乘于垣，死课于泽。公曰吁嗟，兹惟予谴！勤尔桑禾，谨尔室家。岁丰时和，民谣以歌。乃筑泮宫，教以礼让。弦诵诗书，溢于里巷。庶民谆谆，庶士彬彬。公亦欣欣，曰惟家人。维公我父，惟公我母。自公之去，夺我恃怙。维公之政，不专于宽。雨旸维若，时其燠寒。维公文武，亦周于艺。射御工力，展也不器。我拜公像，从我父兄。率我子弟，集于泮宫。父兄相谓，毋尔敢望。天子用公，训于四方。

译文

胡公这个人，诚信刚毅，深远爽直。他正直不屈服，来到了兴国。兴国这个地方，荒芜很多年了。自从胡公到来，荒地才被开垦为良田。胡公没来的时候，这里到处是贼寇，苛捐杂税很多。胡公发出感叹，对此进行严厉谴责！我们在胡公的带领下，勤于农事，和谐家庭关系。获得了丰收，百姓高兴地唱起了歌。修建起了学校，教学生礼义道德。弦歌不绝，书声琅琅，到处都听得到。百姓仁厚淳朴，士子文质彬彬。胡公也很高兴，把我们当作他的家人。胡公就像我们的父母。胡公离开，就好像父母离开。胡公执政，不仅仅是宽和。需要雨水滋润他就像雨水，需要太阳照耀他就像太阳，需要升温他就给予温暖，需要降温他就给予凉爽。胡公能文能武，擅长的东西很多。射箭骑马，可施展的本领很多。我们和父亲兄长一起，拜胡公的像。我们率领我们的孩子，在学校聚集。面对着父亲兄长，我们没有什么其他的盼望。天子让胡公到这里，胡公的功绩彪炳史册，可以让四方之人学习。

新建预备仓记

癸亥

仓廪以储国用，而民之不给，亦于是乎取。故三代之时，上之人不必其尽输之官府，下之人不必其尽藏于私室。后世若常平义仓，盖犹有所以为民者，而先王之意亦既衰矣。及其大弊，而仓廪之蓄，遂邈然与民无复相关。其遇凶荒水旱，民饿莩相枕借，苟上无赈贷之令，虽良有司亦坐守键闭，不敢发升合以拯其下。民之视其官廪如仇人之垒，无以事其刃为也。呜呼！仓廪之设，岂固如是也哉！

译文

仓廪是国家用来储备粮食的，百姓无粮时，可以从这里取用。所以夏商周三代时身居高位的人不一定都得送到官府，不居高位的人也不一定都得藏到自己家里。如后世的常平仓平价卖粮，大概也是为了百姓，但先王时常平仓的意义，却已经衰微了。等其弊端发展到极点，仓库储蓄就和百姓没什么关系了。遇到水旱灾荒的时候，饿死的百姓的尸体层层堆积，如果国家没有赈贷的命令，即使官府有良心，也只会坐守，不敢将仓廪打开，不敢发升斗之米来救济百姓。百姓看到那些仓库就如同看到仇人设的壁垒一样，没有办法使用武力。唉！修建仓廪，本意难道是这样吗！

绍兴之仓目如坻，大有之属凡三四区，中所积亦不下数十万。然而民之饥馁，稍不稔即无免焉。岁癸亥春，融风日作，星火宵陨。太守佟公曰："是旱征也，不可以无备。"既命民间积谷谨藏，则复鸠工度地，得旧太积库地于郡治之东，而建以为预备仓。于是四月不雨，至于八月，农工大坏，比室罄悬。民陆走数百里，转嘉、湖之粟以自疗。市火间作，贸迁无所居。公帅僚吏遍祷于山川社稷，乃八月己酉，大雨洽旬，禾稿复颖。民始有十一之望，渐用苏息。公曰："呜呼！予所建，今兹之旱，虽诚无补，于后患其将有裨。”乃益遂厥营。九月丁卯工毕。凡为廪三面廿有六楹，约受谷十万几千斛。前为厅事，以司出纳，而以其无事时，则凡宾客部使之往来而无所寓者，又皆可以馆之于是。极南阻民居，限以高垣；东折为门，出之大衢。并门为屋廿有八楹，自南亘北，以居商旅之贸迁者，而月取其值，以实廪粟。又于其间区画而综理之，盖积三岁而可以有一年之备矣。二守钱君谓其僚曰：“公之是举，其惠于民岂有穷乎！夫后之民食公之德而弗知其所自，是吾侪无以赞公于今日，而又以泯其绩于后也。”于是相率来属某以记。某曰：“唯唯。夫悯灾而恤患，庇民之仁也；未患而预防，先事之知也；已患而不怠，临事之勇也；创今以图后，敷德之诚也。行一事而四善备焉，是而可以无纪也乎？某虽不文也，愿与执笔而从事。”

译文

绍兴的仓库，看上去就如同小山坡一样，很大，有三四个区，里面储备的粮食有几十万。然而老百姓的饥饿，只要收成有一些青黄不接，他们就避免不了。癸亥年春天，每天暖风不断，夜晚流星纷纷，太守佟公说：“这是大旱的征兆，不可以没有准备。”于是下令民间储备粮食，谨慎地储藏好，然后又召集工匠寻找地皮以建粮仓，在郡治以东的地方找到一块过去的仓库旧址，修建预备仓。接下来有四个月不下雨。到了八月，农夫们的境况很不好，一家接一家都空在那里。他们在陆地上奔走几百里，到嘉、湖地区买谷子，聊以充饥。城市里着了大火，市民没有地方迁移。各级官员向山川社稷祈祷，到八月己酉，大雨下了十多天，禾苗再次生机勃勃地生长。老百姓这才有了一点点希望，一切渐渐开始恢复。佟公说：“唉！我所建的谷仓对今年的大旱虽然的确没有什么用处，但用它来防后患还是大有裨益的。”于是更加督促施工，到九月丁卯工程完毕。仓库一共有三个，二十六楹，可以储藏十万几千斛谷物。仓库前边为大厅，用来管理谷物的出纳，闲着的时节，那些来来往往的宾客部使，假如没有地方住宿，这些大厅就可以当旅馆来使用了。在仓库的最南边有限制百姓房屋高度的墙壁；东边有门，出门便是大道。门两侧的房屋共有二十八楹，从南到北，为那些做生意的人提供住宿，每月收取一定的租金，来充实仓库。又在仓库进行综合规划治理，大约积累三年，就有一年的储备了。后面一任的钱太守对他的同僚们说："佟公这一壮举，对老百姓的恩惠没有穷尽！以后的百姓因为佟公这一德行而不会挨饿，但他们却不知道这是因为什么，我们现在如果不颂扬他，那么他的光辉业绩就将泯灭于后世。"于是他率众人一起，嘱咐我将这些记下来。我说："好的，好的。同情百姓受灾，体恤百姓忧患，这是庇护老百姓的一种仁义；没有发生灾难而事先加以预防，这是有先见之明；已经受灾而不懈怠，这是面对事情时有勇气；今天干事业而为了后世，这是德行。做一件事而有四个好处，难道可以不记录下来以兹纪念吗？我虽然不善于文辞，也愿记录下这件事。"

平山书院记

癸亥

平山在鄞陵之北三里，今杭郡守杨君温甫蚤岁尝读书其下。鄞人之举进士者，自温甫之父佥宪公始，而温甫承之。温甫既贵，建以为书院。曰："使吾乡之秀与吾杨氏之子弟诵读其间，翘翘焉相继而兴，以无亡吾先君之泽。"于是其乡多文士，而温甫之子晋复学成，有器识，将绍温甫而起。盖书院为有力焉。

译文

平山在鄞陵以北三里的地方，现在的杭州郡守杨温甫早年曾于山下读书。鄞陵中进士的人，温甫的父亲佥宪公是第一位，温甫接着他的父亲也中了进士。温甫有了地位后，在那里建了一个书院，说："让我们的同乡中优秀的人以及杨氏家族中的子弟在这里读书，使他们不断取得优异成绩，不要将我们先辈的恩泽给丢掉了。"因此他们的同乡有很多文士。温甫的儿子温晋又学有所成，有大才能成器，继承其父，对书院起了很大的作用。

温甫始为秋官郎，予时实为僚佐，相怀甚得也。温甫时时为予言："平山之胜，耸秀奇特，比于峨嵋。望之严厉壁削，若无所容，而其上乃宽衍平博。有老氏宫焉，殿阁魁杰伟丽，闻于天下。俯览大江，烟云杳霭。暇辄从朋侪往游，其间鸣湍绝壑，拂云千仞之木，阴翳亏蔽。书院当其麓，其高可以眺，其邃可以隐，其芳可以采，其清可以濯，其幽可以栖。吾因而望之以‘含远’之楼，蛰之以‘寒香’之坞，揭之以‘秋芳’之亭，澄之以‘洗月’之池，息之以‘栖云’之窝。四时交变，风雪晦暝之朝，花月澄芬之夕，光景超忽，千态万状。而吾诵读于其间，盖冥然与世相忘，若将终身焉，而不知其他也。今吾汩没于簿书案牍，思平山之胜，而庶几梦寐焉，何可得耶？”

译文

温甫最初做的是秋官郎，我在那时实际上是他的僚佐了，我与他相交很是投机。温甫经常跟我谈起平山的美景，他这样说：“平山的胜景，山峰高耸秀丽奇特，能与峨眉山相比。远望山峦，悬崖峭壁，势如刀削，好像无法容纳任何事物，实际上山上边宽广平坦又极开阔，还有一座道观在那里，殿阁威武雄壮奇特瑰丽，天下闻名。在山上俯瞰大江，烟波浩渺，云雾飘飘，有空时就和朋友们一起到山上游玩。水从绝壁上流下到山谷，声如雷鸣；山上古木参天，直通云霄，叶茂蔽日。书院在山脚下。山高可以眺望，山深可以隐居，芳香的鲜花可以采摘，清澈的泉水可以洗濯，林木的幽静可以栖息。我因此想，在‘含远’楼登高望远，在‘寒香’坞养精蓄锐，在‘秋芳’亭舒展筋骨，在‘洗月’池中洗涤澄净，在‘栖云’涵养生息。一年四季，天气交相变化，风雪昏暗的早上，花好月圆的晚上，各有各的绮丽景象。我在这里吟诵读书，忘却世间纷扰，如果一辈子待在这里，我可以不管别的任何事。我现在被大量的工作淹没，非常思念平山的美景，几乎做梦都能梦到那里，可怎么能够实现回到那里的愿望呢？”

既而某以病告归阳明，温甫寻亦出守杭郡。钱塘波涛之汹怪，西湖山水之秀丽，天下之言名胜者无过焉。噫！温甫之居是地，当无憾于平山耳矣。今年与温甫相见于杭，而亹亹于平山者犹昔也。吁，亦异矣！岂其沉溺于兹山，果有不能忘情也哉？温甫好学不倦，其为文章，追古人而并之。方其读书于平山也，优游自得，固将发为事业，以显于世。及其施诸政事，沛然有余矣，则又益思致力于问学，而其间又自有不暇者，则其眷恋于兹山也，有以哉！温甫既已成己，则不能忘于成物，而建为书院，以倡其乡人。处行义之时，则不能忘其隐居之地，而拳拳于求其志者无穷已也。古人有言："成己，仁也；成物，知也。"温甫其仁且知者欤！又曰："隐居以求其志，行义以达其道。吾闻其语矣，未见其人也。"温甫殆其人也，非欤？

译文

不久我因病告归到阳明山，温甫也接着出任杭州郡守。钱塘江波涛汹涌，怪异诡秘；西湖山清水秀，无比美丽，天下人说是名胜之最，一点也没夸大。啊！温甫住在这个地方，应该不用遗憾离开平山的。"今年和温甫在杭州会面，说到平山时，他仍然充满了眷恋，如同从前一样。唉，这真是奇怪！难道他是沉溺于平山，真的是不能忘情于它吗？温甫勤奋好学，诲人不倦，他的文章风格追随古人，能和古人相提并论。他在平山书院读书时，悠然自得，所以会能把他的才学表现在事业上让世人看到。等到他走上仕途，处理政事，便显得游刃有余了。工作之余，他又想着致力于研究学问，因此很少有闲暇的时候，而他仍是那么眷恋着平山，确实了不起！温甫已经成就了自己，但他也没有忘记成就物事，因此建立了书院，以激励同乡文士。在可以行仁义时，不要忘了隐居的地方，以这种心态勤恳地实现自己的志向，便会永不知足地成就自己和他人。古人说："成就自己，需要仁义；成就物事，需要智慧。"温甫便是一个有仁义有智慧的人！古人又说："隐居是为了实现志向，施仁是为了通达大道，我听过这话，却没见过这样做的人。"温甫差不多就是这样的人，难道不是吗？

温甫属予记。予未尝一至平山，而平山岩岩之气象，斩然壁立而不可犯者，固可想而知其不异于温甫之为人也，以温甫之语予者记之。

译文

温甫嘱托我为平山写一篇记。可我一次也没有到过平山，不过平山那种巍峨的气象，悬崖峭壁如刀劈凿的凛然不可侵犯的气势，我可以想象，因为它与温甫的为人风格没有什么区别。我把温甫跟我说的话记了下来。

何陋轩记

戊辰

昔孔子欲居九夷，人以为陋。孔子曰："君子居之，何陋之有？"守仁以罪谪龙场。龙场，古夷蔡之外，于今为要绥，而习类尚因其故。人皆以予自上国往，将陋其地，弗能居也。而予处之旬月，安而乐之，求其所谓甚陋者而莫得。独其结题鸟言，山栖羝服，无轩裳宫室之观，文仪揖让之缛，然此犹淳庞质素之遗焉。盖古之时法制未备，则有然矣，不得以为陋也。夫爱憎面背，乱白黝丹，浚奸穷黠，外良而中螫，诸夏盖不免焉。若是而彬郁其容，宋甫鲁掖，折旋矩矱，将无为陋乎？夷之人乃不能此。其好言恶詈，直情率遂则有矣。世徒以其言辞物采之眇而陋之，吾不谓然也。

译文

当年孔子想住在九夷之地，人们都认为那里太简陋。孔子说："君子居住的地方，有什么简陋的？"我因为犯罪被贬谪到龙场。龙场在古时夷蔡的外围，今天是一个重要的必须安抚的地方，但这里的风俗习惯还和古代一样。因为这个缘故，人们都认为我从条件好的地方来，将要到那个简陋的地方去，不能习惯那里的生活。但我在这里住了一个多月，平安无事而且内心很愉快，对于他们所说的简陋，根本就没有感觉，只是在内心得出一个结论，认为他们说的话都是不存在的。这里的人，住在山上，穿着羊皮做的衣服，没有华丽的服饰和壮丽的宫殿，也没有文仪揖让这种繁文缛节，但这里的人民淳厚朴实，有古时遗风。在古代，法律制度还没有完备的时候，就已形成今天的局面了，这不能认为是一种鄙陋。那些爱憎不分，黑白不明，奸猾狡黠，外表完美而内心狠毒的人，整个中国都普遍存在。如同他们这样外表彬彬有礼、八面玲珑、左右周旋、很有规矩，难道就不算是鄙陋吗？夷地的人没有这样的。他们觉得好就夸，觉得坏就骂，性情直爽率真。世间人只看他们说话没有华丽的文采就对他们表示鄙夷，对此我是很不以为然的。

始予至，无室以止，居于丛棘之间，则郁也。迁于东峰，就石穴而居之，又阴以湿。龙场之民，老稚日来视予，喜不予陋，益予比。予尝圃于丛棘之右，民谓予之乐之也，相与伐木阁之材，就其地为轩以居予。予因而翳之以桧竹，莳之以卉药，列堂阶，辩室奥，琴编图史，讲诵游适之道略俱。学士之来游者，亦稍稍而集。于是人之及吾轩者，若观于通都焉，而予亦忘予之居夷也。因名之曰"何陋"，以信孔子之言。

译文

我刚开始到这里的时候，连住的房子也没有，住在荆棘丛林之中，那里云气太盛。后来迁到东边山上，以石穴当居室，却又太阴暗太潮湿。龙场的百姓，每天都会有老人小孩来看我，他们很高兴我没有轻视他们，和我也一天天地接近起来。我曾在荆棘丛林的右边开垦了一片苗圃，百姓和我一起砍伐树木，做成有用的木材，就地建成一间小屋子，以便我住在那里。我又种了一些桧柏和竹子以遮阳，栽了些可当药材的花卉，整齐地摆放在堂前的台阶上，在里屋便能闻到花香，我和着琴音，编写图史，讲诵游历之道初具规模。学人有到这里游学的，也会稍稍聚一聚。这样，人们到我的小屋来，就如同看大城市一样，我也因此忘了自己是在蛮夷之地。所以我将它命名为"何陋轩"，更加确信了孔子的话。

嗟夫！诸夏之盛，其典章礼乐，历圣修而传之，夷不能有也，则谓之陋固宜。于后蔑道德而专法令，搜抉钩縏之术穷，而狡匿谲诈无所不至，浑朴尽矣。夷之民方若未琢之璞，未绳之木，虽粗砺顽梗，而椎斧尚有施也，安可以陋之？斯孔子所谓欲居也欤？虽然，典章文物则亦胡可以无讲！今夷之俗，崇巫而事鬼，渎礼而任情，不中不节，卒未免于陋之名，则亦不讲于是耳。然此无损于其质也。诚有君子而居焉，其化之也盖易，而予非其人也，记之以俟来者。

译文

唉！华夏之盛，典章礼乐历经各代圣贤的修整流传下来，而夷地没有这些，说这里简陋本来确实是很恰当的。但是后来人们蔑视道德，只擅长严刑峻法，尔虞我诈勾心斗角没有穷尽，奸猾狡诈无所不至，浑厚质朴消失殆尽。夷地的百姓就如同没有经过雕饰的璞玉，好比没经过衡量的木材，虽然显得粗糙顽硬，但椎斧还可以对他们进行加工，怎么可以说他们鄙陋呢？这就是孔子想去居住在陋处的原因吧？即使如此，典章制度也不能够不讲！现在夷地的风俗还是崇尚巫术、装神弄鬼、亵渎礼节、放纵自己，他们这样没有法度，最终避免不了鄙陋之名，这是不讲典章制度的原因。但这并不损害夷地人的本质。诚然，如果有品德高尚的人住在那里，教化他们也是很容易的。我不是这种人，因此写下这些，等待着君子到来。

君子亭记

戊辰

阳明子既为何陋轩，复因轩之前营，驾楹为亭，环植以竹，而名之曰“君子”。曰：“竹有君子之道四焉：中虚而静，通而有间，有君子之德；外节而直，贯四时而柯叶无所改，有君子之操；应蛰而出，遇伏而隐，雨雪晦明无所不宜，有君子之时；清风时至，玉声珊然，中《采齐》而协《肆夏》，揖逊俯仰，若洙、泗群贤之交集，风止籁静，挺然特立，不挠不屈，若虞廷群后，端冕正笏而列于堂陛之侧，有君子之容。竹有是四者，而以“君子”名，不愧于其名；吾亭有竹焉，而因以竹名，名不愧于吾亭。”门人曰：“夫子盖自道也。吾见夫子之居是亭也，持敬以直内，静虚而若愚，非君子之德乎？遇屯而不慑，处因而能亨，非君子之操乎？昔也行于朝，今也行于夷，顺应物而能当，虽守方而弗拘，非君子之时乎？其交翼翼，其处雍雍，意适而匪懈，气和而能恭，非君子之容乎？夫子盖谦于自名也，而假之竹。虽然，亦有所不容隐也。夫子之名其轩曰“何陋”，则固以自居矣。”阳明子曰：“嘻！小子之言过矣，而又弗及。夫是四者何有于我哉？抑学而未能，则可云尔耳。昔者夫子不云乎，‘汝为君子儒，无为小人儒’，吾之名亭也，则以竹也。人而嫌以君子自名也，将为小人之归矣，而可乎？小子识之。”

译文

我已造“何陋轩”，又在何陋轩的前边树了几根柱子做成一个亭子，亭子的四面都栽上竹子，给这个亭命名为“君子”。我说，“竹有君子的四种道德：中间虚空，有间隔，这是有君子的品德；外有竹节而且平直，经历一年四季的风霜雨雪，枝叶没有什么变化，这是有君子的节操；惊蛰开始生长，夏天则蓄积力量，随着天气变化能够及时调整，这如同君子的审时；有时清风徐来，风过竹林，声音清脆悦耳舒缓，整齐协调，俯仰之时如人谦逊互相揖让，就如洙泗很多圣贤人聚会一样，风停后则万籁俱寂，挺拔直立，不屈不挠，就如虞朝时百官端冕正笏整齐地站立在堂阶的两侧，这是有君子的气度。竹子有这四种品质，所以用“君子”来命名它，它无愧于这一名称；我亭子的四周种有竹子，因竹子来命名它，这个名称不愧于我的亭子。”门人说：“先生大概在说自己吧。我看先生坐在这个亭子里，内心率真，慎独安静，难道这不是君子的德行吗？遇到艰难不退缩，身处困境能通达，难道这不是君子的节操吗？以前在朝中做官，现在被贬到夷地，顺应情况变化并能承受，虽然守着规矩但不拘泥于它们，难道这不是君子的审时吗？与人交往时轻松悠闲，自己独处时雍容和谐，心意平淡但毫不懈怠，气韵平和，态度端正，这难道不是君子的气度吗？先生大概是谦虚，不明说是自己，而假借竹的名义。即使如此，也有无法隐瞒的地方。先生给小轩命名为“何陋”，暗示的便是自己就是君子。”我说：“唉！你的话说得太过了，过犹不及啊。竹子的四种品德，我有哪一种呢？可以说我正在努力学习这些品德，但还没有做到。当年孔子不是说过这样的话吗，‘你要做儒学的君子，不要做儒学的小人’，我给亭子命名，是拿竹子来命名的。别人如果认为我有自命君子之嫌，那我可就成了小人了，这怎么可以呢？希望你能明白。”

远俗亭记

戊辰

宪副毛公应奎，名其退食之所曰“远俗”。阳明子为之记曰：

译文

宪副毛应奎给他办完公事后退居的房子命名为“远俗”。我为他写了一篇记，记中说：

俗习与古道为消长。尘嚣溷浊之既远，则必高明清旷之是宅矣，此“远俗”之所由名也。然公以提学为职，又兼理夫狱讼军赋，则彼举业辞章，俗儒之学也；簿书期会，俗吏之务也。二者公皆不免焉。舍所事而曰“吾以远俗”，俗未远而旷官之责近矣。君子之行也，不远于微近纤曲，而盛德存焉，广业著焉。是故诵其诗，读其书，求古圣贤之心，以蓄其德而达诸用，则不远于举业辞章，而可以得古人之学，是远俗也已。公以处之，明以决之，宽以居之，恕以行之，则不远于簿书期会，而可以得古人之政，是远俗也已。苟其心之凡鄙猥琐，而徒闲散疏放之是托，以为“远俗”，其如远俗何哉！昔人有言：“事之无害于义者，从俗可也。”君子岂轻于绝俗哉？然必曰无害于义，则其从之也为不苟矣。是故苟同于俗以为通者，固非君子之行；必远于俗以求异者，尤非君子之心。

译文

俗习与古道此消彼长。既然远离纷扰混浊，那么一定要住高明清旷的屋子，这就是“远俗”名称的由来。可是毛公担任着提学使的职务，同时还兼职处理案件军赋等工作，这样一来那些词句典章的俗儒之学和案牍工作的俗吏之务，毛公都不能避免。远离所从事职务而自称“我远离世俗”，世俗未远离，却招来了旷官的责备。君子做事，不疏远那些日常生活中的细小之事，积蓄德行，成就事业。因此，读书诵诗，以追求得到古代圣贤的心性，用来蓄养其德行，如此便可疏远各种世俗之用，但也没有远离词句典章，并且可获得古人学问的精髓，这才算是远离了世俗。毛公处理事情清楚明白，判决时也很宽容，静处时待人宽恕，行事很有原则，但不疏远职务之内的事情，从而获得了古人从政的秘诀，是真正的远离世俗。如果人们的内心鄙俗猥琐，说几句抒怀闲情的话就以为是“远俗”，那么这离真正的远离世俗可是差得远呢！以前有人说：“事情如果符合道义，那么是可以随俗的。”君子怎么可以轻易弃绝世俗呢？但一定是对义没有损害才行，这样，随俗并不是苟且随俗。因此，那些苟且于世俗并以为这是一种通达的，本来就不是君子的行为；一定要远离世俗，以求与他人不同，这就更不是君子的心态了。

象祠记

戊辰

灵博之山有象祠焉，其下诸苗夷之居者，咸神而事之。宣慰安君因诸苗夷之请，新其祠屋，而请记于予。予曰：“毁之乎？其新之也？”曰：“新之。”“新之也，何居乎？”曰：“斯祠之肇也，盖莫知其原。然吾诸蛮夷之居是者，自吾父吾祖溯曾高而上，皆尊奉而禋祀焉，举之而不敢废也。”予曰：“胡然乎？有庳之祠，唐之人盖尝毁之。象之道，以为子则不孝，以为弟则傲。斥于唐而犹存于今，毁于有庳而犹盛于兹土也，胡然乎？我知之矣，君子之爱若人也，推及于其屋之乌，而况于圣人之弟乎哉？然则祀者为舜，非为象也。意象之死，其在干羽既格之后乎？不然，古之骜桀者岂少哉？而象之祠独延于世，吾于是益有以见舜德之至，入人之深，而流泽之远且久也。象之不仁，盖其始焉尔，又乌知其终不见化于舜也？《书》不云乎：“克谐以孝，烝烝乂，不格奸。”瞽瞍亦允若，则已化而为慈父。象犹不弟，不可以为谐。进治于善，则不至于恶；不抵于奸，则必入于善。信乎，象盖已化于舜矣。孟子曰：“天子使吏治其国，象不得以有为也。”斯盖舜爱象之深而虑之详，所以扶持辅导之者之周也。不然，周公之圣，而管、蔡不免焉。斯可以见象之既化于舜，故能任贤使能而安于其位，泽加于其民，既死而人怀之也。诸侯之卿命子天下，盖周官之制，其殆仿于舜之封象欤？吾于是益有以信人性之善，天下无不可化之人也。然则唐人之毁之也，据象之始也；今之诸夷之奉之也，承象之终也。斯义也，吾将以表于世，使知人之不善，虽若象焉，犹可以改；而君子之修德，及其至也，虽若象之不仁，而犹可以化之也。”

译文

灵博山上有一座象祠，住在山下的苗夷各族，都将它当作神明供奉。宣慰安君因为诸苗夷的请求，把象祠进行了翻新，请我作一篇记。我说：“是将象祠摧毁了，还是翻新了？”他回答说：“翻新了。”“为什么翻新？”他回答道：“这个祠堂是什么时候建的，已经没有人知道了，但苗夷各族住在这个地方，从我们的父亲、祖父起，一直推到曾祖辈以上，都尊奉着象祠并实行礼祀，没有谁敢废止这种活动。”我说：“这不是胡闹吗？地势低洼的祠堂，唐代的人已经将它们拆毁了。因为在象的道义上，做儿子就不应该孝顺，做弟弟就应该倨傲。这在唐朝就受到排斥了，而现在仍然存在，在地势低洼的地方遭到破坏的象祠，在这块土地上却仍很兴盛。为什么这样？我知道了。君子之爱也如同一般人一样，爱屋及乌，何况象是舜这个圣人的弟弟呢？可是这样的话，祭祀的便是舜而不是象。象是死在庙堂之礼已有定论之后吗？不然的话，古代那些凶暴如象的人还少吗？可是唯独象的祠堂一直延续到现在。我从这里更加以可以看见舜德行的高洁了，它深入人的内心，而且流泽后人源远流长。象的不仁，大概是开始时的事吧，又怎么见得象一生都没接受舜的感化而变好呢？《书》不是说：“通过孝可以达到和谐，众多有才能且安稳的人，也免不了会很邪恶。”这一点，瞽叟也接受，感化也成为慈父。象一点没有弟弟的样子，不敬重哥哥，达不到和谐。后来他受到舜的启示，不至于邪恶；也不再凶残，那一定是达到善了。你们相信吗？象大概已经被舜感化了。孟子说：“天子让官吏治理国家，象不能去做这事。”这大概是舜爱护象很深的缘故，替象考虑得很周全，不然的话，以周公的圣明，管叔、蔡叔仍不免于受罚。因此可以看出象已经被舜感化了，所以能任贤使能，安心于他的职位，施加恩泽给他的百姓，死后人们也很怀念他。诸侯从天子那里受命，是周官的定制，是不是最初是仿效舜封象呢？我从这里更加确信人性本是善的，天下没有不被感化之人。这样看来，大概唐人摧毁象祠，是因为象起初的表现；现在苗夷各族尊奉他，是因为象后来的表现。这是一种义，我将此表彰于后世，使人们知道即使有人如象一样不善，也是可以改变的；君子修炼德行的最高境界就是，即使遇到如象一样不仁的人，也可以将他感化。”

卧马冢记

戊辰

卧马冢在宣府城西北十余里。有山隆然，来自苍茫，若涌若海，若奔若伏，布为层茵，拥为覆釜，漫衍陂迤，环抱涵迴，中凝外完，内缺门若，合流泓洄，高岸屏塞，限以重河，敷为广野，乾桑燕尾，远泛近挹。今都宪怀来王公实葬厥考大卿于是。方公之卜兆也，祷于大卿，然后出从事，屡如未迪，末乃来兹，顾瞻徘徊，心契神得，将归而加诸卜，爰视公马，眷然跽卧，嚏嗅盘旋，缱绻嘶秣，若故以启公之意者。公曰：“呜呼！其弗归卜，先公则既命于此矣。”就其地窆焉。厥土五色，厥石四周，融润煦淑，面势环拱。既葬，弗震弗崩，安靖妥谧。植树蓊蔚，庶草芬茂，禽鸟哺集，风气凝毓，产祥萃休，祉福骈降。乡人谓公孝感所致，相与名其封曰“卧马”，以志厥祥，从而歌之。士大夫之闻者，又从而和之。

译文

卧马冢在宣府城西北十多里的地方。那里有隆起的山峰，在苍茫的云海间，山峦如江水一样时而汹涌，时而隐伏。放眼望去，层层叠叠；在近处看，形如翻釜。山势逶迤，曲曲折折，绵延远方。群山中间凝聚，外围分散，有像门一样的缺口，山势如水流般曲折迂回，四边的山峰高耸，形如屏障，阻挡水漫，放眼望去则如广阔平野一般，河水分出很多支流，远处汪洋恣肆，近处则如水被舀出。当今的都宪怀来王公将他的先父大卿葬于此地。当王先生占卜墓地时，向大卿祈祷，然后才出来寻找地方，屡次都没能满意，最后才来到这里。瞻仰徘徊，心神安宁，想回去再占卜一卦，却看见他的马匹正眷恋地跪卧于地，情意缠绵，声声嘶鸣就如同在启迪王公一般。王公说："唉，无须再回去占卦了，先公已经让我选择这里了。"于是就在附近埋葬了父亲。这里的土是五色土，四面是石头，看上去和煦美好，环拱融润。下葬后，没有受到震动也没有崩坏，安稳静谧。栽种的树郁郁葱葱，花草芬芳繁茂，禽鸟在那里聚居哺育，风清气朗，适合植物生长，物产丰饶，福祉纷纷降临。乡人都说这是因为王公的孝心感动了上天得来的，给这个墓地命名为"卧马"，以庆贺这种吉祥，从而歌颂它。有听到这些的士大夫们，也跟着附和。

正德戊辰，守仁谪贵阳，见公于巡抚台下，出，闻是于公之乡人。客有在座者曰："公其休服于无疆哉！昔在士行，牛眠协兆，峻陟三公。公兹实类于是。"守仁曰："此非公意也。公其慎厥终，惟安亲是图，以庶几无憾焉耳已，岂以徼福于躬，利其嗣人也哉？虽然，仁人孝子，则天无弗比，无弗祐，匪自外得也。亲安而诚信竭，心斯安矣。心安则气和，和气致祥，其多受祉福以流衍于无尽，固理也哉！"他日见于公，以乡人之言问焉。公曰："信。"以守仁之言正焉，公曰："呜呼！是吾之心也。子知之，其遂志之，以训于我子孙，毋替我先公之德。"

译文

正德戊辰年，我被贬谪到贵阳，在巡抚衙门见到了王公，听他的同乡人说的这些。座中有人说："王公的吉祥没有边界！以前士行十卦伴牛眠，于是被拔擢，位列三公，王老先生也是这样。"我说："这不是王老先生本来的意思。他一生谨慎，只是为了安葬父母，以求问心无愧罢了，怎么会是亲自去求福祉以利后人呢？仁人孝子，天没有不赞同的，没有不保佑的，这并不是从身外求来的。父母安定，讲求诚信，竭尽全力，心就会安。心安则气和，和气便可招来吉祥，这就能够享受许多福祉并且延绵不绝，道理就是这样！”过了不久，我见了他，拿乡人的话来问他。他说：“是这样的。”认为我的话很有道理，并说：“唉！这才是我的本意啊。还是您能够理解我，你记下来吧，以教诲我的子孙，让他们不要忘了先公的仁德。”

宾阳堂记

戊辰

传之堂东向曰“宾阳”，取《尧典》“寅宾出日”之义，志向也。宾日，羲之职而传冒焉，传职宾宾，羲以宾宾之寅而宾日，传以宾日之寅而宾宾也。不曰日乃阳之属，为日，为元，为善，为吉，为亨治，其于人也为君子，其义广矣备矣。内君子而外小人为泰。曰：“宾自外而内之，传将以宾君子而内之也。传以宾君子而容有小人焉，则如之何？”曰：“吾知以君子而宾之耳。吾以君子而宾之也，宾其甘为小人乎哉？”为宾日之歌，日出而歌之，宾至而歌之。歌曰：

译文

传职的礼堂东向称为“宾阳”，这取自《尧典》“寅宾出日”的意思，是记载方向的。导引日出是羲的职责，传给了冒。传职要恭谨，羲以敬谨的态度导引日出，以引导日出的敬谨来传职。有道是太阳属阳，为光明为开始，为美好为吉祥，是通达的治理；它比之于人，则为君子，这个内涵就全面而完备了。接纳君子，拒斥小人，则为安宁。有说法道：“客人是从外入内的，一个人应该以对待君子的态度在内心里对待客人。以敬重君子的态度，便可容忍小人，这样又会如何呢？”又有说法道：“我知道以君子之心来对待客人的道理。我以君子之心来对待客人，客人就会甘愿成为小人吗？”为客人和太阳而歌唱，太阳出来赞颂它，客人来了也赞颂他。歌的内容是：

日出东方，再拜稽首，人曰予狂。匪日之寅，吾其怠荒。东方日出，稽首再拜，人曰予惫，匪日之爱。吾其荒怠。其翳其噎，其日惟霁。其昫其雾，其日惟雨。勿忭其昫，倏焉以雾。勿谓终翳，或时其噎。噎其光矣，其光熙熙。与尔偕作，与尔偕宜。倏其雾矣，或时以熙。或时以熙，孰知我悲。

译文

太阳从东方出来，我拜两下再稽首，别人说我是狂妄。这不是敬重太阳，我果真是懈怠荒唐吗？太阳从东方出来，我稽首再拜两下，别人说我显得很疲惫，这不是敬爱太阳，我果真是荒唐懈怠吗？天空假如被乌云遮蔽，这一天就会明亮。天空假如温暖而多雾，这一天就会下雨。不要因为温暖就高兴，因为一会儿天空便会出现云雾。不要说整日都是阴沉的，也许一会儿就会云开雾散。太阳出来了，明显得很合时宜；雾又来了，也许过一会儿又有太阳的温暖。有了温暖和光明，谁又会知道我的悲伤。

重修月潭寺建公馆记

戊辰

隆兴之南有岩曰月潭，壁立千仞，檐垂数百尺。其上颂洞玲珑，浮者若云霞，亘者若虹霓，豁若楼殿门阙，悬若鼓钟编磬，幨幢缨络，若搏风之鹏，翻集翔鹄，螭虺之纠蟠，猱猊之骇攫，谲奇变幻，不可具状。而其下澄潭邃谷，不测之洞，环秘回伏。乔林秀木，垂荫蔽亏。鸣瀑清溪，停洄引映。天下之山，萃于云、贵，连亘万里，际天无极，行旅之往来，日攀缘下上于穷崖绝壑之间，虽雅有泉石之癖者，一入云、贵之途，莫不困踣烦厌，非复夙好。而惟至于兹岩之下，则又皆洒然开豁，心洗目醒，虽庸侍俗侣，素不知有山水之游者，亦皆徘徊顾盼，相与延恋而不忍去。则兹岩之胜，盖不言可知矣。

译文

隆兴南边有一山崖叫月潭，悬崖峭壁很高，凸出下垂的石块有几百尺宽。崖上山石弥漫，玲珑小巧，飘浮若云霞，像拱起的彩虹，开阔得像楼宇殿阁的门户，悬着的如同鼓钟编磬，开枝散叶好像大鹏的羽翼，翻飞如同聚集飞翔的天鹅，盘曲缠绕似龙蛇，雄奇险峻如猱狖受惊后迅速抓取，其变幻莫测根本无法用语言来形容。而崖下潭水碧绿，山谷幽静，洞穴深不见底，环绕神秘，起伏回旋。树林茂盛，绿荫浓密。山中瀑布鸣泉，流水清澈，互相映照。天下之山荟萃于云、贵，连绵万里，直达天际。来往的旅行者每日上下攀援在无穷无尽的悬崖绝壁中，即使有极爱泉石的雅兴，一到云、贵境内，也没有人不感到疲惫厌烦甚至跌倒，不再喜好。但只有一到这个地方，尤其到这一悬崖之下，又都心神为之豁然开朗，眼前为之一亮，即使是庸俗之辈，平日根本不知游山玩水乐趣的人，也会徘徊顾盼，流连忘返，不忍离去。这一山崖的绝妙，不言而喻。

岩界兴隆、偏桥之间各数十里，行者至是，皆惫顿饥悴，宜有休息之所。而岩麓故有寺，附岩之戍卒官吏与凡苗夷犵狫之种连属而居者，岁时令节皆于是焉厘祝。寺渐芜废，行礼无所。宪副滇南朱君文瑞按部至是，乐兹岩之胜，悯行旅之艰，而从士民之请也，乃捐资庀材，新其寺于岩之右，以为厘祝之所。曰："吾闻为民者，顺其心而趋之善。今苗夷之人，知有尊君亲上之礼，而憾于弗伸也，吾从而利道之，不亦可乎！"则又因寺之故材与址，架楼三楹，以为部使者休食之馆。曰："吾闻为政者，因势之所便而成之，故事适而民逸。今旅无所舍，而使者之出，师行百里，饥不得食，劳不得息。吾图其可久而两利之，不亦可乎！"使游僧正观任其劳，指挥逖远度其工，千户某某相其役。远近之施舍勤助者欣然而集，不两月而工告毕。自是饥者有所炊，劳者有所休，游观者有所舍，厘祝者有所瞻依，以为竭虔效诚之地，而兹岩之奇，若增而益胜也。

山崖在兴隆和偏桥之间的交界处，离这两地都有数十里，行人到了这

里，都已经疲乏至极，饥渴难当，所以此处应该有一个休息的地方。山崖脚下以前有一座寺庙，住着守护山崖的官吏兵卒和那些少数民族百姓，逢年过节他们都在这里祈祷祭祀。寺庙渐渐破败荒废，连行礼的地方也没有。宪副滇南朱文瑞君到这里巡视，很喜欢这座山崖的胜景，同情那些行旅人的艰辛，顺从士人和百姓的请求，捐献物资，准备材料，在山崖的右边新建寺庙，作为祈祷祭祀的地方。他说："我听说所谓为老百姓，就是顺应人民的心意，让他们趋向善。现在各少数民族的百姓，知道有尊敬君主、孝顺长者的礼仪，遗憾的是不好推广，我顺应这一民意，对他们进行有利的教导，不也是可以的嘛！"接着又用寺庙原来的材料与土地，修了三座楼，作为到此巡视的人休息吃饭的地方。他说："我听说所谓为政，便是随时势的要求而实现它，这样事情合适，百姓也愿意。现在旅行者到此没有住的地方，而巡视的人出师行走百里到这里，饿了没有食物，累了没处休息。我看这样做可以一举两得，不也是可以的嘛！"于是他派游僧正观出任总管修建工作，指挥逖远组织工匠，千户某某做监工。远近出钱出力的人欣然前往，他们同心协力，不到两个月便完工了。从此，饥饿的人有地方做饭吃，疲乏的人有地方休息，旅游观光的人到这里有了住的地方，祈祷祭祀的人有地方行礼，来表达他们的尊敬诚心。这一山崖的奇丽也有增无减，更加优美了。

正观将记其事于石，适予过，而请焉。予惟君子之政，不必专于法，要在宜于人；君子之教，不必泥于古，要在入于善。是举也，盖得之矣。况当法网严密之时，众方喘息忧危，动虞牵触，而乃能从容于山水泉石之好，行其心之所不愧者，而无求免于俗焉。斯其非见外之轻而中有定者，能若是乎？是诚不可以不志也矣。

译文

正观准备将这件事记刻在石头上，正好我路过这里，所以就请我来写。我认为只要是君子之政，不一定苛守法度，关键在于适合百姓；君子的教化，也不一定要拘泥于古人，关键在于符合善道。这种举措，一定会有所收获的。况且当法律严明的时候，众人都喘息未定，人人自危，不敢轻举妄动，这样仍能从容地发挥自己对山水泉石的爱好，按自己的意愿行事而问心无愧，不求免于世俗。假如不是轻视名利、内心安定的人，做得到这样吗？这种诚心诚意，不能不记载下来。

寺始于戍卒周斋公，成于游僧德彬，增治于指挥刘瑄、常智、李胜及其属王威、韩俭之徒，至是凡三缉。而公馆之建，则自今日始。

译文

这座寺庙始建于戍卒周斋公，完成于游僧德彬，又经过指挥刘瑄、常智、李胜及其下属王威、韩俭等人的重新整治，到现在已修过三次了。而公馆的修建，则是从今天才开始的。

玩易窝记

戊辰

阳明子之居夷也，穴山麓之窝而读《易》其间。始其未得也，仰而思焉，俯而疑焉，函六合，入无微，茫乎其无所指，孑乎其若株。其或得之也，沛兮其若决，瞭兮其若彻，菹淤出焉，精华入焉，若有相者而莫知其所以然。其得而玩之也，优然其休焉，充然其喜焉，油然其春生焉，精粗一，外内翕，视险若夷，而不知其夷之为厄也。于是阳明子抚几而叹曰：“嗟乎！此古之君子所以甘囚奴，忘拘幽，而不知其老之将至也夫！吾知所以终吾身矣。”名其窝曰“玩易”，而为之说。曰：

译文

我住在夷地时，在山脚下的一个石窝里看书，在里面读《易》。刚开始没有什么心得，于是我抬头思索，低头质疑。思考夷地六合八荒的一些细微精妙的问题，但却感到很茫然，就像一株孑然独立的树一样。有时也偶然有所心得，那时心得感悟充沛丰盛，如同决了口的大堤，清晰明了就像彻底贯通了一般，去掉了糟粕，吸收进精华，似乎看见了事物的本来面目但不知它为什么这样。明白后便反复玩味，怡然自得仿佛在休息，心中充满了喜悦之情，油然而生一种如春天般的生机，此时架构和细节一致，内心外在合一，险阻如同坦途，一点也不知这种坦途也是一种灾难。因此我抚着案几感叹道："唉，这就是古代那些君子之所以甘心做囚奴，忘形于拘幽，而不知老之将至的原因啊！我知道我的归宿在何处了。"我给这个窝命名叫"玩易"，并对此进行解释，说：

夫《易》，三才之道备焉。古之君子，居则观其象而玩其辞，动则观其变而玩其占。观象玩辞，三才之体立矣；观变玩占，三才之用行矣。体立，故存而神；用行，故动而化。神，故知周万物而无方；化，故范围天地而无迹。无方，则象辞基焉；无迹，则变占生焉。是故君子洗心而退藏于密，斋戒以神明其德也。盖昔者夫子尝韦编三绝焉。呜呼！假我数十年以学《易》，其亦可以无大过已夫！

译文

《易》中的三才之道是很完备的。古代的君子闲居时看卦象、赏辞章，行动时观变化、弄占卜。看卦象、赏辞章，三才的主体就建立起来了；观变化、弄占卜，三才的作用就体现出来了。主体建立，宣示了存在并发挥了神明的作用；实行了，事物便有运动变化产生。神明知道周遭万事万物没有什么例外的；因为变化，天地万物也没有什么可推究的。没有常法，象辞便成为基本的内容；没有轨迹，那么变化就会产生。因此君子抛却心中的杂念，退隐到静寂之中，进行斋戒以彰显他的德行。大概这就是从前孔夫子韦编三绝的原因。唉！如果借给我几十年的时间来学《易》，那么我也可以没有大过失了吧！

东林书院记

癸酉

东林书院者，宋龟山杨先生讲学之所也。龟山没，其地化为僧区，而其学亦遂沦入于佛老训诂词章者且四百年。成化间，今少司徒泉斋邵先生始以举子复聚徒讲诵于其间。先生既仕而址复荒，属于邑之华氏。华氏，先生之门人也，以先生之故，仍让其地为书院，以昭先生之迹，而复龟山之旧。先生既已纪其废兴，则以记属之某。当是时，辽阳高君文豸方来令兹邑，闻其事，谓表明贤人君子之迹，以风励士习，此吾有司之责，而顾以勤诸生，则何事？爰毕其所未备，而亦遣人来请。

译文

东林书院是宋朝杨龟山先生讲学的地方，他去世后，这块地方成了和尚的生活之处，这里讨论的学术也渐渐成为了佛老训诂辞章之学，这种状态持续达四百年之久。成化年间，现在的少司徒邵泉斋先生开始聚集学子士人，又开始在那里讲学诵课。先生入仕途后，这块地方又荒废了，成为了当地华氏的地产。华氏是先生的门人，因为先生的缘故，仍旧让这块地作为书院，以表彰先生的事迹，恢复龟山过去的风貌。先生使书院由废到兴，嘱托我作一篇记。在当时，辽阳的高文豸正好到这里来做地方官，听了这件事，要求表彰贤人君子的事迹，以鼓励士人的学风，这本是政府的责任，怎能让诸位先生费心费力去做呢？于是将没做完的事做完后，又派人来请我。

呜呼！物之废兴，亦决有成数矣，而亦存乎其人。夫龟山没，使有若先生者相继讲明其间，龟山之学，邑之人将必有传，岂遂沦入于老佛词章而莫之知！求当时从龟山游，不无人矣，使有如华氏者相继修葺之，纵其学未即明，其间必有因迹以求道者，则亦何至沦没于四百年之久！又使其时有司有若高君者，以风励士习为己任，书院将无因而圮，又何至化为浮屠之居而荡为草莽之野！是三者皆宜书之以训后。

译文

唉！事物的荒废兴盛是有定数的，不过也在于人。当年龟山先生去世时，假如有先生一样的人相继在这里讲学，那么这里肯定会有人能够将龟山先生的学风传承下来，怎么会让它变成传播佛老辞章的地方且没有人注意到呢！推想一下，当时跟从龟山求学的人，不会没有的，如果有人能如华氏一样相继对它进行修葺，那么即使他们没有立即搞懂学术思想，也一定有顺其思路而得道之人，如果这样，学术思想又怎么会沉沦达四百年之久呢！又假设当时的官员有同高君一样的人，把重整提振士子的学风作为自己的责任，那么书院也不会无由败落，又怎么会变成佛寺而成为草莽之人的住所呢！这三方面都应记下来，以训导后世之人。

若夫龟山之学，得之程氏，以上接孔、孟，下启罗、李、晦庵，其统绪相承，断无可疑。而世犹议其晚流于佛，此其趋向，毫厘之不容于无辨，先生必尝讲之精矣。先生乐易谦虚，德器溶然，不见其喜怒。人之悦而从之，若百川之趋海。论者以为有龟山之风，非有得于其学，宜弗能之。然而世之宗先生者，或以其文翰之工，或以其学术之邃，或以其政事之良，先生之心，其殆未以是足也。从先生游者，其以予言而深求先生之心，以先生之心而上求龟山之学，庶乎书院之复不为虚矣！

译文

龟山这一学派，继承于程氏，上承孔孟之学，下启罗、李、晦庵的学派，其血脉相承，这一点没有什么可以怀疑的。可是世人还是议论说其晚期流于佛学，这种思想言论趋向，即使只有一点点，也必须要辨明，想必先生就这个问题已经讲得很明白了。先生豁达性简，秉性谦虚，德性深厚，喜怒不形于色。人们都乐于追随他，就如同百川之水流向大海一样。评论者认为有龟山的风格没有龟山的学问是不可能有这样的德行的。可是世人之所以崇拜先生，是因为他的文笔属于上等，或者是因为他的学术造诣很深，或者是因为他政绩良好，而先生的本心，并不是以此为满足。跟随先生游学的人，认为我说的话很合先生的心意，用先生的心意来向上推求龟山先生的学风，书院恢复就不算是没有意义的事。

书院在锡百渎之上，东望梅村二十里而遥，周太伯之所从逃也。方华氏之让地为院，乡之人与其同门之士争相趋事，若耻于后。太伯之遗风尚有存焉，特世无若先生者以倡之耳，是亦不可以无书。

译文

书院在锡百渎之上，东离梅村大概有二十里远，是周太伯所逃到的地方。当华氏捐让出这块土地做书院时，乡里的人和他的同门之士都争先恐后前去出力，唯恐落后遭人耻笑。可见太伯遗风仍旧存在，只不过在这个时代没有像先生那样的人对此加以提倡罢了，这一点也是不能不记下来的。

应天府重修儒学记

甲戌

应天，京兆也。其学为东南教本，国初以为太学。洪武辛酉，始改创焉，再修于正德之己酉。自是而后，浸以敝圮。正德壬申，府尹张公宗厚始议新之，未成而迁中丞以去。白公辅之相继为尹，乃克易朽兴颓，大完其所未备，而又自以俸余增置石栏若干楹于棂星门之外。于是府丞赵公时宪亦协心赞画，故数十年之废一旦修举，焕然改观。师模士气亦皆鼓动兴起，庙学一新。教授张云龙等与合学之士二百有若干人撰序二公之绩，征予文为记。予既不获辞，则谓之曰：

译文

应天京兆的学府是东南一带的教育之本。开国之初，它曾作为太学。洪武辛酉年，开始对它加以改革创新，到正德己酉年又加以修整。从那以后，其本来的面目不复存在。正德壬申年，府尹张宗厚开始倡导对此加以整理，结果还没有完成他便调任中丞。白辅之接替了他的工作，于是开始扫除衰败与颓废，彻底完成了对其不完备之处加以改造的工作。然后又拿出自己节约的俸禄添置了石栏若干楹，将它们立在棂星门之外。当时的府丞赵时宪也尽心尽力加以赞助，因此这里几十年颓废的面貌一经修葺就焕然一新，大为改观。师生的士气和风气也一时纷纷兴起，庙学显得面目全新。教授张云龙等人和全部学士二百多人撰写序文以表彰二公的事迹，他们向我征求文章作为一篇记。我无法推辞，因此说：

多师多士，若知二公修学之为功矣，亦知自修其学以成二公之功者乎？夫立之师儒，区其斋庙，昭其仪物，具其廪庖，是有国者之立学也，而非士之立学也；缉其弊坏，新其圬墁，给其匮乏，警其怠弛，是有司者之修学也，而非士之修学也。士之学也，以学为圣贤。圣贤之学，心学也。道德以为之地，忠信以为之基，仁以为宅，义以为路，礼以为门，廉耻以为垣墙，《六经》以为户牖，《四子》以为阶梯。求之于心而无假于雕饰也，其功不亦简乎？措之于行而无所不该也，其用不亦大乎？三代之学皆此矣。我国家虽以科目取士，而立学之意，亦岂能与三代异！学之弗立，有国者之缺也；弗修焉，有司者之责也；立矣修矣，而居其地者弗立弗修，是师之咎，士之耻也。二公之修学，既尽有司之责矣，多师多士无亦相与自修其学，以远于咎耻者乎！无亦扩乃地，厚乃基，安乃宅，辟乃门户，固乃垣墙，学成而用，大之则以庇天下，次之则以庇一省一郡，小之则以庇其乡闾家族，庶亦无负于国家立学之意、有司修学之心哉！若乃旷安宅，舍正路，圮基坏垣，倚圣贤之门户以为奸，是学校之为萃渊薮也，则是朝廷立之而为士者倾之，有司修之而为士者毁之，亦独何心哉！应天为首善之地，豪杰俊伟，先后相望，其文采之炳蔚，科甲之盛多，乃其所素余，有不屑于言者。故吾因新学之举，嘉多师多士忻然有维新之志，而将进之圣贤之学也，于是乎言。

译文

各位老师和同学，如果你们已经知道二公重新修学的功劳了，你们是否知道你们应该修治学业来成就二公的功德呢？大家都是老师和学生，把斋庙修得井然有序，把礼仪与器物弄得完备亮丽，把厨房设施办完善，这些是国家立学的职责，而不是学生老师的职责；修整破旧房屋，补助困难学生，警诫怠惰学生，这些是有关官员立学的职责，而不是老师学生的职责。学生应该将学习圣贤当作目标。圣贤的学问是心学。道德是它的地基，忠信是它的基础，仁是它的住宅，义是它的道路，礼是它的门户，廉耻是它的围墙，《六经》是它的窗户，《四子》是它的阶梯。向内心探求，根本无须任何雕饰。这种修炼不是很简单吗？行动中加以实施，没有什么不恰当的，作用难道不大吗？三代的学说，全都包括在这里了。我们国家现在虽然通过科举取士，但立学的本意怎么能够与上古三代不同？儒学不立，就好像国家有缺口；不整理儒学，是官员们的失职；如果国家对儒学加以设立也进行了整理，但居住在这个地方的人却不去设立不去进修，这是老师们的责任，学生们的耻辱。二公修学，已经尽了政府的职责。各位老师和同学，难道不该互相都对儒学加以进修，以避免失职和耻辱吗？可否扩大地盘，厚实地基，使住宅安宁，打开门与窗户，加固围墙，学成后使用它，往大处说可保护天下，退后一步说它也可保护一省一郡，往小处说也可以保护其同乡同族，这才不辜负了国家立学的根本和官员修学的心意啊！如果大家让这一安宁的住宅空旷了下来，舍弃正路，毁坏地基，摧毁围墙，仗着圣贤的门户行邪恶，那么学校就成了坏人的避难所，朝廷立了儒学却被学生们推倒，政府修葺学校却被学生们破坏，那是何居心呢？应天是一个好地方，英雄豪杰俊伟之士一代代层出不穷，他们的文采光辉灿烂蔚然成风，考中科举的人很多，这里一直是这样的，人们都已经不屑于一提了。因此我借这次大力推举新学，鼓励各位老师同学要欣然有维新的志向，这将推进圣贤之学的完备，这就是我的发言。

重修六合县儒学记

乙亥

六合之学，敝久矣。师生因仍以苟岁月，有司者若无睹也，故废日甚。正德甲戌，县尹安福万廷理氏既和辑其民，始议拓而新之。维时教谕长兴徐丙氏来就圮舍，日夜砥新厥士，尹因谓曰："子为我造士而讲肆无所，斯吾责，何敢不力！顾兵荒之余，民不可重困，吾姑日积月累而徐图焉，其可乎？"民闻，相谓曰："学谕方急训吾子弟，无宁居，尹不忍困吾民，而躬苦节省，吾侪独坐视，非人也。"于是耆民李景荣首出百金以倡，从而应者相继，不终日聚金五百，以告尹。尹喜曰："吾民尚义若此，吾事不难办矣！然吾职务繁剧，孰可使以鸠吾事者乎？"学谕曰："尹为吾师生甚劳苦，父老奋义捐金，既费其财，又尽其力。而与一二僚，请无妨教事以敦。"民闻，相谓曰："尹不忍困吾民，学谕方急训吾子弟，又不忍吾劳，而身董之，吾侪独坐视，非人也。"于是耆民王彰、陈模首请任其役，从而应者十夫，以告尹。尹喜曰："吾民尚义若此，吾事不难办矣！"提学御史张君适至，闻其事而嘉之，众益趋以劝。十月辛卯，尹乃兴事，学谕经度规制以襄，训导某、典史某察其勤惰，稽其出纳。修大成殿，修两庑神厨，库前为戟门，又前为棂星门，又前为泮宫。坊皆以石。殿后为明伦堂，为东西斋，又后为尊经阁。明伦堂之左为三廨，以宅三师；前区三圃，圃前为名宦祠，又前为乡贤祠，又前为崇文仓。明伦堂之右为致斋所，又右为馔房，又右为射圃，而亭其圃之北，曰"观德"。致斋之外为宰牲所，又前为六号。凡为屋百九十有七楹。十二月丁巳，工告毕役，未逾时也。闾闬之民尚或未知其兴作，闻而来聚观者，皆相顾错愕，以为是何神速尔！是何井井尔，焕焕尔！庠生某撰考其事，来请予记。予曰：

译文

六合的学堂破败很久了，但师生们仍然在那里苟且打发着岁月，官员们对此如同没有看见一般，因此学堂一天天颓废下去。正德甲戌年，县尹安福和万廷理在那里，对老百姓很是友善，他们开始讨论将学堂扩充翻新。当时来自长兴的徐丙奉命到这个破败的学堂里教书，日夜磨砺新人挖掘士人，县尹因此对他说："先生为我们造就人才，可是却连个讲课的地方也没有，这是我的责任，不敢不出力！不过兵荒马乱的年月刚刚过去，老百姓不能再有什么艰难困苦了，我暂且日积月累慢慢来做这件事，可以吗？"老百姓听到这些话，互相转告说："学谕正急着教诲我们的子弟，可他居然没有一个安宁的住所，县尹不忍心让我们百姓受苦，亲自苦苦节省，我们这些人坐在一边冷眼旁观，简直不是人。”于是有个叫李景荣的老人首先捐出百金来倡导，跟随着他而响应的人络绎不绝，没几天便积累了五百金，报告给了县尹。县尹高兴地说：“百姓崇尚道义到了这种程度，我们的事情不难办了！可是我公务繁杂，可以找一个人来代替我进行督察吗？”学谕说：“县尹为了我们很是劳苦，父老乡亲出于正义捐了许多钱，既让他们破费钱财，又尽了他们的能力。我和一两个同僚，在不妨碍教学的条件下，去敦促吧！”百姓听了互相转告说：“县尹不忍心让我们再受困苦，学谕正急着教导我们的子弟，却又不忍心我们劳累而亲自去做，我们这些人坐在一边冷眼旁观，简直不是人。”于是王彰和陈模两位老人请求去做那些劳役，跟随他们响应的有十个人，大家把这件事报告给了县尹。县尹高兴地说：“百姓崇尚道义到了这种程度，我们的事情不难办了！”正巧一位姓张的提学御史来到了这里，听了这些事情后对此大加褒扬，众人感觉受到鼓舞，更加积极了。十月辛卯，县尹宣布开工。学谕制定了一些规章制度加以辅助。一个训导，一个典史，督察民工出勤，仔细考察出纳费用。修筑大成殿，修建了两个厢房以供神，作为厨库，库前是戟门，再前边是棂星门，棂星门前边是泮宫。这些都是用石头筑成的。殿后是明伦堂，作为东西斋，再后边是尊经阁。明伦堂的左边是三间官吏办事的房间，三师便供在里头；前区有三个苗圃，圃前是名宦祠，再前边是乡贤祠，乡贤祠前边是崇文仓。明伦堂的右侧是致斋所，再右边是吃饭的地方，它的右边是射圃，亭子在圃的北面，名字叫“观德”。致斋所的外边是宰杀牲口的地方，它的前边是六号。一共有屋一百九十七楹。十二月丁巳整个工程全部完成，没有超过预计工期。深居巷子里的百姓还有不知道这一工程的，他们听说工程竣工了，聚起来观看，大家互相看看，都感到惊愕，认为速度实在是太快了！而且是那样井井有条，那样生机勃勃！学校里有个学生，将这件事考察记载得很清楚，请我作一篇记。我说：

甚哉！诚之易以感民也。甚哉！民之易以诚感也。有司者赋民奉国，鞭笞累絷，不能得，则反仇视。今县尹学谕一言而民应之若响，使天下之为有司学职者咸若是，天下其有不治乎？此可以为天下之为有司学职者倡矣！民之爱其财与力，至争刀锥，靳举手投足，宁殆其身而不悔。今六合之民感其上之一言，捐数十百金，效力争先恐后。使天下之为民者咸若是，天下其有不治乎？此可以为天下之民倡矣！民之蔽于欲而厚于利，苟有以感之，然且不惮费己之财、劳己之力以赴上之所欲为；士秀于民而志于道，修其明德亲民之学，以应邦家之求，固不费财劳力而可能也。苟有以感之，有不翕然而兴者乎！吾闻徐谕之教六合，不数月而士习已为之一变。使由此日迁于高明广大，以洗俗学之陋，则夫兴起圣贤之学，以为天下士之倡者，将又不在于六合之士邪！将又不在于六合之士邪！

译文

好啊！这是用诚心感动了百姓。好啊！百姓也受到了诚心的感召。作为官员，向百姓征赋以供养国家，逼迫、鞭打甚至拘禁百姓，结果不得人心，反而会被百姓仇视。现在县尹和学谕一句话，百姓便加以响应，就如回声一般，假如天下官员都如此，天下岂有不治之理？这可以作为天下官员的榜样！百姓爱惜他们的钱财和人力，以至于刀剑相向，拳打脚踢，宁愿伤害自己的身体也不后悔。现在六合的百姓被当地官员的一句话所感动，捐款几百金，争先恐后地出力效劳。假如天下百姓都如此，天下岂有不治之理？这可以作为天下百姓的榜样！百姓被欲望蒙蔽，看重利益，如果他们受到感动，他们尚且不怕破费自己的钱财、耗费自己的精力去做政府想做的事情；士人比百姓优秀，有志于道的求索，有修身养性明白道德热爱百姓的学问，以适应国家的需要，即使不破费钱财，劳苦自己也可以有所作为。如果受到感化，一定会觉得和谐而去响应！我听说徐丙在六合教学，没几个月学生们的学习风气已为之一变。假如从此一天比一天进步，就可以达到高明广大的境界，洗刷掉俗学的陋习，圣贤之学就会兴起，就会成为天下学子的模范，这样，兴盛的就不仅仅是六合的士子！兴盛的就不仅仅是六合的士子！

时雨堂记

丁丑

正德丁丑，奉命平漳寇，驻军上杭。旱甚，祷于行台，雨日夜，民以为未足。乃四月戊午班师，雨。明日又雨。又明日大雨。乃出田，登城南之楼以观，民大悦。有司请名行台之堂为“时雨”，且曰：“民苦于盗久，又重以旱，将谓靡遗。今始去兵革之役，而大雨适降，所谓‘王师若时雨’，今皆有焉。请以志其实。”呜呼！民惟稼穑，德惟雨，惟天阴骘，惟皇克宪，惟将士用命，去其螣蜮，惟乃有司实耨获之，庶克有秋。乃予何德之有，而敢叨其功？然而乐民之乐，亦不容于无纪也。巡抚都御史王守仁书。是日，参政陈策、佥事胡琏至自班师。

译文

正德丁丑，我奉命前去平定漳州的贼寇，军队驻扎在上杭。天气大旱，到行台去祈雨，雨下了一天一夜，百姓仍然觉得不够。到了四月戊午班师的时候，碰上天降雨。第二天又下雨。第三天又下雨，且下得更大了。于是我出门到城南的一座楼上观看，百姓对连续降雨表示很高兴。负责的官员请求将这行台之堂命名为“时雨堂”，并说：“百姓受叛军之苦太久，后来又遇到大旱，大家都萎靡不振。现在战事刚刚结束，大雨又恰好在这个时候降落，就像所谓的‘军队如同及时雨’一样，现在这两方面都具备了。请您将它的实际情况记下来。”唉！老百姓只管种植庄稼，只希望有雨，只希望上天在冥冥中安排，只希望朝廷法制严明，只希望将士们能听候命令扫除害群之马，只希望官员们到秋天让他们能够收获庄稼。我对此有什么德行可言，敢贪功请赏？不过，百姓高兴，我也感到高兴，我还是想要写下这些。巡抚都御史王守仁写道。这一天，参政陈策和佥事胡琏率众到这里，于是我带领军队班师。

重修浙江贡院记

乙酉

古之选士者，其才德行谊，皆论定于平日，而以时升之。故其时有司之待士，一惟忠信礼义，而无有乎防嫌逆诈之心也；士之应有司，一惟廉耻退让，而无有乎奔竞侥幸之图也。迨世下衰，科举之法兴，而忠信廉耻之风薄。上之人不能无疑于其下，而防范日密；下之人不能无疑于其上，而鄙诈日生。于是乎至有搜检巡绰之事，而待之不能以礼矣；有糊名易书之制，而信之不能以诚矣。有志之士，未尝不叹惜于古道，而千数百年卒无以改，殆亦风气习染之所成，学术教化之所积，势有不可得而误焉者也。虽然，古人之法不可得而复矣，所以斟酌古人之意而默行之者，不犹有可尽乎？后世之法不可得而改矣，所以匡持后世之弊而善用之者，不犹有可为乎？有司之奉行，其识下者昧古之道，而益浚之以刻薄猥琐之意；其见高者鄙时之弊，而遂行之以忽慢苟且之心。是以陋者益陋而疏者愈疏，则亦未可专委咎于法也。若浙之诸君子之重修贡院，斯其有足以起予者矣。

译文

古代的人选拔人才，其才能德行都由日常生活中的表现来决定，并等待时机加以提拔。当时官员对待士人，也只是讲究忠信礼义，根本不存在对士人有提防之心的情况。士人对官员，也只是讲求廉耻退让，根本就没有同官员竞争，希望有所侥幸的想法。及至世风日下，通过科举选拔士人的制度便实行起来，而忠信廉耻的风气逐渐淡薄了。身居高位的人不得不对在下位的人有疑心，所以防范得一天比一天紧密；处在下位的人也不得不对身居高位的人有疑心，所以提防之心渐渐产生，这就导致搜索检查巡视等都出现了，上下级之间根本不能充分信任。而那些试卷密封之类的制度也就随之兴起，使信义也变成不是诚心诚意的了。有志之士没有不为古道而叹息的，然而古道千百年来都没有什么改变，大概是世风的渐染而成，学校里推行的学术教化的积累，这种趋势使得古道不可避免地走向误区。即使如此，古人的道义再也不可能恢复了。因此仔细考虑古人的意思，并默默加以实行，不是还可以有点作用吗？因此纠正后世的弊，并对它善加利用，难道不是还可以有所作为吗？官员在履行职责时，见识低下的，错误理解领会古人的道理，变本加厉地用刻薄猥琐的办法来对待百姓；而那些见识较高的人，则因为对时弊的鄙视，就以疏忽苟且的心态来对待百姓。这样，粗陋的更加粗陋，疏忽的更加疏忽，就不能只将这些错误全归到法令上。像浙江的各位君子重修贡院，对我就很有启发。

在城西，尝以隘迁于藩治之东北，而苟简尚仍其旧。乃嘉靖乙酉，复当大比，监察御史潘君仿实来监临，乃与诸司之长佐慎虑其事，而预图之。慨规制之弗备弗饰，相顾而言曰："凡政之施，孰有大于举贤才者，而可忽易之若是！夫兴居靡所，而责以弹心厥事，人情有所不能矣。无亦休其启处，忧其饩养，使人乐事劝忠，以各供其职，庶亦尽心求士之诚乎！慢令始禁，罔使陷于非僻，而后摧辱之，其为狎侮士类亦甚矣！无亦张其纪度，明其视听，使人不戒而肃，以全其廉耻，庶亦待士以礼之意乎！"于是新选秀堂，而轩于其前，为三楹；新至公堂，而轩于其前，为五楹。庖湢器用，无不备具。又拓明远楼以为三楹，而上崇三檐，下疏三道。创石台于四隅，而各亭其上，以为眺望之所。其诸防闲之道靡不恪修。夫然后入而观焉，则森严洞达，供事者莫敢有轻忽慢易之心，而就试者自消其回邪非僻之念。盖不费财力而事修于旬月之间，不大声色而政令行肃，观向一新。若诸君者，诚可谓能求古人之意而默行之者矣，能匡后世之弊而善用之者矣。诸君之尽心，其可见者如此，至其妙运于心术之微，而务竭于得为之地，不可以尽见者，固将无所不用其极，可知也。是举也，其必有才德行谊之士如三代之英者出，以应诸君之求已乎！

译文

浙江的贡院过去在城西，因为太偏僻，所以迁到藩台衙门的东北方向，但仍如过去一样简陋。到了嘉靖乙酉，正逢一次乡试。监察御史潘仿到这里监考，召集诸司的长官和副职，慎重地商量书院的事，并预先准备。他感到考场设施不完备、不周全，于是大家相顾而言说："大凡施政，没有比推举贤能之人更重要的事！怎么可以这样加以忽视呢？让他们住在破旧的地方，目的却是让他们殚精竭虑做各种事情，这以情理上也是说不过去的。不如对他们居住的地方加以整修，改善他们的伙食，让他们勤勉忠诚地乐于去做所要做的事，履行他们的职责，这才是尽心去获得士人的诚心啊！疏忽松弛的命令和纪律，使他们陷于一种僻陋的境地，然后对他们加以摧残侮辱，这样轻慢地对这些士人，确实是太过分了。不如严肃法纪，以正视听，使他们不戒备而自然而然地庄重严肃，保全他们的廉耻，这样对待士人才是一种很礼貌的心态啊！"于是重新选了一所优美的厅堂，在它前边造了三楹轩作为长廊；新的至公堂，在它前面造了五楹轩作为长廊。厨房和浴室的器物用品都准备齐全。又扩建三楹作为新建的明远楼，而且上边增加了三道屋檐，下面疏通了三条下水道。在四个角落都新修了石台，每座石台上面都建有亭子，作为向远处眺望的地方。对那些防备闲散的设备全都很严格地加以修整。这样之后到书院内参观，便有一种严肃明朗豁达的气象。在这里工作的人，没有谁敢有轻忽怠慢之心。到这里考试的人，也自然会打消邪念。在这里，不费财力便可在一月之内办好了事，不用大事声张就政令通畅，令行禁止，焕然一新。像各位君子这样，确实可以说在这里探求古人的本意并在行动中默默地表现出来，而且可以纠正后世的弊端并对它善加利用。各位对此所尽的心，从这里便可以看出来了，至于妙用心术的精微，务求其效全部发挥出来，不能全部看到，但可以确信是做到了极致的。这种举动，一定是有才德俱佳之士，如上古三代时的英杰一样，响应各位需求的吧！

工讫，使来请记，辞不克，而遂为书之。呜呼！天下之事，所以弊于今而不可复于古者，宁独科举为然乎？诚使求古人之意而默行善用之，皆如诸君今日之举焉，其于成天下之治也何有哉！

译文

工程完毕后，他们派人来让我作一篇记，我推辞不掉，因此为他们写下这些。唉！天下之事在今天弊端很多不能像古代一样的，难道仅仅是科举吗？如果能够有人如同各位现在的举动一样，探求古人的本意并在行动中默默践行且善加利用，那么天下大治一定可以实现啊！

浚河记

乙酉

越人以舟楫为舆马，滨河而廛者，皆巨室也。日规月筑，水道淤隘，畜泄既亡，旱潦频仍。商旅日争于途，至有斗而死者矣。南子乃决沮障，复旧防，去豪商之壅，削势家之侵。失利之徒，胥怨交谤，从而谣之曰："南守瞿瞿，实破我庐；瞿瞿南守，使我奔走。"人曰："吾守其厉民欤！何其谤者之多也？"阳明子曰："迟之。吾未闻以佚道使民而或有怨之者也。"既而舟楫通利，行旅欢呼络绎。是秋大旱，江河龟坼，越之人收获输载如常。明年大水，民居免于垫溺。远近称忭，又从而歌之曰："相彼舟人矣，昔揭以曳矣，今歌以楫矣。旱之熇也，微南侯兮，吾其燋矣。霪其弥月矣，微南侯兮，吾其鱼鳖矣。我输我获矣，我游我息矣，长渠之活矣，维南侯之流泽矣。"人曰："信哉，阳明子之言'未闻以佚道使民而或有怨之者也'。"纪其事于石，以诏来者。

译文

越地的人把舟楫当作运输工具，靠在河边的民居，都是一些富裕之家。建筑物一天比一天扩大，导致水道被堵塞，既不能蓄水，又无从泄水，旱涝灾害频发。商船总是争水道，甚至有斗殴而死的。于是南子带人疏通低地的障碍物，恢复过去的堤防，撤掉豪商的堵塞物，削减有钱有势人家侵占的土地。丧失利益的人都抱怨他并互相诽谤南子，有一些歌谣这样唱道："南守可恨，真的是破坏了我的房子；可恨南守，让我流亡没有归宿！"有的人说："我们的太守对老百姓很严厉吗？怎么诽谤他的人那么多？"阳明子说："迟一点再下结论吧。我没有听说过严格推行政令而有人抱怨的。"此后这里过往船只通行顺畅，商旅之人都很高兴，来往的人络绎不绝。这年秋天大旱，江河都没有了水，土地都裂开了，但越地人往常一样收获庄稼、运输货物。第二年发大水，百姓的房子都没有被水淹。远近的人都很高兴，又唱起了歌谣："看看那些行船的舟人，过去费力地拖着船走，现在唱着歌划着桨就行了。天气大旱，大地一片干枯，像被火烧过，多亏了南侯；雨绵绵不绝下了近一个月，也多亏了南侯，否则我们就变成了鱼鳖。在江河里，我们运输，我们收获，我们游玩，我们休息，江河之水永远鲜活，这都是南侯留给我们的恩泽啊。"有人听了说："阳明子的'我没有听说过严格推行政令而有人抱怨的'这话的确可信。"将这件事记刻在石头上，以告诫后来的人们。

卷之二十四　外集六

说　杂著

白说字贞夫说

乙亥

白生说，常太保康敏公之孙，都宪敬斋公之长子也。敬斋宾予而冠之阼，既醮而请曰："是儿也，尝辱子之门，又辱临其冠，敢请字而教诸。"曰："字而教诸，说也。吾何以字而教诸？吾闻之，天下之道，说而已；天下之说，贞而已。乾道变化，于穆流行，无非说也，天何心焉？坤德阖闢，顺成化生，无非说也，坤何心焉？仁理恻怛，感应和平，无非说也，人亦何心焉？故说也者，贞也；贞也者，理也。全乎理而无所容其心焉之谓贞，本于心而无所拂于理焉之谓说。故天得贞而说道以亨，地得贞而说道以成，人得贞而说道以生。贞乎贞乎，三极之体，是谓无已；说乎说乎，三极之用，是谓无动。无动故顺而化，无已故诚而神。诚神，刚之极也；顺化，柔之则也。故曰，刚中而柔外，说以利贞，是以顺乎天而应乎人。说之时义大矣哉！非天下之至贞，其孰能与于斯乎！请字说曰贞夫。”敬斋曰：“广矣，子之言！固非吾儿所及也，请问其次。”曰：“道一而已，孰精粗焉，而以次为？君子之德不出乎性情，而其至塞乎天地。故说也者，情也；贞也者，性也。说以正，情之性也；贞以说，性之命也。性情之谓和，性命之谓中。致其性情之德，而三极之道备矣，而又何二乎？吾姑语其略，而详可推也。本其事而功可施也。目而色也，耳而声也，口而味也，四肢而安逸也。说也，有贞焉，君子不敢以或过也，贞而已矣；仁而父子也，义而君臣也，礼而夫妇也，信而朋友也，说也，有贞焉，君子不敢以不致也，贞而已矣。故贞者，说之干也；说者，贞之枝也。故贞以养心则心说，贞以齐家则家说；贞以治国平天下则国天下说。说必贞，未有贞而不说者也；贞必说，未有说而不贞者也。说而不贞，小人之道，君子不谓之说也。不伪则欲，不佞则邪，奚其贞也哉？夫夫，君子之称也；贞，君子之道也。字说曰贞夫，勉以君子而已矣。敬斋起拜曰：“予以君子之道训吾儿，敢不拜嘉。”顾谓说曰：“再拜稽首，书诸绅，以蚤夜祇承夫子之命！”

译文

书生白说是太保常康敏的外孙，是都宪敬斋公的长子。敬斋公请我去他家做客，给白说举行冠礼。礼毕，敬斋公对我说：“我这儿子，曾有幸拜在您门下，现在又麻烦您给他行冠礼，请您给他取个字来教导他。”我说：“取字来教导白说？我用什么字来教导他呢？我听说，天下之道不过是说而已，而天下之说不过是贞。乾道变化，和畅美好，这也不过是说罢了，上天对此没有任何意念。坤德开闭，顺成化生，这无非也是说，大地对此也没有任何意念。仁义理性，忧伤悲苦，感应和平，也不过是说，人对此也没有任何意念。因此，所谓说就是贞，所谓贞就是理。使理完整而内心不容就叫贞，根植于内心而不违背理就是说。如果上天获得贞的规律和宗旨就能够通达，大地获得贞的规律和宗旨就能够成功，那么人获得了贞的规律和宗旨就是道的诞生。所谓贞，就是天地人三极的本体，这是无法穷尽的；所谓说，就是天地人三极的功用，这是一种无动。无动便是顺化，无已则是诚心敬神。诚心敬神这是刚强的极致，顺化则是柔韧的顶点。因此说，外柔内刚，这是说而利于贞，这样便是顺应天意，适合于人。说的内涵实在是太广泛了！如果不是天下达到极致的贞，又怎么能适于说呢？所以我给白说取字叫贞夫。”敬斋说：“您的话内涵太丰富了！这不是我的儿子能做到的，请您再说一个次一点的境界。”我回答道：“道就一个结果，怎么可以按精粗程度排次序？君子的德行不外乎是性情，它到极点便会满塞于天地。所以，所谓说，便是情；所谓贞，便是性。说可以规范情的本性，贞可以解释性的本意。性情可以说是和，性命可以说是中。得到了性情之德，那么天地人三极之道便具备了，怎么会有次一点的境界呢？我只说他的大概，其详情便可推测了。以本体为主，它的功用便可实施了。眼睛是用来观看颜色的，耳朵是用来倾听声音的，口是来品尝各种味道的，四肢是可以享受安逸的。同样，说等同于贞，君子不敢对此有什么异议，不过是贞罢了。父子之间以仁为本，君臣之间以义为本，夫妇之间以礼为本，朋友之间以信为本，说其实就是贞了，君子不会认为达不到的，不过是贞罢了。所以说贞是说的主干，而说则是贞的枝叶。因此，以贞来养心，心便会愉悦；以贞来治理家庭，家庭便会和睦；以贞来治理国家平定天下，国家和天下也会得到治理。说一定是贞，没有贞而不说的；贞一定是说，没有说而不贞的。说而不贞，那是小人的做法，君子不会同意这是说的。不是虚伪就是贪欲，不是奸诈便是邪恶，难道这也算是贞吗？夫是君子的名称，贞是君子之道。给白说取字贞夫，是勉励他做君子。”敬斋站起来拜谢说：“先生拿君子之道来教导我的儿子，不敢不好好感谢您。”又回头对白说道：“恭恭敬敬拜谢再稽首，写在束在衣外的大带子上吧，以后日日夜夜都要记住先生的教诲！”

刘氏三子字说

乙亥

刘毅斋之子三人。当毅斋之始入学也，其孟生，名之曰甫学；始举于乡也，其仲生，名之曰甫登；始从政也，其季生，名之曰甫政。毅斋将冠其三子，而问其字于予。予曰："君子之学也，以成其性；学而不至于成性，不可以为学。字甫学曰子成，要其终也。学成而登庸，登者必以渐，故登高必自卑。字甫登曰子渐，戒其骤也。登庸则渐以从政矣。政者，正也。未有己不正而能正人者。字甫政曰子正，反其本也。"毅斋起拜曰："乾也既承教，岂独以训吾子！"

译文

刘毅斋有三个儿子。当毅斋刚去学校时，长子出生，取名为甫学；当毅斋在乡试中举后，次子出生，取名为甫登；当毅斋从政后，三子出生，取名为甫政。毅斋准备给三个儿子行冠礼，向我咨询给他们取什么字。我说："君子做学问，就是为了成其性情；做学问而没能成性情，算不得做学问。所以给甫学的字是子成，希望其结果是成功。学而有成并得到任用，就如同登高的人必须慢慢来，因此登高的人必须从最低处开始。给甫登取字叫子渐，是提醒他不要太急躁。慢慢发展，最后去从政。为政需要正，没有自己不正而去正别人的。给甫政取的字是子正，这是为了返回到它的本来状态。"毅斋起身拜谢说："承蒙您的教导，这不仅仅是对我的孩子们的教诲啊！"

南冈说

丙戌

浙大参朱君应周居莆之壶公山下。应周之名曰“鸣阳”，盖取《诗》所谓“凤皇鸣矣，于彼朝阳”之义也。莆人之言曰：“应周则诚吾莆之凤矣。其居青琐，进谠言，而天下仰望其风采，则诚若凤之鸣于朝阳者矣。夫凤之栖必有高冈，则壶公者，固其所从而栖鸣也。”于是号壶公曰“南冈”，盖亦取《诗》所谓“凤皇鸣矣，于彼高冈”之义也。应周闻之，曰：“嘻！因予名而拟之以凤焉，其名也人，固非凤也；因壶公而号之以‘南冈’焉，其实也，固亦冈也。吾方愧其名之虚，而思以求其号之实也。”因以南冈而自号。大夫乡士为之诗歌序记以咏叹揄扬其美者，既已连篇累牍，而应周犹若未足，勤勤焉以蕲于予，必欲更为之一言。是其心殆不以赞誉称颂之为喜，而以乐闻规切砥砺之为益也。吾何以答应周之意乎？姑请就“南冈”而与之论学。

译文

浙江大参朱应周君住在莆地壶公山下。应周的字是“鸣阳”，取自《诗经》中“凤皇鸣矣，于彼朝阳”。莆地有人说：“应周确实是我们莆地的凤凰。他住在门窗上刻有青色连环花纹的屋子里，在朝堂上说正直的话，天下都仰望他的风采，这实在如同凤凰对着朝阳发出鸣叫一样啊。凤凰栖息的地方一定有高高的山冈，而壶公山本来就很适合凤凰栖息鸣叫。”因此给壶公山取名为“南冈”，这也是取自于《诗经》中的“凤皇鸣矣，于彼高冈”的意思。”应周听了，说：“哈！因为我的名字便用凤凰来比喻我。这名字本来说的是人，而不是凤凰；我给壶公山取号为‘南冈’，这是符合事实的事，本来它就是一座山冈。我真是很惭愧这名字很虚，想着找个实在的号。”于是拿南冈来自号。大夫乡士们为此作诗歌序记，来表达他们的歌颂赞扬之心，这样的赞美文章连篇累牍，可应周对此好像仍不满意，依然很殷勤地向我祈求，一定要再给他写几句。这大概是他不因为赞誉称颂便感到高兴，而喜欢听到规劝砥砺的言辞，以为那样更有好处的缘故吧。我用什么来答谢应周的心意呢？姑且让我就“南冈”与他一起讨论学问吧。

夫天地之道，诚焉而已耳；圣人之学，诚焉而已耳。诚故不息，故久，故征，故悠远，故博厚。是故天惟诚也，故常清；地惟诚也，故常宁；日月惟诚也，故常明。今夫南冈，亦拳石之积耳，而其广大悠久至与天地而无疆焉，非诚而能若是乎？故观夫南冈之崖石，则诚崖石尔矣；观夫南冈之溪谷，则诚溪谷尔矣；观夫南冈之峰峦岩壑，则诚峰峦岩壑尔矣。是皆实理之诚然，而非有所虚假文饰以伪为于其间。是故草木生焉，禽兽居焉，宝藏兴焉。四时之推敚，寒暑晦明，烟岚霜雪之变态，而南冈若无所与焉。凤皇鸣矣，而南冈不自以为瑞也；虎豹藏焉，而南冈不自以为威也；养生送死者资焉，而南冈不自以为德；云雾兴焉而见光怪，而南冈不自以为灵。是何也？诚之无所与也，诚之不容已也，诚之不可掩也。君子之学亦何以异于是？是故以事其亲，则诚孝尔矣；以事其兄，则诚弟尔矣；以事其君，则诚忠尔矣；以交其友，则诚信尔矣。是故蕴之为德行矣，措之为事业矣，发之为文章矣。是故言而民莫不信矣，行而民莫不悦矣，动而民莫不化矣。是何也？一诚之所发，而非可以声音笑貌幸而致之也。故曰：“诚者，天之道也；思诚者，人之道也。”应周之有取于南冈而将以求其实者，殆亦无出于斯道也矣！果若是，则知应周岂非思诚之功欤！夫思诚之功精矣，微矣，应周盖尝从事于斯乎？异时来过稽山之麓，尚能为我一言其详。

译文

天地之道，不过是一个诚字罢了；圣人之学，也不过是一个诚字罢了。诚不会停息，所以长久，所以灵验，所以悠远，所以博厚。因此天只要诚，便会恒常清澈；地只要诚，便会经常安宁；日月只要诚，便会经常明亮。南冈也是一块块石头堆积起来的，但它却极广大悠远，以至如同天地般没有边界，如果不是诚，能这样吗？所以看南冈的岩石，是实实在在的南冈岩石；南冈的山谷溪流，是实实在在的山谷溪流；南冈的峰峦岩壑，是实实在在的峰峦岩壑。这些都是实理中的诚，而不是以一些装饰过的虚假的诚。所以在这里，草木生长，禽兽居住，宝藏丰富。四季交替，寒来暑往，阴晴不定，烟雾霜雪，千变万化，而南冈如同什么都不曾发生一般。凤凰鸣叫，南冈不自以为这是一种瑞兆；虎豹藏身其中，南冈不自以为很威风；给养生送死的人提供帮助，南冈不自以为是美德；云雾飘涌，光怪陆离，南冈不自以为是灵异。这是什么原因呢？是因为诚，诚便顺其自然，诚便不容止息，诚便无法掩饰。君子做学问，与这有什么区别呢？因此侍奉好双亲，便是实实在在的孝；好好对待兄长，便是真正的悌；如此对待君主，便是真正的忠；如此结交朋友，便是实在的信。这样就是在涵养德行，实践这个思想便是干事业，表现出来便是做文章，所以，这样说话老百姓没有不相信的，这样做事老百姓没有不喜悦的，这样劝勉老百姓没有不受感化的。这是为什么呢？这全是因为一个诚字，而不是凭借声音笑貌偶然获得的。所以说：“诚是天下之道，思诚是人之道。”应周从南冈中有所启示，而准备去探求它的实理，大概也是超不出这个范围的！如果是这样，就知道应周岂不是在想着思诚之功嘛！思诚的功夫太精深太幽微了，应周思考过这些问题吗？什么时候路过稽山脚下，可以详细地讲给我听。

悔斋说

癸酉

悔者，善之端也，诚之复也。君子悔以迁于善，小人悔以不敢肆其恶。惟圣人而后能无悔，无不善也，无不诚也。然君子之过，悔而弗改焉，又从而文焉，过将日入于恶；小人之恶，悔而益深巧焉，益愤谲焉，则恶极而不可解矣。故悔者，善恶之分也，诚伪之关也，吉凶之机也。君子不可以频悔，小人则幸其悔而或不甚焉耳。

悔是善良的开端，是诚实的检验。君子后悔便会向善，小人后悔就不敢

再放肆他的邪恶。只有圣人没有后悔，因为圣人没有不善良的，没有不诚实的。可是君子有错，后悔却不改正，并继续加以掩饰，那么过错就将转变成邪恶；小人的邪恶，后悔但虚浮不实，那么邪恶就会更加巧妙，更加诡诈，这样邪恶到极致，就无法解脱了。因此悔是善良邪恶的分野，是诚实虚伪的关隘，是吉凶的契机。君子不可经常后悔，小人偶尔后悔并且有的人并不彻底。

吾友崔伯乐氏以“悔”名其斋，非曰吾将悔而已矣，将以求无悔者也。故吾为之说如是。

译文

我的朋友崔伯乐用“悔”来命名他的书斋，意思并不是他会后悔，而是表明他追求的是无悔的境界。所以我对他这样说。

题汤大行殿试策问下

壬戌

士之登名礼部而进于天子之廷者，天子临轩而问之，则锡之以制，皆得受而归藏之于庙，以辉荣其遭际之盛，盖今世士人皆尔也。丹阳汤君某登弘治进士，方为行人，以其尝所受之制属某跋数语于其下。

译文

考中的士人的名字登记上达礼部，然后他们到朝廷去拜见天子。天子隔着栏杆询问他，并按规定赏赐他诏命，所有的士人都受赐后返回家乡，将天子的诏命供奉在家庙里，以显示他的光宗耀祖，如今的士人都是这样。丹阳有个姓汤的人，于弘治年间考中进士，目前正担任行人的职务，拿出他曾经得到的天子的诏命，嘱咐我写几句话作为跋。

嗟夫！明试以言，自虞廷而然。乃言底可绩，由三代之下，吾见亦罕矣。君之始进也，天子之所以咨之者何如耶？而君之所以对之者何如耶？夫矫言以求进，君之所不为也；已进而遂忘其言焉，又君之所不忍也。君于是乎朝夕焉顾諟圣天子之明命，其将曰，是天子之所以咨询我者也，始吾既如是其对扬之矣，而今之所以持其身以事吾君者，其亦果如是耶？抑其亦未践耶？夫伊尹之所以告成汤者数言，而终身践之；太公之所以告武王者数言，而终身践之。推其心也，君其志于伊、吕之事乎？夫辉荣其一时之遭际以夸世，君所不屑矣。不然，则是制也者，君之所以鉴也。昔人有恶形而恶鉴者，遇之则掩袂却走。君将掩袂却走之不暇，而又乌揭之焉日以示人？其志于伊、吕之事奚疑哉？君其勉矣！‘上帝临汝，毋贰尔心。’某亦常缪承明问，虽其所以对扬与其所以为志者不可以望君，然亦何敢忘自勖！

译文

唉！以言论作为考试的内容，从虞舜时便是这样了。他们的言论到底有多少功绩，从三代以下看来我觉得很小。先生刚开始朝见时，天子问了些什么？先生又是如何作答的？借助谎言以得到天子的欣赏，这不是先生做的事；已出来做官了又很快忘了说过的话，这不是先生所忍心的。先生于是早晚都想着贤明天子的要求，他就会说，是天子这样来问我的，开始我就是这样回答的，现在我全身心地为君主服务，这是实实在在地这样做呢，还是说我并没有做到呢？”伊尹告诉成汤的几句话，成汤始终实践着；太公告诉武王的几句话，武王也始终实践着。推想一下你的心情，先生是不是也有志于伊、吕的故事呢？为了荣耀一时的遭际以向后世夸耀，这是先生所不屑的。其实，这张诏命，便是先生的借鉴。从前有人面貌丑陋，于是讨厌镜子。见了镜子便掩面赶紧离开了。如果先生也这样掩面疾走，那如何去揭示它呢？您有志于伊、吕的劝诫和故事，难道不是可疑的吗？先生自勉吧。‘上天既降大任于他，便不应有二心。’我也常常承蒙明君的询问，虽然也是以一种赞颂之辞去回答，但在志向上与先生相比却望尘莫及，但即使如此也不敢忘记自勉呀！

示徐曰仁应试

丁卯

君子穷达，一听于天。但既业举子，便须入场，亦人事宜尔。若期在必得，以自窘辱，则大惑矣。入场之日，切勿以得失横在胸中，令人气馁志分，非徒无益，而又害之。场中作文，先须大开心目，见得题意大概了了，即放胆下笔，纵昧出处，词气亦条畅。今人入场，有志气局促不舒展者，是得失之念为之病也。夫心无二用，一念在得，一念在失，一念在文字，是三用矣，所事宁有成耶？只此便是执事不敬，便是人事有未尽处。虽或幸成，君子有所不贵也。将进场十日前，便须练习调养。盖寻常不曾起早得惯，忽然当之，其日必精神恍惚，作文岂有佳思？须每日鸡初鸣即起，盥栉整衣端坐，抖擞精神，勿使昏惰。日日习之，临期不自觉辛苦矣。今之调养者，多是厚食浓味，剧酣谑浪，或竟日偃卧。如此是挠气昏神，长傲而召疾也，岂摄养精神之谓哉！务须绝饮食，薄滋味，则气自清；寡思虑，屏嗜欲，则精自明；定心气，少眠睡，则神自澄。君子未有不如此而能致力于学问者，兹特以科场一事而言之耳。每日或倦甚思休，少偃即起，勿使昏睡。既晚即睡，勿使久坐。进场前两日，即不得翻阅书史，杂乱心目，每日止可看文字一篇以自娱。若心劳气耗，莫如勿看，务在怡神适趣，忽充然滚滚，若有所得，勿便气轻意满，益加含蓄酝酿，若江河之浸，泓衍泛滥，骤然决之，一泻千里矣。每日闲坐时，众方嚣然，我独渊默，中心融融，自有真乐，盖出乎尘垢之外而与造物者游。非吾子概尝闻之，宜未足以与此也。

译文

君子的命运，是听天由命。可是既然已从事科举，就应该进入考场，这便是该尽的人事了。如果对自己提出期望，志在必得，而使自己受窘受辱，那就太傻了。进入考场的那天，千万不要有得失心，因为那会让人感到气馁，没有信心，非但没有好处，反而还有害处。在考场中做文章，首先必须打开思路，对题目的大致情况了然于胸，然后就要放开胆子开始写，即使不知道题目出自哪里，也应做到词句语气条理清楚畅通。现在有的人到了考场，局促不安，眉头紧锁，这就是得失心太强导致的。人一心不可二用。如果一会儿想着成功，一会儿又担心失败，同时还得考虑做文章，这样一心三用，事情难道会成功吗？就凭这一点，就可看出做事态度是否端正，这就是在人事上没有发挥自己最大的潜力。即使有幸考中，也不值得君子尊重。进考场的前十天，就应该练习调养。如果平时没有早起的习惯，忽然早起，这一天一定会精神恍惚，做文章怎么会有好的思路呢？因此调养期间每天都应该鸡刚叫就起床，洗漱梳头穿衣戴帽整理完毕后，端端正正坐好，振作精神，一定不要让自己昏昏沉沉。天天如此练习，到了考试那天就自然不会感到辛苦了。现在考前做调养的人，多数人都吃得很多，而且味道特别重，有的人甚至整天躺在床上。这样做，扰乱心神，长期急躁，往往产生许多问题，这难道是摄养精神嘛！因此务必少吃东西，食物味道一定要淡，这样神气自然会清爽；少思虑，抑制各种嗜好，精神自然会明朗；心平气和，减少睡眠时间，精神自然会澄澈。君子没有不这样做而能尽心致力于学问的，我在这里特以科举考试一事来说明一下而已。白天要是很疲倦想要休息，应稍躺一会就起来，不要让自己昏睡。天黑以后要马上就睡，不要让自己长期坐着。进考场的前两天，就不要再翻阅各种书籍，使自己心目迷乱，每天最多读一篇文章娱乐自己。如果感到疲劳，耗费精神，那就不如不看。一定要怡神适趣，这样各种灵感就会滚滚而来，似有所得，不要让自己气轻意满，应更加含蓄酝酿，就如同江河的水涨了，大水泛滥，突然冲破堤防，一泻千里。每天闲坐时，别人都在喧闹，我独一个人静默，气定神闲，安泰舒适，有自己真正的乐趣，这就是远离喧嚣而与天地精神往来。不是我的子弟，即使听说这些，应该也做不到这样。

龙场生问答

戊辰

龙场生问于阳明子曰："夫子之言于朝侣也，爱不忘乎君也。今者谴于是，而汲汲于求去，殆有所渝乎？"阳明子曰："吾今则有间矣。今吾又病，是以欲去也。"龙场生曰："夫子之以病也，则吾既闻命矣，敢问其所以有间，何谓也？昔为其贵而今为其贱，昔处于内而今处于外欤？夫乘田委吏，孔子尝为之矣。"阳明子曰："非是之谓也。君子之仕也以行道。不以道而仕者，窃也。今吾不得为行道矣。虽古之有禄仕，未尝奸其职也。曰牛羊茁壮，会计当也，今吾不无愧焉。夫禄仕，为贫也，而吾有先世之田，力耕足以供朝夕，子且以吾为道乎？以吾为贫乎？"龙场生曰："夫子之来也，谴也，非仕也。子于父母，惟命之从；臣之于君，同也。不曰事之如一，而可以拂之，无乃为不恭乎？"阳明子曰："吾之来也，谴也，非仕也；吾之谴也，乃仕也，非役也。役者以力，仕者以道；力可屈也，道不可屈也。吾万里而至，以承谴也，然犹有职守焉。不得其职而去，非以谴也。君犹父母，事之如一，固也。不曰就养有方乎？惟命之从而不以道，是妾妇之顺，非所以为恭也。"龙场生曰："圣人不敢忘天下，贤者而皆去，君谁与为国矣！"曰："贤者则忘天下乎？夫出溺于波涛者，没人之能也，陆者冒焉而胥溺矣。吾惧于胥溺也。"龙场生曰："吾闻贤者之有益于人也，惟所用，无择于小大焉。若是亦有所不利欤？"曰："贤者之用于世也，行其义而已。义无不宜，无不利也。不得其宜，虽有广业，君子不谓之利也。且吾闻之，人各有能有不能，惟圣人而后无不能也。吾犹未得为贤也，而子责我以圣人之事，固非其拟矣。"曰："夫子不屑于用也。夫子而苟屑于用，兰蕙荣于堂阶，而芬馨被于几席。萑苇之刈，可以覆垣，草木之微，则亦有然者，而况贤者乎？"阳明子曰："兰蕙荣于堂阶也，而后于芬馨被于几席；萑苇也，而后可刈以覆垣。今子将刈兰蕙而责之以覆垣之用，子为爱之耶？抑为害之耶？”

译文

龙场生问阳明子说；“先生在朝廷中和同僚谈话时，从来没忘忠君爱国。现在您被贬谪到这个地方，然后您又急切地请求辞职离去，是不是因为思想有所改变了呢？”阳明子回答道：“我现在和以前有所不同了。我现在又病了，因此想辞官。”龙场生说：“先生因病想离开，这我们已经听说了，敢问您所说的有所不同，指的是什么？是指您当初很富贵但现在很贫贱，当初您处于朝廷之内现在身在朝廷之外吗？就算是乘田委吏之类的小官，孔子也曾经做过的。”阳明子说：“不是的，君子出来做官，是来推行大道的。不以推行大道为己任而出来做官，那就是盗窃。现在我不能再去推行大道了。虽然古代也有为了俸禄做官的，不过他们都不曾亵渎他们的职位。说牛羊茁壮了，是他运筹管理得当，现在我对此也是不无惭愧。禄士为了贫穷而出任仕途，但我有祖上留下的田产，尽力耕种，足够供我们早晚吃饭的，你现在认为我是为了道而做官呢，还是因为贫穷才做官呢？”龙场生说：“先生到这里来，是受了贬谪，不是到这里来做官的。对您的父母，您应该唯命是从；臣子对于君主，应该也是这样的。不说始终如一地执行，反而去违背君王的命令，难道这不算是不恭敬吗？”阳明子回答道：“我来到这里，是被贬谪来的，不是特地到这来做官的；我被贬谪到这里，也是来做官，而不是来服苦役的。服苦役是出力受罚，做官则需要有道；力可以屈服，而道是不可以屈服的。我不远万里来到这里，便是接受君王对我的贬谪，可是我还是有职位的，我不需要这些职位而离去，这和受贬无关。君主如同父母，应始终如一地对待他，本来就应如此。不说这是按规矩做事，只是单纯听从命令，而不以道来判断，这是妾妇的一种依顺，不是我们所说的恭敬。”龙场生说：“圣人不敢忘记天下大事，现在贤明的臣子都离开了，君主用谁去治理国家呢？”我回答道：“贤者离去便是忘了天下大事吗？在波涛中救出溺水者，是潜水员的事，让在陆地上干活的人来救溺水之人，那结果只能是淹死。我害怕淹死。”龙场生说：“我听说贤明的人对别人有用，只要有用，就不看事情的大小。如果真是这样，又有什么不利的呢？”

我说："贤者被世人所任用，执行他们的道义。道义没有什么不适宜的，贤者也就没什么不利的。如果道义的发挥不合时宜，即使有广大的事业等着他去做，君子也不认为这有什么好处。况且我听说，每个人都是有所能有所不能的，只有圣人才无所不能。我连个贤者都算不上，可是您拿对圣人的要求来要求我，这不是一种很恰当的类比吧。"龙场生说："先生，您是不屑于被任用。您如果苟且被任用，那就如同兰蕙在堂阶前欣欣向荣，芬芳在几席上弥漫。萑苇被割掉，还可以盖在墙头上，连小小的草木都有用，何况贤者呢？"阳明子回答道："兰蕙在堂阶前欣欣向荣，然后它的芬芳可以弥漫于几席间；萑苇可以割掉，然后将它覆盖在墙头上。现在您将兰蕙割掉而把它当作盖墙的东西来用，您这是爱它呢，还是害它呢？"

论元年春王正月

戊辰

圣人之言明白简实，而学者每求之于艰深隐奥，是以为论愈详而其意益晦。《春秋》书"元年春王正月"，盖仲尼作经始笔也。以予观之，亦何有于可疑？而世儒之为说者，或以为周虽建子而不改月，或以为周改月而不改时，其最为有据而为世所宗者，则以夫子尝欲行夏之时，此以夏时冠周月，盖见诸行事之实也。纷纷之论，至不可胜举，遂使圣人明易简实之训，反为千古不决之疑。嗟夫！圣人亦人耳，岂独其言之有远于人情乎哉？而儒者以为是圣人之言，而必求之于不可窥测之地，则已过矣。夫圣人之示人无隐，若日月之垂象于天，非有变怪恍惚，有目者之所睹；而及其至也，巧历有所不能计，精于理者有弗能尽知也，如是而已矣。若世儒之论，是后世任情用智、拂理乱常者之为，而谓圣人为之耶？夫子尝曰"吾从周"，又曰"非天子不议礼，不制度。生乎今之世，反古之道，灾及其身者也。"仲尼有圣德无其位，而改周之正朔，是议礼制度自己出矣，其得为"从周"乎？圣人一言，世为天下法，而身自违之，其何以训天下？夫子患天下之夷狄横，诸侯强背，不复知有天王也，于是乎作《春秋》以诛僭乱，尊周室，正一王之大法而已。乃首改周之正朔，其何以服乱臣贼子之心？《春秋》之法，变旧章者必诛，若宣公之税亩；紊王制者必诛，若郑庄之归祊；无王命者必诛，若莒人之入向。是三者之有罪，固犹未至于变易天王正朔之甚也。使鲁宣、郑庄之徒举是以诘夫子，则将何辞以对？是攘邻之鸡而恶其为盗，责人之不弟而自殴其兄也。岂《春秋》忠恕，先自治而后治人之意乎？今必泥于“行夏之时”之一言，而曲为之说，以为是固见诸行事之验，又引《孟子》“《春秋》天子之事”“罪我者其惟《春秋》”之言而证之。夫谓《春秋》为天子之事者，谓其时天王之法不行于天下，而夫子作是以明之耳。其赏人之功，罚人之罪，诛人之恶，与人之善，盖亦据事直书，而褒贬自见。若士师之断狱，辞具而狱成。然夫子犹自嫌于侵史之职，明天子之权，而谓天下后世且将以是而罪我，固未尝取无罪之人而论断之，曰“吾以明法于天下”，取时王之制而更易之，曰“吾以垂训于后人”。法未及明，训未及垂，而已自陷于杀人，比于乱逆之克矣。此在中世之士，稍知忌惮者所不为，而谓圣人而为此，亦见其阴党于乱逆，诬圣言而助之攻也已！

译文

圣人的话，清楚明白，简单实在，可是学者们给出的解释往往艰深晦涩，很难理解，因此他们论述得越详细却越让人不明白。《春秋》里有“元年春王正月”，这是孔子开始写这本书的时间。在我看来，这有什么可怀疑的呢？可是，后世做学问的儒生，有的认为周朝虽然以子月为正月，但没有改月份；有人认为周朝改了月，但没有改时，其中最有力且为世人所推崇的论据是说孔子曾经想推行夏朝的时令，将夏的时令安在周的月份制上，是所谓把自己的政治主张用具体事实体现出来的一个例证。总之，各种论调纷纷出现，不胜枚举，数不胜数，这就使得圣人简易明白的教导成为千古无法解决的疑难问题。唉！圣人也是人啊，难道他的话会远离于人之常情吗？而且儒者也认为只要是圣人的话，就一定要去那不可窥探的地方寻求，这肯定是一个错误。圣人教导人并没有隐瞒，这就如同日月本身高高悬挂在天空中一样，并非它自身变化怪异，恍恍惚惚，而是看的人眼花缭乱而成的错觉；这一点发展到极端，即使再巧妙的历法也无法计量它，再精通数理的人也不能完全研究明白，就是这样。如同世代儒生议论的，是后世之人任意发挥，违反常理，扰乱恒常造成的。这难道可以说是圣人的思想吗？孔子曾说“我遵从周礼”，又说“不是天子不讲究礼，不制定规章。在现在这个时代出生，反而用古代的理念治国，灾难就会降临”。仲尼有圣人之德，但他未身居高位，却去改变周朝的正朔，也就是说孔子自己议论礼仪、制定法度，这难道是“遵从周礼”吗？圣人的一句话，成为天下人效法的标准，可是他自己却违背它，还凭借什么来训示天下人呢？孔子担心天下的夷狄蛮横，而各诸侯以武力背叛天下，不再知有周天子了，于是他写了《春秋》来笔伐那些犯上作乱的人，这不过是尊重周朝王室，以正天下一王这一大法罢了。而他自己先改周朝正朔，这怎么能够使乱臣贼子们心服口服呢？《春秋》的要旨，是改变旧制度的人一定要被诛灭，比如宣公征收田地税；搞乱王室礼法的人一定要被谴责，比如郑庄回到祭祀的地方；没有君主命令就行事的也一定要受到谴责，比如莒人闯入内室。这三个人有罪，但他们的罪还不至于大到变更天王正朔这么严重。假如鲁宣公、郑庄王这些人拿这个来责问孔子，那孔子会以什么话来回答他们呢？这正如偷了邻居家的鸡的人很讨厌那些盗贼一样，又如同指责别人对兄弟不好但他自己却殴打他的哥哥一样。这哪里体现了《春秋》中的忠恕精神——先治自己，然后才能治人呢？现在有人一定要拘泥于“行夏朝之时”这一句话，还曲解它说这就是“见诸行事”的例证。又引用《孟子》中“《春秋》中所说天子之事”“那些认为我错的人一定会拿《春秋》说事”这样的话来加以证明。说《春秋》记载的是天子之事，是说当时天王之法尚未在天下实行，夫子作《春秋》是为了让天王之法明白一些。给有功之人奖赏，给有罪之人惩罚，声讨恶行，赞颂善良，也是根据事实直接写的，但其中的褒贬自然显现。就如同官吏断案，审讯记录充足便可断案成功。但孔子还是觉得有冒犯史官职权的嫌疑，阐明天子的权术，而认为诉天下后世之人将拿这些来怪罪他，本来不曾对无罪的人下论断说“我是让天下人都理解这些法度”，将当时的天王之制改变后说“我是为了教诲后人”。法度还没有让人明白，也还没来得及垂训后人，就已经陷于一种杀人的罪过之中，这简直可以与图谋不轨的人相提并论。这是但凡稍微有点忌讳的人中世士人也不会做的，可是他们却说孔子就是这样做的，这就可见他们这伙企图叛乱的阴党是诬陷圣人之言以帮助他们作乱得逞！

或曰："子言之则然耳。为是说者，以《伊训》之书'元祀十有二月'，而证周之不改月；以《史记》之称'元年冬十月'，而证周之不改时；是亦未为无据也。子之谓周之改月与时也，独何据乎？"曰："吾据《春秋》之文也。夫商而改月，则《伊训》必不书曰'元祀十有二月'；秦而改时，则《史记》必不书曰'元年冬十月'；周不改月与时也，则《春秋》亦必不书曰'春王正月'。《春秋》而书曰'春王正月'，则其改月与时已何疑焉？况《礼记》称'正月七月日至'，而前汉《律历》至武王伐纣之岁，周正月辛卯朔，合辰在斗前一度。戊午，师度孟津。明日己未冬至。考之《太誓》'十有三年春'、《武成》'一月壬辰'之说，皆足以相为发明，证周之改月与时。而予意直据夫子《春秋》之笔，有不必更援是以为之证者。今舍夫子明白无疑之直笔，而必欲傍引曲据，证之于穿凿可疑之地而后已，是惑之甚也。"曰："如子之言，则冬可以为春乎？"曰："何为而不可？阳生于子而极于巳午，阴生于午而极于亥子。阳生而春始，尽于寅，而犹夏之春也；阴生而秋始，尽于申，而犹夏之秋也。自一阳之复，以极于六阳之乾，而为春夏；自一阴之姤，以极于六阴之坤，而为秋冬。此文王之所演，而周公之所系，武王、周公，其论之审矣。若夫仲尼夏时之论，则以其关于人事者，比之建子为尤切，而非谓其为不可也。启之征有扈，曰'怠弃三正'，则三正之用，在夏而已然，非始于周而后有矣。"曰："夏时冠周月，此安定之论，而程子亦尝云尔。曾谓程子之贤而不及是也，何哉？"曰："非谓其知之不及也。程子盖泥于《论语》'行夏之时'之言，求其说而不得，从而为之辞，盖推求圣言之过耳。夫《论语》者，夫子议道之书；而《春秋》者，鲁国纪事之史。议道自夫子，则不可以不尽；纪事在鲁国，则不可以不实。道并行而不相悖者也。且周虽建子，而不改时与月，则固夏时矣，而夫子又何以行夏之时云乎？程子之云，盖亦推求圣言之过耳，庸何伤？夫子尝曰'君子不以人废言'，使程子而犹在也，其殆不废予言矣。"

译文

有的人会说："您的话确实有道理。但坚持这种看法的人，他们可拿《伊训》中的'元祀十有二月'来证明周朝没有改月；拿《史记》中的'元年冬十月'来证明周朝没有改时，这也不算是没有证据的。您说周朝改了月与时，又有什么证据呢？"我回答道："我是根据《春秋》中的记载来判断的。假如商朝改了月，那么《伊训》一定不会写'元祀十有二月'；假如秦朝改了时，那么《史记》也一定不会写'元年冬十月'；因此，假如周朝没有改月与时，那么《春秋》也一定不会写'春王正月'。《春秋》上既然写了'春王正月'，那么说周朝改了月与时，又有什么可怀疑的呢？况且《礼记》中称'正月七月日至'，而前汉《律历》上溯到武王伐纣那年，即周正月辛卯初一，相当于心宿在北斗前一度。戊午军队度过孟津，第二天是己未冬至。考证《太誓》中'十有三年春'和《武成》'一月壬辰'等说法，都足以互相证明周朝确实改了月与时。但我的意思是只需依据孔子《春秋》中的说法，没有必要再去援引旁证，拿它做证据就可以了。现在舍弃孔子明白无误的直接说明，却一定要从别的地方找证据，歪曲牵强，穿凿附会，用那些可疑的材料作为证据然后才作罢，这实在是太令人迷惑了。"有人又说："照您的说法，那么冬天岂不成春天了吗？"我说："为什么不行？子时阳升，但到了巳午才升到顶点；午时阴生，但到了亥子才能到极盛。阳产生于春天，但到寅才到顶点，这就像夏取代春天；阴生便开始了秋天，但到申才到顶点，这就如从夏过渡到秋天。从一阳的回复开始，最终达到六阳之乾，这就成了春夏；从一阴的相遇开始，最终达到六阴之坤，这就成了秋冬。这是文王推演，被周公解说，再加上武王、周公详细论述后的历法。孔子夏时的论点从人世间事的角度看，比以子月为正月更重要，那么也不能说不可以。夏启征伐有扈氏，说'想放弃三正'，那么三正被用，在夏就已是这样了，并不是从周朝开始的。"又有人说："夏时冠上周月，这是为了安定的论调。可是程先生也曾经这样说过，能说程先生没学问吗？这又是为什么呢？"我说："当然不是程先生知道的不够多。他大概是拘泥于《论语》上'实行的是夏时'这样的说法，探究这一说法又找不到可以解释的言辞，这是求证圣人的错误了。《论语》是一部夫子论道的书，而《春秋》则是关于鲁国大事的一本史书。论道从夫子，不能不完备，而关于鲁国的纪事，就不能不符合实际。不同的道理可以并行不悖。况且周朝虽以子月为正月，但没有改变时与月，这本来就是夏朝的，可夫子又为什么要实行夏朝的制呢？程先生所说的，大概也是推想圣人之言有些错误，那又有什么妨碍呢？孔子曾经说‘君子不因为人有缺点就不理睬他说的话’，假如程先生还在的话，他大概不会不理睬我说的话。”

书东斋风雨卷后

癸酉

悲喜忧快之形于前，初亦何尝之有哉？向之以为愁苦凄郁之乡，而今以为乐事者有矣；向之歌舞欢愉之地，今过之而叹息咨嗟、泫然而泣下者有矣。二者之相寻于无穷，亦何以异于不能崇朝之风雨，而顾执而留之于胸中，无乃非达者之心欤？吾观东斋风雨之作，固亦写其一时之所感遇。风止雨息，而感遇之怀亦不知其所如矣，而犹讽咏嗟叹于十年之后，得非类于梦为仆役，觉而涕泣者欤？夫其隐几于蓬窗之下，听芹波之春响，而咏夜檐之寒声，自今言之，但觉其有幽闲自得之趣，殊不见其有所苦也。借使东斋主人得时居显要，一旦失势，退处寂寞，其感念畴昔之怀，当与今日何如哉？然则录而追味之，无亦将有洒然而乐、廓然而忘言者矣！而和者以为真有所苦，而类为垂楚不任之辞，是又不可与言梦者，而与东斋主人之意失之远矣。

悲喜忧乐尽情表现出来，开始何尝有过这些情绪？以前以为的愁苦凄凉，现在看来却是一种乐事，这种情况有；以前以为的歌舞升平快乐欢愉之处，现在经过却忍不住感慨万千泫然泪下，这种情况也有。两种心情不断反复没有穷尽，这与胸怀连一早晨的风雨都不能容下有什么区别，恋恋不舍无法释怀可不是旷达之人的胸襟！我看东斋的风雨之作，本来也是写他当时的思想。等到风停雨歇，他这种感触的情怀也不知哪里去了。而十年之后还在讽咏叹息，这不就如同在梦里做了仆役醒来后哭泣一样吗？在蓬窗之下放一张茶几，听春天雨落的声音，咏叹夜晚屋檐下吹过的凉风，在今天看来只会感到有一种悠然自得的乐趣，不觉得有什么苦处。假如东斋主人拥有机遇高居显要地位，一旦失势，重新去独守寂寞，他想到从前的情怀，与今天比，会有什么不同的感悟呢？因此将它记录下来，待日后追忆赏玩，也许会有会心一笑、心胸开阔忘记一切的时候吧！附和他的人真的以为他有什么困苦，同受不了打板子的人是一类的。这样的人是不可以同他谈梦的，因为那与东斋主人的本意相差太远了。

竹江刘氏族谱跋

甲戌

刘氏之盛，散于天下。其在安成者，出长沙定王发。今昔所传，有自来矣。竹江之谱，断自竹溪翁而下，不及于定王。见素子曰："大夫不敢祖诸侯，礼也。"夫大夫之不祖诸侯也，盖言祭也。若其支系之所自，则鲁三桓之属是实，不可得而剪。孔子曰："吾犹及史之阙文也。"盖孔子之时，史之阙疑者既鲜矣。竹江之不及定王，阙疑也，可以为谱法也已。王道不明，人伪滋而风俗坏，上下相罔以诈，人无实行，家无信谱，天下无信史。三代以降，吾观其史，若江河之波涛焉，聊以知其起伏之概而已尔。士夫不务诚身立德，而徒夸诩其先世以为重，冒昧攀缘，适以绝其类、乱其宗。不知桀、纣、幽、厉之出于禹、汤、文、武，而颜、闵、曾、孟之先，未始有显者也。若竹江之谱，其可以为世法也哉！孔子曰："斯民也，三代之所以直道而行。充是心，虽以复三代之淳可也。"且竹溪翁之后，其闻于世者历历尔，至其十一祖敬斋公而遂以清节大显于当代，录名臣者以首廉吏。敬斋之孙南峰公，又以清节文学显，德业声光，方为天下所属望。竹江之后，祖敬斋而宗南峰焉，亦不一足矣，况其世贤之多也，而又奚必长沙之为重也夫！

刘氏家族非常兴盛，天下各地都有刘姓之人。在安成的，是长沙定王刘发的后代。现在流传下来的，都是有文字记载的。竹江刘氏的族谱，可以从竹溪翁算起，但未能上溯到定王。见素子说过："大夫不敢以诸侯为自己的祖先，这是一种礼节。"这里所说的大夫不敢以诸侯为祖先，是就祭祀而言的。但是，如果他的支系确实从那里派生，像鲁国的三桓之属，的确不应该忽略掉。孔子说："我还能看到史书的佚文。"或许在孔子那个年代，史书缺失的情况还很少。竹江刘氏族谱未溯及定王，是因为资料不全不能确定，可以把它作为写家谱的榜样。王道不明，人们便开始弄虚作假，风俗败坏，这就使得世风日下，上上下下都互相欺骗，人们没有诚实的行为，家族没有可信的族谱，天下没有记载真实的史书。从三代到现在，我看那些史书，就像江河的波涛一般没有头绪，人们只知道它起伏的大致面貌罢了。士大夫们不好好以诚立身行事树立德业，却只自夸他们的先祖，并以此为荣耀。而且还随便去攀附，弄得他们的族谱一片混乱。殊不知，夏桀、商纣王、周幽王、周厉王也是族出于禹、汤、文、武的，而颜回、闵子骞、曾参、孟轲他们的祖先，一开始也没有显赫的。竹江刘氏的族谱，可以成为世人的榜样！孔子说："这些老百姓，三代以来之所以能公正地办事，是因为他们心中充盈的都是可以回复到从前的质朴敦厚啊。"况且自竹溪翁以后，能够在世上显赫的人，可以说不多，且一一分明。直到十一世祖敬斋公因为清廉的气节才在当时显赫起来，为名臣作传的人认为他是个一等清廉的官吏。敬斋公的孙子南峰公因为在文学上取得很大的成就而光宗耀祖，声名远扬，被天下之人景仰。竹江的后代，把敬斋公和南峰公奉为祖先的有很多，不再一一列举，何况世上贤明之人那么多，又何必一定要去推重长沙定王呢！

书察院行台壁

丁丑

正德丁丑三月，奉命征漳寇，驻车上杭。旱甚，祷于行台。雨日夜，民以为未足。四月戊午，寇平，旋师。是日大雨，明日又雨，又明日复雨。登城南之楼以观农事，遂谒晦翁祠于水南，览七星之胜概。夕归，志其事于察院行台。

译文

正德丁丑三月，我奉命去征讨漳州的贼寇，将军队驻扎在上杭。当时大旱，我们在行台率众祈雨。雨下了一天一夜，可百姓还是认为雨量不够。四月戊午，我平定了贼寇，班师回朝。这一天又下了一场大雨，第二天又是一场大雨，第三天还在下雨。雨后，我高兴地登上城南的高楼去观看农忙景象，然后又去拜谒了晦翁祠。晦翁祠在河的南边，整体布局看起来如七星一样排列，是一个胜景。这一天，直到晚上我才回去，并把这些事记录在了察院的行台上。

谕俗四条

丁丑

为善之人，非独其宗族亲戚爱之，朋友乡党敬之，虽鬼神亦阴相之。为恶之人，非独其宗族亲戚恶之，朋友乡党怨之，虽鬼神亦阴殛之。故积善之家，必有余庆；积不善之家，必有余殃。

译文

做好事的人，不仅他的族人、亲戚喜爱他，朋友、同乡也会敬重他，就连鬼神也会暗中帮助他。而那些做坏事的人，不仅他的族人、亲戚厌恶他，朋友、同乡憎恨他，就连鬼神也会暗中诛杀他。因此，积德行善的家庭，一定会是吉庆有余的；而那些作恶多端的家庭，一定会接二连三地遭受灾祸。

见人之为善，我必爱之；我能为善，人岂有不爱我者乎？见人之为不善，我必恶之；我苟为不善，人岂有不恶我者乎？故凶人之为不善，至于陨身亡家而不悟者，由其不能自反也。

译文

看到别人做了好事，我一定敬重他；同理，我要是做了好事，哪会有不敬重我的呢？看到别人做了坏事，我一定憎恶他；同理，我如果去做坏事，哪有不憎恶我的呢？因此，凡是恶人做坏事，家破人亡却还不能醒悟的，都是因为他不能自我反省。

今人不忍一言之忿，或争铢两之利，遂相构讼。夫我欲求胜于彼，则彼亦欲求胜于我，仇仇相报，遂至破家荡产，祸贻子孙。岂若含忍退让，使乡里称为善人长者，子孙亦蒙其庇乎？

译文

如今不少人连别人一句不好听的话也不能去忍受，或者为了一点蝇头小利而争执，甚至对簿公堂。我想在这场官司中打赢对方，对方也想在这场官司中打赢我，于是，大家有仇必报，最后都家破人亡，倾家荡产，祸及子孙。难道不如隐忍退让，让同乡人称自己是有德行的人，有长者风范，让子孙也能蒙受恩惠和庇佑呢？

今人为子孙计，或至谋人之业，夺人之产，日夜营营，无所不至。昔人谓为子孙作马牛，然身没未寒，而业已属之他人。仇家群起而报复，子孙反受其殃。是殆为子孙作蛇蝎也。吁，可戒哉！

译文

现在的人替子孙后代做打算，有的谋取别人的家业，抢夺别人的财产，日日夜夜苦心经营，什么坏事都做绝了。先前的人们总说替子孙做牛做马，可是自己尸骨未寒，家业就已属于他人。那些怨恨他的人联合起来对他进行报复，他们的子孙反而会受到灾祸。这是为子孙留下了蛇蝎一样的祸害啊。唉，这样的事一定要引以为戒啊！

题遥祝图

戊寅

薛母太孺人曾方就其长子俊养于玉山，仲子侃既举进士，告归来省。孺人曰："吾安而兄养，子出而仕。"侃曰："吾斯之未能信。"曰："然则盍往学？"于是携其弟侨、侄宗铠来就予于虔，其室在揭阳，别且数年，未遑归视。逾年五月望日为孺人初诞之辰，以命不敢往，遥拜而祝。其友正之、廷仁、崇一辈相与语曰："薛母之教其子，可谓贤矣；薛子之养其亲，可谓孝矣。吾侪与薛子同学，因各励其所以事亲之孝，可谓益矣，而不获登其堂，申其敬。"乃命工绘遥祝之图，寓诸玉山，以致称觞之意，请于予，予为题其事。

译文

薛母孺人曾氏跟随她的长子俊居住，俊将她赡养在玉山，二儿子侃考中了进士，请求回来看望母亲。孺人说："有你的哥哥侍养我，我在这里一切都很好，你还是出去做官吧。"侃回答说："我现在还没资格做官。"孺人说："既然这样的话，你为什么不继续去求学呢？"于是侃带着弟弟侨和侄子宗铠到虔来找我求学，他的妻子住在揭阳，两人已经好几年没有相见了，侃忙于求学，也没有时间回去看看。到了第二年，农历五月十五，薛氏的生日，侃因为她的命令不敢亲自前去拜寿，只得在远处行拜礼为母亲祝寿。侃的朋友正之、廷仁、崇一等都说："薛母教导儿子，可以说贤明；薛子侍奉他的母亲，可以说孝顺。我们这些人与薛子是同学，可以把他侍奉母亲的行为作为榜样，以激励我们，应该是很有好处，可是我们没有机会亲自去他家，来表达我们的敬意。”于是他们请人精心绣制了一幅遥祝之图，将它寄到玉山，来表达他们的祝福的心意，同时请我写几个字，我于是为他们记下了这件事。

书诸阳伯卷

戊寅

诸阳伯偁从予而问学，将别，请言。予曰：“相与数月而未尝有所论，别而后言也，不既晚乎？”曰：“数月而未敢有所问，知夫子之无隐于我，而冀或有所得也。别而后请言，已自知其无所得，而虑夫子之或隐于我也。”予曰：“吾何所隐哉？道若日星然，子惟不用目力焉耳，无弗睹者也，子又何求乎？道在迩而求诸远，事在易而求诸难，天下之通患也。子归而立子之志，竭子之目力，若是而有所弗睹，则吾为隐于子矣。”

译文

诸阳伯偁跟着我学做学问，快要分别时，他请求我跟他说几句话。我说：“与你相处了几个月，和你都不曾有过任何讨论，分别后才说，不是已经太晚了吗？”他回答道：“几个月来我之所以不敢去问您什么，是因为我知道您对我没有什么隐瞒，并希望我学有所得；分别后请您教导，是因为知道自己无法再亲自聆听您的教诲，担心您有些东西没来得及告诉我。”我说：“我有什么可隐瞒的呢？大道如同日月星辰一般人人可见，只不过你不善于利用自己的眼睛罢了。其实它们没有什么不能被看见的，你又想得到什么呢？大道本来就在眼前，却偏偏从遥远的地方去探求；事情本来很容易，却偏偏将它们想象得很难，这一点是天下人共同的问题。你回去之后，好好去实现自己的理想，充分利用自己的眼睛。如果做到这些却还有什么看不见的话，那才真是我对你有所隐瞒呢。”

书陈世杰卷

庚辰

尧允恭克让；舜温恭允塞；禹不自满假；文王徽柔懿恭，小心翼翼，望道而未之见；孔子温良恭俭让。盖自古圣贤未有不笃于谦恭者。向见世杰以足恭为可耻，故遂入于简抗自是。简抗自是则傲矣。傲，凶德也，不可长。足恭也者，有所为而为之者也。无所为而为之者谓之谦。谦，德之柄。“温温恭人，惟德之基。堂堂乎张也，难与并为仁矣”。仲尼赞《易》之《谦》曰：“谦，尊而光，卑而不可逾，君子之终也。”故地不谦不足以载万物，天不谦不足以覆万物，人不谦不足以受天下之益。昔者颜子以能问于不能，有而若无，盖得夫谦道也。慎独、致知之说，既尝反复于世杰，则凡百私意之萌，自当退听矣。复赘赘于是，盖就世杰气质之所急者言之。躬自厚而薄责于人，则远怨；见贤思齐，见不贤而内自省，则德修。毋谓己为已知而辄以诲人，毋谓人为不知而辄以忽人。终日但见己过，默而识之，学而不厌，则于道也其庶矣乎！

译文

尧诚实恭敬又能够谦让；舜和气恭敬又诚恳实在；禹从不骄傲自满、弄虚作假；文王善良仁慈又小心谨慎，望见了道却像没有看见一样；孔子温和、善良、恭敬、俭朴、谦让。大概自古以来的圣贤，没有一个不坚持谦让恭敬的。以前见到张世杰，他认为过于恭敬是很可耻的，因此便显得简慢无礼，自以为是。这种轻忽怠慢，实际上是傲慢。傲慢，是一种不好的品德，不能助长它的滋生。恭敬是一种有目的的行为。谦虚是一种没有特定目的的行为。谦虚是道德的根本。“温和恭敬地对待别人，是德行的根基。冠冕堂皇地傲慢，就很难达到仁的境界了”。孔子称赞《易》中的《谦》说：“谦虚可以使人显得高大而有光彩，但不可过分谦虚以至于变成了自卑，这是君子应该自始至终坚持的。”所以大地不谦虚便不能载纳万物，上天不谦虚便不能覆盖万物，人不谦虚便不能接受天下的好处。从前颜子能向不如自己的人请教，他有才能却表现得像没有才能一般，这就是因为他懂得谦虚这一道理。慎独、致知的学说，曾经在世杰那里被反复实践过，那么他心里各种私心杂念的萌芽自然应该被扔到一边。我现在唠唠叨叨说这些，是就世杰在培养气质方面亟须注意的问题而言的。一个人在实践中，对自己厚道，很少责备别人，那么便会远离怨恨；看到有德行的人就想着学习他，看到没有德行的人就在内心好好反省自身的缺点，这样德行就会得到修炼了。一个人千万不要以为自己什么都知道，动不动就去教训别人；千万不要认为别人什么都不知道，动不动就去轻视别人。要每天看到自己不足的地方，要把所学的知识默默地记在心中，对学习不感到厌倦，这样，对于道的形成，大概就差不多了吧。

谕泰和杨茂

（其人聋哑，自候门求见。先生以字问，茂以字答。）

你口不能言是非，你耳不能听是非，你心还能知是非否？（答曰：知是非。）如此，你口虽不如人，你耳虽不如人，你心还与人一般。（茂时首肯拱谢。）大凡人只是此心。此心若能存天理，是个圣贤的心；口虽不能言，耳虽不能听，也是个不能言不能听的圣贤。心若不存天理，是个禽兽的心；口虽能言，耳虽能听，也只是个能言能听的禽兽。（茂时扣胸指天。）你如今于父母，但尽你心的孝；于兄长，但尽你心的敬；于乡党邻里、宗族亲戚，但尽你心的谦和恭顺。见人怠慢，不要嗔怪；见人财利，不要贪图。但在里面行你那是的心，莫行你那非的心。纵使外面人说你是，也不须听；说你不是，也不须听。（茂时首肯拜谢。）你口不能言是非，省了多少闲是非；你耳不能听是非，省了多少闲是非。凡说是非，便生是非，生烦恼；听是非，便添是非，添烦恼。你口不能说，你耳不能听，省了多少闲是非，省了多少闲烦恼，你比别人到快活自在了许多。（茂时扣胸指天躄地。）我如今教你但终日行你的心，不消口里说；但终日听你的心，不消耳里听。（茂时顿首再拜而已。）

译文

（这个人是聋哑人，在候门求见。王阳明先生以写字的形式提问，杨茂以写字的形式回答。）

你的嘴不能说是与非，你的耳不能听是与非，你的心还知道是与非吗？（回答：知道是非。）既然如此，你的嘴虽然不如别人，你的耳朵虽然不如别人，但你的心还是和别人一样的。（杨茂不时地点头拱手道谢。）一般的人也只有这一颗心。但是，这颗心若能存有天理，那这就是一颗圣贤的心；即使这个人嘴上不能说，耳朵不能听，那也是个不能说不能听的圣贤。假如这颗心中没有天理，那这便是一颗禽兽的心；即使这个人嘴上能说，耳朵能听，也不过是个能说能听的禽兽而已。（杨茂不时抚着胸口指指天。）你现在对于父母，只是尽你心中的孝道；对于兄长，只是尽你心中的敬意；对于同乡邻居、宗族亲戚，只是尽你心中的谦逊平和恭敬顺从。别人如果怠慢你，不要责怪他们；如果看到别人的财富和利益，不要想着去贪占。你只要用你那颗是的心，不要用你那颗非的心。旁人说你是，你不用去听；旁人说你不是，你也不用去听。（杨茂不时地点头，表示拜谢。）你嘴上不能说是非，便会省去很多无聊的是非；你耳朵不能听是非，便会省去很多无聊的是非。只要讲是非，便会生出许多是非，生出许多烦恼；只要听是非，便会添出许多是非，添出许多烦恼。你嘴上不能说，耳朵不能听，便会省去很多无聊的是非，省去很多无聊的烦恼，你倒是比别人快活自在了很多。（杨茂不时抚着胸口，指天指地。）我现在教你，你只要整天行你的心，不需要口里说什么；你只要整天听你的心，不必用耳朵听什么。（杨茂叩头，再次向我拜谢。）

书乐惠卷

庚辰

栾子仁访予于虔，舟遇于新淦。嗟乎！子仁久别之怀，兹亦不足为慰乎？顾兹簿领纷沓之地，虽固道无不在，然非所以从容下上其议，时也。子仁归矣。乞骸之疏已数上，行且得报。子仁其候我于桐江之浒，将与子盘桓于云门、若耶间有日也。闻子仁之居乡，尝以乡约善其族党，固亦仁者及物之心，然非子仁所汲汲。孔子云："言忠信，行笃敬，虽蛮貊之邦行矣。然惟立则见其参于前，在与则见其倚于衡也，而后行。"子仁其务立参前倚衡之诚乎？至诚而不动者，未之有也；不诚未有能动者也。聊以是为子仁别去之赠。

译文

栾子仁到虔来拜访我，我们乘的船正好在新淦相遇。哎呀！我和子仁分别已久，久别重逢，这次相遇难道还不足以来聊以自慰吗？回想那公文杂乱之处，虽说道是无处不在的，但我终究无法从容不拘大发议论。子仁回去后，好几次上奏疏请求告老还乡，奏疏现在也快得到批复了。子仁，你在桐江之畔等着我吧，到时候我将与你一起在云门、若耶待几天。我听说子仁在家时曾经定下乡约，引导他同族的人多行善事，这本来是仁爱的人推己及物的心情，可这不是子仁所追求的。孔子说："语言忠实诚信，行为忠厚谨慎，即使是在蛮荒落后的地方也是行得通的。然而这些品德只有当我站立时就出现在眼前，只有当我在车上时就出现在车辕上，才能处处行得通。"子仁愿意建立这种参前倚衡的深厚之诚吗？至诚却不被感动的，从来没有过；不诚心却被感动的，也没有过。我暂且以这些话作为给子仁临别的赠言吧。

书佛郎机遗事

庚戌

见素林公闻宁濠之变，即夜使人范锡为佛郎机铳，并抄火药方，手书勉予竭忠讨贼。时六月毒暑，人多道暍死。公遣两仆裹粮，从间道冒暑昼夜行三千余里以遗予，至则濠已就擒七日。予发书，为之感激涕下。盖濠之擒以七月二十六，距其始事六月十四，仅月有十九日耳。世之君子当其任，能不畏难巧避者鲜矣，况已致其事，而能急国患逾其家如公者乎？盖公之忠诚根于天性，故老而弥笃，身退而忧愈深，节愈励。呜呼！是岂可以声音笑貌为哉！尝欲列其事于朝，顾非公之心也。为作《佛郎机私咏》，君子之同声者，将不能已于言耳矣。

译文

林见素公听说宁濠发动叛乱，当天晚上就派人用锡铸成许多佛朗机铳，并抄了一份配置火药的方子，还亲笔写了一封信勉励我竭力尽忠讨伐贼子的信。当时正值六月酷暑，很多人中暑死在了路上。林见素公派两名仆从，带着干粮，从小路冒着酷暑，日夜兼程，奔行了三千余里，将那些东西送给我，两名仆从到我这时，宁濠已被擒住七天了。我感动得泪流满面，赶紧回了一封信。宁濠被擒住是在七月二十六日，距离他开始叛乱的六月十四日相差只有一个月零十九天。世上的君子，当他们在任上时，能不畏艰难或巧妙避开它的人本来就很少，何况是像林见素公这样已退休在家还为国家大事担忧，关心国家大事远远超过关心自己家事的人呢？林见素公的忠诚植根在他的天性中，所以越老这种忠诚越深厚，即使退休了这种担忧也越来越深，这种气节也越加奋发。唉！这岂能是音容笑貌可以做到的呢？我曾想将这事上书给朝廷，又想这不是林见素公的本心。因此我作了一首《佛郎机私咏》，君子心相通其实不是语言所能表达得尽的。

佛郎机，谁所为？截取比干肠，裹以鸱夷皮。苌弘之血衅不足，睢阳之怒恨有遗。老臣忠愤寄所泄，震惊百里贼胆披。徒请尚方剑，空闻鲁阳挥。段公笏板不在兹，佛郎机，谁所为？

佛郎机，是谁做的呢？截取比干的肠，包以鸱夷的皮。苌弘的鲜血涂抹还不足，睢阳的愤怒尚有余。老臣忠愤寄托他的不满，这举动震惊百里贼胆。白拿着尚方宝剑，空听了鲁阳指挥，段公的笏板不在这里。佛郎机，是谁做的呢？

正德戊寅之冬，福建按察佥事周期雍以公事抵赣。时逆濠奸谋日稔，远近汹汹。予思预为之备，而濠党伺觇左右，摇手动足，朝闻暮达。以期雍官异省，当非濠所计及，因屏左右，语之故，遂与定议。朔雍归，即阴募骁勇，具械束装，部勒以俟。予檄晨到，而期雍夕发。故当濠之变，外援之兵惟期雍先至，适当见素公书至之日，距濠始事亦仅月有十九日耳。初，予尝使门人冀元亨者因讲学说濠以君臣大义，或格其奸。濠不怿，已而滋怒，遣人阴构害之。冀辞予曰："濠必反，先生宜早计。"遂遁归。至是闻变，知予必起兵，即日潜行赴难，亦适以是日至。见素公在莆阳，周官上杭，冀在常德，去南昌各三千余里，乃皆同日而至，事若有不偶然者。辄附录于此，聊以识予之耿耿云。

译文

正德戊寅年的冬天，福建按察佥事周期雍因为公事来到江西。当时逆贼宁濠的叛乱计划已经日益酝酿成熟，到处都显得很不安定。我思量着打算为此做些准备工作，当时宁濠的同党在我周围窥视着，我的一举一动早上刚发生，晚上他们就知道了。我认为周期雍在别的省做官，这一点应该不是宁濠所能想得到的。于是屏退左右，和周期雍说了这些事，并且与他商定了计谋。周期雍回去之后，马上暗中招募了一批勇敢的军士，为他们配上器械，整顿好装束，形成编制，等待命令。我的文书早上到周期雍那里，晚上他就率军出发了。所以当宁濠发动叛乱的时候，外援的军队只有周期雍的最先到达，那天正好又是见素公的书信到达的日子，离宁濠发动叛乱也只有一个月零十九天。当初，我曾派门人冀元亨去宁濠处了解情况，因为他在讲学时曾经以君臣大义劝说过宁濠，让他迷途知返，勿成大错。但宁濠听了冀元亨的劝说后很不高兴，并且生出了愤怒，派人想秘密将他谋害。冀元亨向我辞别时说：“宁濠肯定会造反。您应该早点做打算。”然后就逃回老家躲了起来。后来他听说叛乱真的发生了，知道我一定会派兵治乱，当日就悄悄回来与我共同平定这场叛乱；同一天，见素公在莆阳，周期雍在上杭，冀元亨在常德，他们各自距离南昌都有三千多里，但都在同一天到达这里。许多事情的发生似乎不完全出于偶然。我将这些事附带记录在这里，聊以表达我心中念念不忘的情怀。

题寿外母蟠桃图

庚辰

某之妻之母诸太夫人张，今年寿八十。十二月二十有二日，其设帨辰也。某縻于官守，不能归捧一觞于堂下。幕下之士有郭诩者，因而作《王母蟠桃之图》以献。夫王母蟠桃之说，虽出于仙经异典，未必其事之有无，然今世之人多以之祝愿其所亲爱，固亦古人冈陵松柏之意也。吾从众可乎！遂用之以寄遥祝之私，而诗以歌之云：

译文

我妻子的母亲诸太夫人，姓张，今年八十岁了。十二月二十二日这天，家中为她庆祝寿辰。可是我由于公务缠身，不能亲自回去为她老人家祝寿。我的手下人里有个叫郭诩的，专门为此事画了一幅《王母蟠桃之图》送给我。王母蟠桃的说法，虽然出自仙经异典，可这事情谁也说不清到底是有还是没有，不过现在的人们大多喜欢拿它来祝愿自己的亲人，大概这原本就是古人祝愿亲人如高山如松柏的意思吧。我和大家一样，也可以吧！于是我就用这幅图，在远方表达我的祝愿之情，并作了一首诗：

维彼蟠桃，千岁一华。夫人之寿，兹维始葩。维彼蟠桃，千岁一实。夫人之寿，益坚孔硕。维华维实，厥根弥植。维夫人孙子，亦昌衍靡极。

译文

这株蟠桃，千年开一次花。夫人的寿命，像那鲜花一样华丽。这株蟠桃，千年结一次果。夫人的身体，像那果实一样硬朗。蟠桃的花和果，让它的根更加稳定。祝愿您的子孙，像那蟠桃一样昌盛繁衍、茂盛无边。

书徐汝佩卷

癸未

壬午之冬，汝佩别予北上，赴南宫试。已而门下士有自京来者，告予以汝佩因南宫策问若阴诋夫子之学者，不对而出，遂浩然东归，行且至矣。予闻之，黯然不乐者久之。士曰："汝佩斯举，有志之士莫不钦仰歆服，以为自尹彦明之后，至今而始再见者也。夫人离去其骨肉之爱，赍粮束装，走数千里，以赴三日之试，将竭精弊力，惟有司之好是投，以蕲一日之得，希终身之荣，斯人之同情也。而汝佩于此独能不为其所不为，不欲其所不欲，斯非其有见得思义、见危授命之勇，其孰能声音笑貌而为此乎？是心也，固'富贵不能淫，贫贱不能移，威武不能屈'者矣。将夫子闻之，跃然而喜，显然而嘉与之也，而顾黯然而不乐也，何居乎？"予曰："非是之谓也。"士曰："然则汝佩之为是举也，尚亦有未至欤？岂以汝佩骨肉之养且旦暮所不给，无亦随时顺应，以少苏其贫困也乎？若是，则汝佩之志荒矣！"予曰："非是之谓也。"士曰："然则何居乎？"予默然不应，士不得问而退。

译文

壬午年的冬天，徐汝佩告别我北上，去参加南宫的考试。不久之后，我的门下人里有一位从京城过来，告诉我汝佩因为南宫提出的问题私下里诋毁我的学说，他没有回答就出来了，然后大气刚正地回来了，现在都快到这儿了。我听了不禁黯然伤神，闷闷不乐了很久。士人说："汝佩的这一举动，凡是有志气的人没有不钦佩仰慕的，他们认为从尹彦明之后终于见到第二个人敢这么做的人了。人们离开自己的亲人，准备干粮整理行装，行程几千里路，去参加三天的考试，本该竭尽全力，只要是主管考试的官吏所爱好的就该随声附和，以祈求以一天的所得，来换取一生的荣耀，这是人之常情，是大家共同的心愿。但汝佩在这里却不去做他不想做的事，不去想他没有想过的东西，这难道不是说他在有所得时想到的是义、在危急关头有勇气接受命令吗，他又怎能去强颜欢笑做那些违背他自己内心的事呢？这种良心，本来就是'荣华富贵不能使他放纵，贫困卑微不能使他改变，威胁暴力不能使他屈服啊'。先生您听到这些，应该为他感到高兴，并明白地表示对他这样做表示赞许，可您却黯然伤神闷闷不乐，这又是为什么呢？"我说："不是你所说的这样。"士人紧接着问道："既然这样，那么汝佩这种举动，有什么做得不好的地方吗？难道是因为既然汝佩对家人的侍养早晚都得不到满足，那么他就应该识时务地顺应考官，通过这样做来缓解他们家的贫困状况吗？假如真是这样的话，那汝佩的志向才是荒唐。"我答道："不是你所说的这样。"士人又问道："那么到底是为什么呢？"我默然无语，没有回答。他得不到想要的答案，告退回去了。

他日，汝佩既归，士往问于汝佩曰："向吾以子之事问于夫子矣。夫子黯然而不乐，予云云，而夫子云云也，子以为奚居？"汝佩曰："始吾见发策者之阴诋吾夫子之学也，盖怫然而怒，愤然而不平。以为吾夫子之学，则若是其简易广大也；吾夫子之言，则若是其真切著明也；吾夫子之心，则若是其仁恕公普也。夫子悯人心之陷溺，若己之堕于渊壑也，冒天下之非笑诋詈而日谆谆焉，亦岂何求于世乎！而世之人曾不觉其为心，而相嫉娼诋毁之若是，若是而吾尚可与之并立乎？已矣！吾将从夫子而长往于深山穷谷，耳不与之相闻，而目不与之相见，斯已矣。故遂浩然而归。归途无所事事，始复专心致志，沉潜于吾夫子致知之训，心平气和，而良知自发，然后黯然而不乐，曰：'嘻吁乎！吾过矣。'"士曰："然则子之为是也，果尚有所不可欤？”汝佩曰：“非是之谓也。吾之为是也，亦未不可；而所以为是者，则有所不可也。吾语子：始吾未见夫子也，则闻夫子之学而亦尝非笑之矣，诋毁之矣。及见夫子，亲闻良知之诲，恍然而大寤醒，油然而生意融，始自痛悔切责。吾不及夫子之门，则几死矣。今虽知之甚深，而未能实诸己也；信之甚笃，而未能孚诸人也。则犹未免于身谤者也，而遽尔责人若是之峻。且彼盖未尝亲承吾夫子之训也，使得亲承焉，又焉知今之非笑诋毁者，异日不如我之痛悔切责乎？不如我之深知而笃信乎？何忘己之困而责人之速也！夫子冒天下之非笑诋毁，而日谆谆然惟恐人之不入于善，而我则反之，其间不能以寸矣。夫子之黯然而不乐也，盖所以爱珊之至而忧珊之深也。虽然，夫子之心，则又广矣大矣，微矣几矣。不睹不闻之中，吾岂能尽以语子也？”

译文

过了几天，汝佩回来了，士人便前去询问汝佩：“之前我拿你的事去问先生。先生黯然神伤，闷闷不乐，我提问了一番，先生也回答了一番，你认为这到底是为什么呢？”汝佩说：“一开始，我看到提问题的人私下诋毁先生的学说，就感到非常愤怒，心里很不平静。我认为先生的学说是如此的简单明白、深远广大；先生说的话，是如此真切明晰、深刻晓畅；先生的良心，是如此讲究仁爱、宽恕、公平。先生对人的同情之心是如此之深，好像自己也身处深渊沟壑中，冒着天下人的嘲笑、诋毁和辱骂但每天仍然那么恳切地教导我们，他这样做，难道是有求于世人嘛！可世人却一点感觉不到他的用心，反而嫉妒他、诋毁他，既然如此，我难道还能和他们在一起共事吗？罢了！我打算跟随先生长期住在深山荒谷中，不听他们，不看他们，就这样吧。因此我就意气昂扬地回来了。回来的路上没有什么事可做，我就开始专心致志地思考先生那些关于获得真知的教导，心平气和，良知自然出现，然后我也黯然伤神、闷闷不乐，心想：‘唉，我做错了。’”士人问道：“既然这样，那么你这么做真的还有不对的地方吗？”汝佩回答道：“我说的不是这个意思。我这么做也没什么不行的，只是这么做的原因有些不对。我跟你说，以前我没有见到先生时，就已经听到过关于先生的学说，而且我也曾嘲笑过它、诋毁过它。等见到了先生，亲自聆听了他关于良知的教诲，恍然大悟，如梦初醒，油然升起一种融会贯通之感，这才开始痛悔并严厉责备自己。我不到先生的门下，真是该死。现在我虽然对良知的学说了解得比较深刻了，但却没能在我自己的身上实践它；虽然我自己十分相信它，但却没能让它得到别人的信任。这样当然免不了受人诽谤，可我却如此严厉地责怪别人，而不是去反省自己。其实他们是没有亲自蒙受先生的教诲，假如他们亲自得到先生的教诲，又怎么能知道那些今天嘲笑诋毁先生的人，以后会不会也像我一样后悔并严厉责备自己呢？也像我一样深深领会那些学说并切实实践它呢？我怎么能够忘记当初自己也是十分困惑的，现在却一味去责怪别人！先生甘愿冒着天下人的嘲笑和诋毁每天不倦地教导学生，惟恐人人不会向善，可我却反其道而行之，我和先生的差距实在是太大了。先生之所以黯然伤神、闷闷不乐，大概是因为太爱护我、太替我担心了。既然这样，先生的胸怀就显得更宽广更伟大、更精微更细致了。我没有能亲眼看到先生，没有能亲耳听到先生的话，又怎么能跟你说清楚呢？”

汝佩见，备以其所以告于士者为问，予颔之而弗答，默然者久之。汝佩悚然若有省也。明日，以此卷入请曰：“昨承夫子不言之教，珊倾耳而听，若震惊百里，粗心浮气，一时俱丧矣。请遂书之。”

译文

汝佩于是将士人所问及他所答的内容都整理好，带着它们来见我。我听后点点头，但没有回答，沉默了很久。汝佩在刹那的惊惧间似乎有所省悟。第二天，他拿了这一卷进来对我说：“昨天承蒙先生无言的教诲，我侧耳倾听，大有所获，就如同在百里之外听到了令人震惊的声音，我心中的虚浮之气，一下子都消失了。请您把这些都写下来吧。”

题梦槎奇游诗卷

乙酉

君子之学，求尽吾心焉尔。故其事亲也，求尽吾心之孝，而非以为孝也；事君也，求尽吾心之忠，而非以为忠也。是故夙兴夜寐，非以为勤也；刓繁理剧，非以为能也；嫉邪祛蠹，非以为刚也；规切谏诤，非以为直也；临难死义，非以为节也。吾心有不尽焉，是谓自欺其心；心尽，而后吾之心始自以为快也。惟夫求以自快吾心，故凡富贵贫贱、忧戚患难之来，莫非吾所以致知求快之地。苟富贵贫贱、忧戚患难而莫非吾致知求快之地，则亦宁有所谓富贵贫贱忧戚患难者足以动其中哉？世之人徒知君子之于富贵贫贱、忧戚患难无人而不自得也，而皆以为独能人之所不可及，不知君子之求以自快其心而已矣。

译文

君子追求学问，不过是求得尽心意罢了。所以，他们孝顺父母，求的是尽心中的孝，而不是为了孝顺而孝顺；他们事奉国君，求的是尽心中的忠诚，而不是为了忠诚而忠诚。因此，他们日夜操劳，不是为了操劳而操劳；他们处理复杂的事务，不是为了展示才能；他们消除邪恶，不是为了刚直；他们直言诤谏，不是为了正直；他们在危难之时想到义，不是为了节操。如果我没有用尽心力的话，那是自欺欺人；只有在尽了心力后，我会为发自内心地感到愉快。只要你追求的是使自己的内心愉快，那么，当富贵、贫贱、忧戚、患难来临的时候，都可以通过格物致知来达到内心愉快的境界。如果富贵、贫贱、忧戚、患难等没有一样是可以通过格物致知来达到内心愉快的境界的，那么还有什么富贵、贫贱、忧戚、患难能够打动我呢？世人只知道君子对于富贵、贫贱、忧戚、患难没有一样是可以不融入而有所得的，都认为他们能达到别人达不到的境界，其实他们不知道，君子追求的不过是使自己的内心感到愉快罢了。

林君汝桓之名，吾闻之盖久，然皆以为聪明特达者也，文章气节者也。今年夏，闻君以直言被谪，果信其为文章气节者矣。又逾月，君取道钱塘，则以书来，道其相爱念之厚，病不能一往为恨，且惓惓以闻道为急，问学为事。呜呼！君盖知学者也，志于道德者也，宁可专以文章气节称之！已而郡守南君元善示予以《梦槎奇游》卷，盖京师士友赠之南行者。予读之终篇，叹曰："君知学者也，志于道德者也，则将以求自快其心者也。则其奔走于郡县之末也，犹其从容于部署之间也。则将地官郎之议国事，未尝以为抗；而徐闻丞之亲民务，未尝以为琐也。则梦槎未尝以为异，而南游未尝以为奇也。"君子乐道人之善，则张大而从谀之，是固赠行者之心乎？"予亦以病，不及与君一面，感君好学之笃，因论君子之所以为学者以为君赠。

译文

林汝桓君的名字，我很早就听说了，大家都认为他是个很聪明、很通达的人，他的文章也如他的人一样，很有气节。今年夏天，听说他因为直言谏君而受到贬谪，我真的相信他的文章和志气节操了。又过了一个月，汝桓君从钱塘经过，通过书信表达了对我的敬仰之情以及因病不能前来拜访的遗憾。他是恳切地询问学问的事，只可惜时间太紧迫了。唉！先生知道做学问，是一个有志于道德修养的人，哪能只拿文章气节来称道他呢？郡守南元善君把《梦槎奇游》卷拿给我看，这本集子是他京城中的朋友在他离京南归时赠给他的。我读完全部内容，叹息道："君子知道做学问，有志于道德修养，不过是为了获得自己心灵上的愉悦。那么，他们在郡县之间来回奔走，也就像在部署中来往一样从容；那么，他们和地方官一起讨论国家大事，不会觉得有所违抗；徐闻丞亲自治理人民的事务，不会觉得繁琐。这样梦槎并不感觉异，而南游也就不感觉奇了。"君子喜欢谈论关于善的道理，并且和悦柔顺，这大概是赠给他诗之人的一番心意吧。"我也因为生病，没能与他见上一面，有感于他的好学程度之深，于是说了些君子做学问的目的的话来赠给他。

为善最乐文

丁亥

君子乐得其道，小人乐得其欲。然小人之得其欲也，吾亦但见其苦而已耳。“五色令人目盲，五声令人耳聋，五味令人口爽，驰骋田猎令人心发狂。”营营戚戚，忧患终身，心劳而日拙，欲纵恶积，以亡其生，乌在其为乐也乎？若夫君子之为善，则仰不愧，俯不怍，明无人非，幽无鬼责，优优荡荡，心逸日休。宗族称其孝，乡党称其弟。言而人莫不信，行而人莫不悦。所谓无入而不自得也，亦何乐如之！

译文

君子因为得道而高兴，小人则因为满足了欲望而高兴。可是小人满足自己的欲望后，我也只看到他的痛苦。“纷乱的色彩让人眼不明，嘈杂的声音让人耳不聪，丰盛的食物让人口味败坏，在野外纵情打猎让人心情发狂。”一味地追逐求取，会让人终身忧心忡忡，心力交瘁，一日比一日糟糕，就会放纵欲望，积下邪恶，结果误了自己的一生，这哪里还有什么快乐可言？但如果像君子一样去行善，就会抬头无愧于天，低头无愧于人，表面上没有人会说他不对，背地里连鬼也不会责备他。这样悠然自得，心情舒畅，一天会比一天好。同宗族的人都称赞他孝顺，同乡朋友也称赞他对同辈友爱。他说的话没有人不相信，他的行为没有人不喜欢。这就是所谓的无论到了什么处境都能安然自得，没有什么比这更让人高兴！

妻弟诸用明积德励善，有可用之才而不求仕。人曰：“子独不乐仕乎？”用明曰：“为善最乐也。”因以四字扁其退居之轩，率二子阶、阳，日与乡之俊彦读书讲学于其中。已而二子学日有成，登贤荐秀。乡人啧啧，皆曰：“此亦为善最乐之效矣！”用明笑曰：“为善之乐，大行，穷居不损，岂顾于得失荣辱之间而论之？”闻者心服。仆夫治圃，得一镜，以献于用明。刮土而视之，背亦适有“为善最乐”四字。坐客叹异，皆曰：“此用明为善之符，诚若亦不偶然者也。”相与咏其事，而来请于予以书之，用以训其子孙，遂以勖夫乡之后进。

译文

我妻子的弟弟诸用明积累善行，鼓励人多做好事，有可以用得上的才能但却不去做官。有人问他说：“您是不喜欢做官吗？”用明回答道：“对我而言，做好事是最大的乐事。”于是他写了“为善最乐”四个字，当作匾额挂在檐前，带着两个儿子阶和阳，每天和同乡中才能出众的人在家里读书讲学。不久之后，两个儿子的学问一天比一天进步，作为有道德有才干的人被人举荐。同乡人都啧啧称赞道：“这就是为善最乐的功效啊！”用明笑着回答道：“为善最乐，显达得志时不会增加一分，贫穷潦倒时也不会减少一分，怎么能用得失荣辱定义它呢？”听到这话的人，心里很是服气。用明家里有个仆人在整理菜园时发现一面镜子，将它献给用明。用明刮掉上面的污泥一看，背面正好也有“为善最乐”四个字。当时在座的人都赞叹诧异，纷纷说：“这是用明为善的象征，他如此诚心，这面镜子的出现并不是偶然的。”那些人互相谈论着这件事，并请我将此事记下来，用来教诲子孙，同时以此来勉励同乡中的后进者。

客坐私祝

丁亥

但愿温恭直谅之友来此讲学论道，示以孝友谦和之行。德业相劝，过失相规，以教训我子弟，使毋陷于非僻。不愿狂燥惰慢之徒来此博弈饮酒，长傲饰非，导以骄奢淫荡之事，诱以贪财黩货之谋，冥顽无耻，煽惑鼓动，以益我子弟之不肖。呜呼！由前之说，是谓良士；由后之说，是谓凶人。我子弟苟远良士而近凶人，是谓逆子，戒之戒之！嘉靖丁亥八月，将有两广之行，书此以戒我子弟，并以告夫士友之辱临于斯者，请一览教之。

译文

希望温和谦恭正直友善的朋友到我这里讲学论道，告诉学生们孝顺父母、尊敬兄长、对人谦和的德行，鼓励他们修炼精进自己的德业，规劝他们改正过错，以此来教导我的弟子们，使他们不陷于偏邪中。不希望那些狂妄骄横、懒惰怠慢的人到这里来下棋饮酒，助长骄傲，文过饰非，诱导我的子弟们去骄奢淫逸，拿那些贪财的阴谋来引诱他们，因为这些冥顽无耻之徒会蛊惑他们，让他们越来越不肖。唉，前者是良士，后者是坏人。我的子弟如果疏远良士靠近坏人，就是逆子。一定要防备，一定要警惕啊！嘉靖丁亥八月，我将去两广一段时间，我写下这些文字来告诫我的弟子们，请转告那些承蒙光临这里的士人朋友将这些文字看一遍，请他们指教。

卷之二十五　外集七

墓志铭、墓表、墓碑、传、碑、赞、箴、祭文

易直先生墓志

壬戌

易直先生卒，乡之人相与哀思不已，从而纂述其行以诔之曰：

译文

易直先生去世了，同乡的人都感到十分悲伤，大家都非常怀念他，于是我遵从大家的心愿，写下这篇墓志铭来记述他的生平：

呜呼！先生之道，谅易平直。内笃于孝友，外孚于忠实。不戚戚于穷，不欣欣于得。翦彻崖幅，于物无牴。于于施施，率意任真，而亦不干于礼。艺学积行，将施于邦，六举于乡，竟弗一获以死。呜呼伤哉！自先生之没，

乡之子弟无所式，为善者无所倚，谈经究道者莫与考论，含章秘迹，林栖而泽遁者，莫与遨游以处。天胡夺吾先生之速耶！先生姓王，名衮，字德章。古者贤士死则有以易其号，今先生没且三年，而犹袭其常称，其谓乡人何！盍相与私谥之曰易直。

译文

呜呼！先生诚信、正直、平易近人。在内他孝敬长辈，团结同辈；在外他忠、于朝廷，待人诚恳。他不会因为生活穷困而愁眉苦脸，也不会因为有所得而兴高采烈。他生活简朴，从不计较物质利益的得失。进进出出，他总是随和从容，任由自己的本心自由体现，且能做到不违反礼仪。他发奋学习，砥砺德行，准备对国家有所贡献，可他参加过六次科举考试却一次也没有成功，最终就这样地死去了。这多么让人痛心啊！自先生去世之后，乡村的子弟们便没有榜样和标准了，为善的人们也没有好的依靠凭借了，谈论经书、研究天道的人们也没有好的交流对象了，他们再也找不到一个可以和他们谈论那些含章秘迹的人了，那些优游于山水之间的隐士们再也找不到他这样的旅伴了。苍天啊，你为何要这么快就夺走先生的生命啊！先生姓王，名衮，字德章。古代的贤士死后，后人总会为他取一个号，如今先生去世已经快三年了，大家却还袭用着他平素的称谓，这对乡里的人们来说，该作何感想啊！大家私下都谥他为“易直”。

于是先生之侄守仁闻而泣曰：“叔父有善，吾子侄弗能纪述，而以辱吾之乡老，亦奚为于子侄？请得志诸墓。”呜呼！吾宗江左以来，世不乏贤。自吾祖竹轩府君以上，凡积德累仁者数世，而始发于吾父龙山先生。叔父生而勤修砥砺，能协成吾父之志。人谓相继而兴，以昌王氏者，必在叔父，而又竟止于此，天意果安在哉！叔母叶孺人，先叔父十有三年卒，生二子：守礼、守信。继孺人方氏，生一子守恭。叔父之生，以正统己巳十月戊午，得寿四十有九，而以弘治戊午之八月廿三卒。卒之岁，太夫人岑氏方就养于京，泣曰：“须吾归，视其柩。”于是壬戌正月，太夫人自京归，始克以十月甲子葬叔父子邑东穴湖山之阳，南去竹轩府君之墓十武而近，去叶孺人之墓十武而遥，未合葬，盖有所俟也。

译文

易直先生的侄子守仁听到这些后哭着说："叔父有善德善行，侄子却没能够为你记述下来，使乡里的父老们都感到脸上无光，作为侄子，我感到心中有愧！请允许我为您写一篇墓志铭吧。"呜呼！自我家的祖宗定居江左以来，世世代代不乏贤士。从我的祖父竹轩府君往上好几代人积累德行，到了我的父亲龙山先生开始发迹。叔父一生勤奋好学、注重修身养性，是他帮助我父亲实现了自己的人生理想。人们都说继我父亲之后能够使王氏昌盛的人，一定会是叔父，可他偏偏就在功未成名未就时去世了，难道这真的是天意吗！可天意又在哪儿呢！叔母叶孺人去世比叔父早了十三年，她育有两个儿子：守礼、守信。叔父后来娶的妻子姓方，她育有一个儿子名叫守恭。叔父生于正统己巳年十月戊午时，享年四十九岁，于弘治戊午年八月二十三日去世。叔父去世那一年，太夫人岑氏正好在京城养病，她听到消息后哭着说："我一定要回去，看到他的灵柩。"于是，壬戌年正月，太夫人从京城匆匆赶回家乡，得以在十月的甲子这个时辰把叔父安葬在村东穴湖山的南面。他的墓位于竹轩府君的墓的南边，距离竹轩府君的墓有五步之远，距离叶孺人的墓也是五步远，但并没有与叶孺人合葬在一起，大概是打算等方孺人百年之后再合葬吧。

陈处士墓志铭

癸亥

处士讳泰，字思易。父刚，祖仲彰，曾祖胜一。世居山阴之钱清。刚戍辽左，娶马氏，生处士。正统甲子，处士生十二年矣，始从其父自辽来归。当是时，陈虽巨族，然已三世外戍，基业凋废殆尽。处士归，与其弟耕于清江之上，数年遂复其故。处士狷介纯笃，处其乡族亲党，无内外少长戚疏，朴直无委曲，又好面折人过，不以毛发假借，不为斩险刻削。故其生也，人争信惮；其死也，莫不哀思之。处士于书史仅涉猎，不专于文，敦典崇礼，务在躬行。郡中名流以百数，皆雕绘藻饰，媮熠以贾声誉，然称隐逸之良，必于处士，皆以为有先太丘之风焉。弘治癸亥正月庚寅以疾卒，年七十二。九月己丑，其子琢卜葬于郡西之回龙山。

译文

处士，名泰，字思易。他的父亲叫陈刚，祖父叫陈仲彰，曾祖父叫陈胜一。世代都住在山阴钱清。陈刚戍守辽左时，娶了马氏，生下了处士。正统甲子年，处士十二岁时，才跟随父亲从辽左回到家乡钱清。当时，陈家虽然是大家族，但是三代出去戍守边关，基业几乎荒废殆尽了。处士回来之后，和他的弟弟在清江边辛勤地耕耘，几年后便恢复了原有的基业。处士性情耿直，朴实厚道。他在乡里生活，对乡族亲戚，不论亲疏少长，一律友好对待，从来不分彼此，从不斤斤计较。他喜欢当面指出别人的过错，不会因为顾及别人的面子而有所在意，也不怕别人报复他。所以他生前大家都很信赖他，但也很惧怕他；他去世之后，大家都很怀念他。对经史一类的书籍，处士只是有所涉猎，从没有专心致志地学习过。他尊奉经典注重礼仪，而且总能落实到自己的实际行动中。郡中名流数以百计，他们大都喜欢舞文弄墨，附庸风雅，华而不实，沽名钓誉，真正能称得上是隐逸之士的，只有处士一个人。人们都认为他具有先太丘的风范。弘治癸亥年正月庚寅时，处士因病去世，享年七十二岁。九月己丑日，他的儿子陈琢占卜之后，把他安葬在郡西边的回龙山上。

初，处士与同郡罗周、管士弘、朱张弟涎友，以善交称。成化间，涎以岁贡至京。某时为童子，闻涎道处士，心窃慕之。至是归，求其庐，则既死矣。涎侄孙节与予游，以世交之谊为处士请铭。且曰：“先生于处士，心与之久矣，即为之铭，亦延陵挂剑之意耶。”予曰：“诺。”明日，与琢以状来请。

译文

当初，处士和同郡的罗周、管士弘、朱张的弟弟涎等人交往，他们都以擅长交际而著称。成化年间，朱涎因为向朝廷交岁贡来到京城。那时候我还是个小孩子，听到朱涎谈论处士，心中便暗暗地佩服他。现在，我回去到他家拜访他，他却已经去世了。朱涎的侄孙朱节陪我游逛一番，凭着我们两家世代交往甚密，情谊深厚，他恳请我为处士写一篇墓志铭。他说："先生仰慕处士已经很久了，如果您为他写墓志铭，也就有延陵挂剑的意味了。"我说："好吧。"第二天，朱涎与陈琢便带着纸来请我写墓志铭。

惟陈氏世有显闻。刚之代父戍辽也，甫年十四。主帅壮其为人，召与语，大说，遂留参幕下。累立战功，出奇计。当封赏，辄为当事者沮抑，竟死牖下。处士亦状貌魁岸，幼习边机，论议根核，的然可施于用。性孝友，属其家多难，收养其弟侄之孤，掇拾扶持，不忍舍去，遂终其身。琢亦能诗，有行，次子玠，三孙徕、冲、彶皆向于学。夫屡抑其进，其后将必有昌者。铭曰：

译文

陈氏世世代代都很有名，陈刚替代他的父亲戍守辽左，当时他年仅十四岁。主帅非常感动，把他召去谈话。主帅十分欣赏他的才干，便留他在参谋处做事。他多次立下战功，想出许多奇妙的计策。但是，每当要封赏他的时候，就会遭到一些当事者的诋毁和贬抑，最终郁郁不得志，在家中去世。处士身材高大魁梧，从小就喜欢钻研边防军事问题，又有很好的口才，的确是可以被重用的。他本性孝顺友善，弟弟家多灾多难，他便收养了孤侄，并且含辛茹苦地把他抚养长大，不忍心抛弃他，直到最后自己去世。陈琢还写得一手像样的诗，他的次子陈玠以及三个孙子陈徕、陈冲、陈彶都一心向学。一个屡次遭人排挤、受人压制的人，将来一定会有出人头地的一天，我于是写下了下面这篇墓志铭：

嗟惟处士，敦朴厚坚。犹玉在璞，其辉熠然。秉义揭仁，乡之司直。邈矣太丘，其孙孔式。胡溘而逝？其人则亡，德音孔迩。乡人相告，毋或而弛。无宁处士，愧其孙子。回龙之冈，其郁有苍。毋尔刍伐，处士所藏。

译文

处士为人处世，厚道朴实，意志坚定。他的人格犹如璞石含玉，光辉而灿烂。他秉承忠义，履行仁德，同乡人对他评价非常高。他能和太丘相提并论，他的孙辈能和孔氏相比较。为何他竟这样溘然长逝了呢？虽然他人去世了，但是他的音容笑貌却还距离我们很近。乡里的人们相互谈论起他生前的德行，没有谁不肃然起敬的。这不如说是处士令子孙们感到惭愧的。整个回龙山冈，一片郁郁苍苍。这是处士藏身的地方，请不要乱砍滥伐。

平乐同知尹公墓志铭

癸亥

尹自春秋为著姓，降及汉、唐，代不乏贤。至宋而太常博士源、中书舍人洙及其孙焞，皆以道学为世名儒。其后有为点检者，自洛徙越之山阴，迨公七世矣。公父达，祖性中，曾祖齐贤，皆有闻于乡。公生十八年，选为郡庠弟子，以诗学知名。远近从之游者数十，往往取高第，跻显级，而公乃七试有司不偶。天顺年，诏求遗才可经济大用者，于是有司以公应诏，而公亦适当贡，遂卒业大学。成化某甲子，授广西南宁通判。时郡中久苦瑶患，方议发兵，人情汹汹。公至，请守得缓旬日，稍图之。乃单骑入瑶峒，呼酋长与语。诸酋仓促不暇集谋，相与就公，问所由来。公曰："斯行为尔曹乞生，无他疑也。"因为具阵祸福，言辩爽慨，诸酋感动，顾谓其党曰："何如？"皆曰："愿从使君言。"遂相率罗拜，定约而出。寻督诸军讨木头等峒，皆捷。大臣交章荐公可大用。庚子，擢同知平乐府事。平乐地皆崭山互壑，瑶凭险出没深翳，非时剽掠，居民如处阱中，动虑机触，不敢轻往来，农末俱废。闻公至，喜曰："南宁尹使君来，吾无恐耳已。"居月余，公从土著间行岩谷，尽得其形势。纵火悉焚林薄，瑶失藉，溃散。公因尽筑城堡，要害据守。瑶来无所匿，从高巅远觇，叹息踟蹰而去。盖自是平乐遂为安土。居三年，屡以老请，辄为民所留。弘治改元，以庆贺赴京师，力求致仕以归。家居十四年乃卒，得寿若干。

译文

尹这个姓，从春秋时期就是一个很著名的姓氏。从那时一直到汉唐，尹氏代代都出了不少贤能之士。到了宋代，太常博士尹源、中书舍人尹洙及其孙子尹焞都凭着自己的道德和学识成为闻名于世的大儒。在他们之后，尹氏族人还有做过点检官的。他们从洛阳迁到山阴，到平乐公已经是第七代了。尹公的父亲达、祖父性中和曾祖父齐贤，都在乡里非常有名望。尹公十八岁那年，被选拔为郡办学堂的学子，他凭着诗学闻名远近。和他交游的朋友有几十人，大都做了高官，跻身于显贵阶层。可尹公却接连七次考试都没能考中。天顺年间，皇帝下诏令，寻求那些有经邦济世之才却未被发现或未受重视的人，于是政府官员便让尹公去应诏，当时尹公恰好要去贡赋，于是最终也算完成了学业。成化某年的甲子这一天，尹公被授予广西南宁通判一职。当时南宁郡的百姓遭受瑶民的祸害已经很久了，他们正在议论出兵攻打瑶民的事情，一个个情绪激愤，气势汹汹。尹公到后，请求南宁太守出兵的事缓上十多天再做打算。之后，他一个人骑马进了瑶人的山洞，喊他们的酋长出来说话。由于时间仓促，这些瑶人酋长来不及到一起商量，便一个接一个到了尹公面前，问尹公来干什么。尹公回答说："我这次来是替你们求一条生路的，你们不必有疑心。"他还向这些酋长们详尽地陈述了摆在他们面前的祸福，言辞爽快慷慨，这些酋长都非常感动，他们转身征求其他人的意见："怎么样？"众人都说："愿听从这位使君的话。"于是众人一个接着一个，围绕着尹公下拜，并定下了盟约，尹公才出了瑶人的山洞。不久，他督理各路军队讨伐木头等山洞，都获得了胜利。大臣们回朝上交官印时纷纷推荐尹公，认为他应该受到重用。庚子年他便被提拔为同知平乐府事。平乐这个地方，山险路陡，沟壑交错，当地瑶人凭借险要的地形，经常出没于深山老林，不时地剽窃抢掠，附近的百姓如同生活在陷阱之中，动不动就会与瑶人遭遇，以至于他们再也不敢轻易往来经过，连农田都荒废了。听说尹公到了，他们都欣喜地说："南宁尹派您来这儿，我们再也不用害怕瑶人了。"在那儿住了一个多月，尹公由当地土著人带路，穿行于岩石峡谷之间，详尽地了解了当地的地形地势。最后放火将树林全部烧掉了，瑶人失去了森林的蔽护，纷纷四下溃逃。尹公因为在城外已经修筑了城堡和要害来据守，瑶人一旦出现，由于没有了遮挡的树木，所以从高处老远就能看见他们，他们只好唉声叹气地离开这儿，从此以后，平乐便成了一个安定的地方。尹公在平乐一共呆了三年，他几次以年老为由请求回去，可都被平乐的百姓挽留了下来。弘治改元时，他因为要去庆贺而赶赴京城，坚决请求退休回乡。他回到家乡住了十四年后去世了。

公性孝友淳笃，自其贫贱时，即委产三弟，拾取其遗。少壮衰老，虽盛暑急遽，未尝见其不以祗服，与物熙然无牴。至其莅官当事，奋毅敢直，析法绳理，势悍无所挠避。庶几古长者，而今亡矣！

译文

尹公生性孝顺友爱、质朴厚重，在他很贫贱的时候，就把家产全部委托给三弟，只收取一点多余的东西。等到少壮时期他就显得很衰老，即使盛暑酷热时节，也不曾见他不敬谨奉行，好像他与外物没有一点关系似的。他做了官之后，勇敢坚毅，刚直不阿，依法办事，无论多强悍的势力都不畏避，简直就像个古代的长者，而如今他却去世了！

先后娶陈氏、朱氏、殷氏，子骐，孙公贵、公荣。卒之又明年癸亥，将葬，骐以币状来姚请铭。某幼去其乡，闻公之为人，恨未尝从之游，铭固不辞也。公讳浦，字文渊，葬在郡东保山，合殷氏之兆。铭曰：

译文

他先后娶了陈氏、朱氏、殷氏，一个儿子叫骐，两个孙子分别叫公贵、公荣。他去世之后，家人准备第二年癸亥安葬他，尹骐带着礼币和纸来到余姚，请我给他写个墓志铭。我小时候便离开了那个乡，也听说过尹公的为人，遗憾不能跟随他游学，现在请我为他写墓志铭我自然不会推辞。尹公，名浦，字文渊，安葬在郡东的保山，和妻子殷氏合葬。墓志铭这样写道：

赫赫尹氏，望于宗周；源洙比颍，焞畅厥休。自洛徂越，公启其暗。君子之泽，十世未斩。笃敬忠信，蛮貊以行。一言之烈，雄于九军。岂惟威仪，式其党里？岂惟友睦，笃其昆弟？彼保之阳，维石岩岩。尹公之墓，今人所瞻。

译文

尹氏一族赫赫有名，他们的祖宗在周朝时就非常有名望；从源洙开始，世代兴旺，从未间断过。从洛阳迁到越地，尹公为尹氏又增光添彩。君子的恩泽，十世也不会完尽。他忠厚诚信，为人正直，曾经孤身入少数民族聚居地。一席话胜过很多军队的武力，更不用说他的威仪了。他是同行们的榜样，大家不仅同他和睦友好，简直把他看成自己的兄弟。保山之南，岩石巍巍。尹公之墓，今人瞻养。

徐昌国墓志

辛未

正德辛未三月丙寅，太学博士徐昌国卒，年三十三。士夫闻而哭之者皆曰："呜呼，是何促也！"或曰："孔门七十子，颜子最好学，而其年独不永，亦三十二而亡。"说者谓颜子好学，精力瘁焉。夫颜虽既竭吾才，然终日如愚，不改其乐也。此与世之谋声利，苦心焦劳，患得患失，逐逐终其身，耗劳其神气，奚啻百倍！而皆老死黄馘，此何以辨哉？天于美质，何生之甚寡而坏之特速也！夫鼪鼯以夜出，凉风至而玄鸟逝，岂非凡物之盛衰以时乎？夫嘉苗难植而易槁，芝荣不逾旬，蔓草薙而益繁，鸱枭貔蝮遍天下，而麟凤之出，间世一睹焉。商、周以降，清淑日浇而浊秽熏积，天地之气则有然矣，于昌国何疑焉！

译文

正德辛未年三月丙寅日，太学博士徐昌国去世了，享年三十三岁。士夫们听说之后，都哭着说："呜呼！他的生命为何这样短暂！"有的说："孔子有弟子七十人，颜子最好学，可唯独他活得不长久，也是在三十二岁就死去了。"有人说是颜子太好学，精力耗尽了。颜回虽然耗尽了自己的才力，可他整日大智若愚，不改变自己的快乐。这同世上那些为谋取名利而苦心焦虑、患得患失的人相比，何止强上百倍！后者忙忙碌碌过了一生，耗尽了一生的精神和力气，又能怎样呢？但他们都活到终老才死，这和颜回相比，又如何辨别其中的道理呢？苍天为何只让少数的人拥有美好的资质，而又如此迅速毁坏他们啊！鼪鼯到了夜晚才出来，凉风到来玄鸟就会消失，万事万物的盛衰难道不都是依照时令的变化而变化的吗？好的禾苗不仅难种植而且容易枯死，芝草的茂盛不过只有十天，可野草反而是越刬除越繁茂；猛禽毒蛇遍天下，但麒麟凤凰一生或许只能看见一次。商、周以来，美好越来越少，混浊污秽却越来越多，天地之气就成为这个样子了，这对徐昌国来说，也是这样啊！

始昌国与李梦阳、何景明数子友，相与砥砺于辞章，既殚力精思，杰然有立矣。一旦讽道书，若有所得，叹曰："弊精于无益，而忘其躯之毙也，可谓知乎？巧辞以希俗，而捐其亲之遗也，可谓仁乎？"于是习养生。有道士自西南来，昌国与语，悦之，遂究心玄虚，益与世泊，自谓长生可必至。正德庚午冬，阳明王守仁至京师。守仁故善数子，而亦尝没溺于仙释。昌国喜，驰往省，与论摄形化气之术。当是时，增城湛元明在坐，与昌国言不协，意沮去。异日复来，论如初。守仁笑而不应，因留宿，曰："吾授异人五金八石之秘，服之冲举可得也，子且谓何？"守仁复笑而不应。乃曰："吾隳黜吾昔而游心高玄，塞兑敛华而灵株是固，斯亦去之竞竞于世远矣。而子犹余拒然，何也？"守仁复笑而不应。于是默然者久之，曰："子以予为非耶？抑又有所秘耶？夫居有者不足以超无，践器者非所以融道。吾将去知故而宅于埃壒之表，子其语我乎？"守仁曰："谓吾为有秘，道固无形也；谓吾谓子非，子未吾是也。虽然，试言之。夫去有以超无，无将奚超矣？外器以融道，道器为偶矣。而固未尝超乎？而固未尝融乎？夫盈虚消息，皆命也；纤巨内外，皆性也；隐微寂感，皆心也。存心尽性，顺夫命而已矣，而奚所趋舍于其间乎？”昌国首肯，良久曰：“冲举有诸？”守仁曰：“尽鸢之性者，可以冲于天矣；尽鱼之性者，可以泳于川矣。”曰：“然则有之？”曰：“尽人之性者，可以知化育矣。”昌国俛而思，蹶然而起曰：“命之矣！吾且为萌甲，吾且为流澌，子其煦然属我以阳春哉！”数日，复来谢曰：“道果在是，而奚以外求！吾不遇子，几亡人矣。然吾疾且作，惧不足以致远，则何如？”守仁曰：“悸乎？”曰：“生，寄也；死，归也，何悸？”津津然既有志于斯，已而不见者逾月，忽有人来讣，昌国逝矣。王、湛二子驰往哭，尽哀，因商其家事。其长子伯虬，昌国垂殁，整衽端坐，托徐子容以后事。子容泣，昌国笑曰：“常事耳。”谓伯虬曰：“墓铭其请诸阳明。”气益微，以指画伯虬掌，作“冥冥漠漠”四字，余遂不可辨，而神气不乱。

译文

当初，徐昌国与李梦阳、何景明等人交好，他们经常互相切磋文章修辞，经过殚精竭虑的构思，他的文章非常出众。一天早晨，他背诵有关天道的书时，似乎有所领悟，叹息说：“把精力用在这些无益的事情上，却忘记了自己的身体，丧失了健康，这难道是智慧吗？用虚伪浮夸的言辞招摇于俗世，丢弃父母遗传给自己的真心，这难道是仁德吗？”于是，他每天习练养生功。有一个道士从西南来到这儿，徐昌国同他交谈，非常赞同他的观点，于是又开始研究起心的玄虚来，对世事更加淡泊了，他自认为这样坚持下去一定能够长生不老。正德庚午年冬天，阳明子王守仁到达京城。守仁过去同李梦阳等人交情非常好，而且还曾和他们一样沉迷过佛教和道教。徐昌国很高兴，跑去探望，与他们一起谈论摄形化气之术。当时，增城湛元明也在，对昌国所说的话不认同，便心情郁闷地离开了。后来某一天徐昌国又来了，谈论的内容还是和上次的一样，守仁只是笑笑而不作应答，昌国于是留宿下来，对守仁说：“我向他人传授了五金八石的秘方，服了这种丹药，就可以飞到天上，您对此怎么看？”守仁又笑笑而没有回答。他又说：“我抛弃自己从前的做法，而游心于高深玄妙的精神世界，避开感官的刺激，收敛浮华的表现，从而稳定了灵魂的根本。这也就距离追名逐利的俗世更远了，可您还是不回答我，这是因为什么呢？”守仁仍然笑而不答。沉默良久，昌国又说：“您认为我这样做不对吗？或者是您还有别的什么秘方？处在‘有’的位置是不能够超越‘无’的，执着于具体的物质就无法领会‘道’，如果我不再去寻求事物的本源而陷身于俗世的生活中，您会和我说话吗？”守仁说：“假如说我真有秘籍的话，这种道也是无形的；假如说我说你不对，那么你也不会认为我是对的。尽管如此，我还是试着谈谈这个问题吧。离开‘有’而去超越‘无’，这种‘无’如何超越呢？离开具体的事物去理解‘道’，‘道’就和具体事物对立起来了，这样超越于具体事物，又怎能达到‘道’呢？事物的盈虚消亡都是命，大小内外都是性，隐微寂感都是心。能够做到存心尽性，就是能够顺应天命，这样的话又何必有所取舍呢？”昌国表示赞同，过了许久才说：“这样的话，能飞起来吗？”守仁说：“尽了鹰的性，就能冲向天空；尽了鱼的性，就能在河里游泳。”昌国说：“那对于人呢？”守仁说：“尽了人的天性，就能够了解是感化和教育了。”昌国俯下身子认真地思考，然后起身来说：“这的确是天命啊！我要做植物初生的芽，我要做江河解冻时流动的冰块，我要重新开始新的生活，您的谆谆教导就是给了我生命的春天啊！”几天之后，昌国又来向我表示感谢说：“道理果然如您所说的一样，以前我一直是在心外寻求！假如不是遇上您，恐怕我已经不成为人了。可惜，我的旧病又发作了，我担心自己无法达到更高远的境界了，您认为我该如何呢？”守仁问：“你怕吗？”昌国说：“活着，不过是暂时寄居于天地之间罢了；死亡，也就是回家而已，这有什么值得害怕的呢？”他已经十分乐意按照我说的方法修身养性了。之后一个多月我没有见到他，忽然有人来报丧说昌国已经去世了。王、湛两位先生都跑着哭灵去了，大家都很悲痛，在商议具体事宜的时候，昌国的长子伯虬说，昌国临死之前整理好衣襟端坐着，把自己的后事托咐给徐子容。子容哭泣着，昌国笑着说：“人死是一件很平常的事情。”他又对伯虬说：“我的墓志铭一定要请王阳明先生来写。”他的气息更加微弱了。用手指在伯虬的手心里写了“冥冥漠漠”四个字，虽然字迹很难辨认，但他的精神和气韵并不慌乱。

呜呼！吾未竟吾说以时昌国之及，而昌国乃止于是，吾则有憾焉。临殁之托，又可负之？昌国名祯卿，世姑苏人。始举进士，为大理评事。不能其职，于是以亲老求改便地为养。当事者目为好异，抑之，已而降为五经博士。故虽为京官数年，卒不获封其亲，以为憾。所著有《谈艺录》、古今诗文若干首，然皆非其至者。昌国之学凡三变，而卒乃有志于道。墓在虎丘西麓。铭曰：

译文

呜呼！我最终没有把我的学说传给昌国，以至于他在修身养性的道路上，只达到这样的境界就去世了。对此，我感到遗憾。他临终时嘱托要我为他写墓志铭，我怎能辜负他的厚望呢？徐昌国，名祯卿，世世代代都是姑苏人。最初考中进士，担任大理评事。由于不能胜任这个职务，他便以侍奉家中年迈的父母为由请求改任他职，于是在当地休养。一些当权者认为他喜好标新立异，便处处排挤他，后来他被降为五经博士。所以他虽然在京城做了好几年官，但最终还是为不能获得朝廷对他父母的封赏而感到遗憾。他著有《谈艺录》，收集了若干首古今诗文，但都不是最好的。昌国治学总共经过三次大的转变，最后才有志于道。昌国的墓在虎丘西麓。墓志铭这样写道：

惜也昌国！吾见其进，未见其至。早攻声词，中乃谢弃。脱淖垢浊，修形练气。守静致虚，恍若有际。道几朝闻，遐夕先逝。不足者命，有余者志。璞之未琢，岂方顽砺？隐埋山泽，有虹其气。后千百年，曷考斯志！

译文

痛惜啊，昌国！我看见他在进步，却没能看到他到达悟道的境界。他早年攻读诗文辞章，中途却放弃了。后来他超脱泥淖和污垢，修身练气。守静致虚，恍惚中似乎觉得自己达到了边际。差不多就要得道的时候却溘然长逝。这真是命运苦短而志向远大啊。璞玉没有经过雕琢，难道就永远是一方顽石吗？他虽被隐没在山水之间，却有长虹之气。千百年之后，谁会来研究这个墓志呢！

凌孺人杨氏墓志铭

乙亥

古之葬者不封不树。葬之有铭，非古矣，然必其贤者也。然世之皆有铭也，亦非古矣，而妇人不特铭。妇人之特铭也，则又非古矣，然必其贤者也。贤而铭，虽妇人其可哉！是故非其人而铭之，君子不与也；铭之而非其实，君子不为也。吾于铭人之墓也，未尝敢以易，至于妇人而加审焉，必有其证矣。凌孺人杨氏之铭也，曷证哉？证于其夫之状，证于其子之言，证于其乡人之所传，其贤者也。

译文

古时候安葬死者，既不封土也不立碑。安葬死者时立上碑并刻上墓志，这不是古代的做法。但实际情况却是，只要死者生前是一个贤德的人，就会有墓志，这也不是古时候的习惯。至于妇女，是不特别立墓志的。专门为妇女写墓志，这也是古时候所没有过的。然而如果她的确是个贤德的人，就应该有墓志，即便是妇女又如何！所以，君子是不会为那些不贤德的人写墓志的；写些名不副实的墓志，是君子所不愿意做的事情。对于为别人写墓志，我也是坚持这些原则的，而且从来不敢有所改变，对为妇女写墓志，我更是特别谨慎，一定要有可靠的证据证明她的确是一个贤德的人，我才会为她写墓志。我为凌公的夫人杨氏写墓志铭，是依据什么呢？依据她的丈夫对她的褒奖，依据她儿子的言论，依据她的同乡们都在传颂的她的贤德和美名。

孺人之夫为封监察御史凌公石岩讳云者也。石岩之状，谓孺人为通怀远将军之曾孙女，茂年十八而来归。姑舅爱之，族党称之，乡闾则之，不悉数其行，则贤可知矣。子佥宪相，与同年，贤也；地官员外郎楷，又贤也。孺人之慈训存焉。相尝为予言孺人之贤十余年矣，与今石岩之状同也。吾乡之士游业于通者以十数，称通之巨族以凌氏为最，凌氏之贤以石岩为最，则因及于孺人之内助。其所称举与今之状又同也。夫夫或溺誉焉，子或溢美焉，吾乡人之言不要而实契，斯又何疑矣！

译文

杨氏的丈夫是监察御史凌石岩，凌石岩的名字叫凌云。凌石岩在褒奖他妻子的记述中说，妻子杨氏是通怀远将军的曾孙女，名字叫杨茂，十八年都没回过娘家。姑舅都非常喜爱她，同族的人也都称赞她，乡里人都把她作为榜样，即使不把她的德行全部列举出来，也能够知道她是一个贤德的人。她的儿子凌相任佥宪，与同龄人相比，非常贤德；另一个儿子凌楷担任地官员外郎，也是一个贤德的人。从他们的身上都能够看到孺人杨氏的慈爱和教诲。凌相曾经对我说，十几年来，他的母亲杨氏一直都十分贤惠，这与石岩褒奖她的记述是一致的。我们家乡的在通这个地方游学的十几个士人，都说通地最有影响力的要算凌姓，而凌氏中最贤德的又要数石岩，而石岩的贤德又与他的夫人杨氏对他的帮助分不开。他们对杨氏的称颂也与石岩的记述是一致的。丈夫对她的褒奖也许会有些夸张，儿子对她的评价也许会有些溢美，可是父老乡亲的话一点不是戏言，都与她的丈夫和儿子对她的看法一致，这难道还有什么值得怀疑的吗！

孺人之生以正统丁卯十二月九日，卒于正德癸酉十一月九日，寿盖六十七。男四：长即相；次棋，早卒；次即楷；次栻。女二。孙男八，女三。曾孙男一，女一。相将以乙亥正月内丙寅附葬孺人于祖茔之左，而格于其次，乃以石岩之状来请铭，且问葬：“合葬非古也，周公以来，未之有改也。先孺人附于祖茔之左，昭也，家君百岁后将合焉。葬左则疑于阳，虚右则疑于阴，若之何则可？”予曰：“附也，则祖为之尊，左阳右阴也。阳兼阴而主变者也，阴从阳而主常者也。阳在左则居左，而在右则居右；阴在左则从左，而在右则从右。其虚右而从左乎？”于是孺人之葬虚右而从左。铭曰：

译文

孺人杨氏出生在正统丁卯年十二月九日，死于正德癸酉年十一月九日，享年六十七岁。她有四个儿子，长子就是凌相，次子凌棋早年夭折，另外两个儿子分别叫凌楷和凌栻。她还有两个女儿，八个孙子，三个孙女，一个曾孙和一个曾孙女。凌相准备在乙亥年正月丙寅日把她附葬在祖坟的左侧，凌相拿着石岩写的东西来请我为杨氏写一篇墓志铭，并向我询问有关安葬的事情："合葬不合乎古代的传统，自周公以来还不曾有过改变。把先孺人葬在祖坟的左侧太显眼了，家父百年之后将要同她合葬，葬在左侧就会让人疑心是葬到阳的位置上，把右侧空着就会让人疑心我为何没把她葬在阴的位置上，究竟该如何安葬她呢？"我说："既然是附葬，那么祖先的墓就是尊位，它的左侧是阳，右侧为阴，阳中有阴预示着变化，阴从于阳预示着常态。阳在祖坟的左侧就称为居左，在右侧就称为居右；阴假如在祖坟的左侧就称为从左，在右侧就称为从右。把右侧空着，葬在左侧怎么样？"于是凌孺人杨氏被安葬在祖坟的右侧靠左的位置上。墓志铭这样写道：

孺人之贤，予岂究知？知子若夫，乡议是符。如彼作室，则观其隅。彼昏懵懵，谓予尽诬。狼山之西，祖茔是依。左藏右虚，孺人之居。

译文

孺人的贤惠我如何能全部知道呢？我是从她的儿子、丈夫以及乡里人的议论中知道的。如果他们说的都是假的，证明我只看到事情的表面；如果他们都昏聩懵懂，证明我全是在说谎。孺人葬在狼山的西侧，依着祖坟。墓在左侧，右边空着。

文橘庵墓志

乙亥

高吾之丘兮，胡然其岿岿兮？乡人所培兮。高吾之木兮，胡然其赜赜兮？乡人所植兮。高吾之行兮，胡然其砥砥兮？乡人所履兮。

译文

高吾的土丘为什么这么高大？原来是因为乡里的人不断培土。高吾的树木为什这么茂盛？原来是因为乡里的人不断栽培。到高吾的道路为什么么平坦？原来是因为乡里的人不断踩踏。

阳明子曰："呜呼！兹橘庵文子之墓耶？"冀元亨曰："昔阳明子自贵移庐陵，道出辰、常间，遇文子于武陵溪上，与之语，三夕而不辍，旬有五日而未能去。门人问曰：'夫子何意之深耶？'阳明子曰：'人也朴而理，直而虚，笃学审问，比耄而不衰。吾闻其莅官矣，执而恕，惠而节，其张叔之俦欤？吾闻其居乡矣，励行饬己，不言而俗化，其太丘之俦欤？呜呼！于今时为难得也矣。'别以其墓铭属，阳明子心许之而不诺。门人曰：'文子之是请也，殆犹未达欤？'阳明子曰：'达也。'曰：'达何以不诺也？'曰：'古之葬者不封不树，铭非古也。后世则有铭，既葬而后具，豫不可也。'曰：'然则恶在其为达矣？'曰：'死生之变大，而若人昼夜视之不以讳，非达欤？盖晋之末有陶潜者，尝自志其墓。'"文子既殁，其子棐棠、东集、栻葬之高吾之原。阳明子乃掇其所状而为之铭。

译文

阳明子说："呜呼！这里就是文橘庵先生的墓吧？"冀元亨说："过去阳明子从贵州移居到庐陵，在距离辰、常不远的武陵的一条小溪边遇到了文橘庵先生，阳明子同他交谈，连续三个下午不间断，十五天都没有离开。门人问道：'先生和他的感情为什么这么深厚呢？'阳明子回答说：'文橘庵这个人纯朴又文雅，耿直又虚心，勤学好问，年纪已经很大了却并不显得衰老。我听说他为官的时候，既能依照法律办事又有一颗宽恕之心，既能给人恩惠又很能把握节度，简直能和张叔相提并论了。我听说他居住在乡里的时候，对自己的言行举止要求非常严格，他虽然嘴上不说什么，但人们还是受到他的影响，当地社会风气有了很大的好转，这简直能和太丘相提并论了。呜呼！文橘庵这样的人在今天的确是难得啊。'分别时，文橘庵再三叮嘱阳明子为他写一篇墓志铭，王阳明心里同意了嘴上却不答应。门人说：‘文先生这样请求您，您却不答应，是不是因为他还不够通达呢？’阳明子说：‘他非常通达。’门人说：‘既然他很通达，您为什么不答应他呢？’阳明子说：‘古时候安葬死者，既不封土也不立碑，写墓志铭是不符合古代传统做法的。后来的人虽然有墓志铭，可那都是安葬之后才做的，人还没有去世就提前写墓志铭是不行的。’门人说：‘既然如此，具体表现在哪里呢？’阳明子说：‘生和死的变化是非常大的，可是假如一个人能把生死的变化看成是昼夜交替一样自然，就不会对死再有什么忌讳了，这不是很通达吗？晋朝末年有个人叫陶渊明，他就为自己写墓志铭。’”文橘庵先生去世之后，他的儿子栥棠、东集、栻将他安葬在高吾的一块平原上。阳明子为文先生写了墓志铭。

文子名澍，字汝霖，号橘庵。举进士，历官刑部郎中。出为重庆守，已而忤时贵，改思州，遂谢病去。文子之先为南昌人，曾祖均玉始避地桃源。门人有闵廷圭者，为之行状，甚悉。

译文

文先生，名澍，字汝霖，号橘庵。考中过进士，担任过刑部郎中。后来到重庆担任郡守，不久，由于触怒了当时的权贵，改赴思州，于是他称病谢绝，从此离开官场。文先生的祖先是南昌人，自他的曾祖父均玉开始，因为避难，迁到桃源。文先生的门客中有个人叫闵廷圭，对文先生的言行做了十分全面的记述。

登仕郎马文重墓志铭

丙子

沛汉台里有马翁者，长身而多知。涉书史，少喜谈兵，交四方之贤，指画山川道里，弛张阖辟，自谓功业可掉臂取。尝登芒砀山，左右眺望，嘻吁慷慨，时人莫测也。中年从县司辟为掾，已得选，忽不惬，复遂弃去。授登仕郎。归与家人力耕，致饶富，辄以散其族党乡邻。葬死恤孤，赈水旱，修桥梁，惟恐有间。既老，乃益循饬。邑人望而尊之，以为大宾焉。年八十六，正德丙子四月三日无疾而卒。长子思仁，时为鸿胪司仪署丞，勤而有礼，予既素爱之。至是闻父丧，恸毁几绝，以状来请予铭，又哀而力，遂不能辞。按状，翁名珍，字文重。父某、祖某、曾某，皆有隐德。子男若干人，女若干人。以是年某月某日葬祖茔之侧。为之铭曰：

译文

沛汉台有个老人，姓马，高大修长，知识渊博。他广泛地阅读各种典籍史册，从小就爱好谈论军事。他同各方贤士结交，他们经常在一起指点江山，张弛有度，纵横捭阖，既能闭门不出潜心做学问，也能出外驰骋纵情山水间。他自己认为要想取得功名是轻而易举的事。他曾经登上芒砀山左右眺望，慷慨激昂地抒发情怀，当时人们都不知道他是一个什么样的人。中年时，他曾经跟随县里的一位官员做属员，本来已经当选了，可是他忽然感到不愉快，就辞去了这个职务。他被授予登仕郎。后来他回家，和家人一起耕田种地，成为富户，他经常拿出钱财分发给同族的人和乡里邻居，帮助他们安葬死者、抚恤孤儿、赈济水旱灾害、修筑桥梁道路，所有这些事情他都尽力去做。年纪大了之后，他更加严格地要求自己。同乡的人都十分敬重他，把他看做十分重要的客人。正德丙子年四月三日，他无疾而终，享年八十六岁。他的长子思仁当时任鸿胪司仪署丞，勤恳而又有礼貌，我一直很喜爱他。听说父亲去世了，他悲痛得差点昏死过去，拿着纸来请我为他的父亲写一篇墓志铭，看到他悲伤而又坚决的样子，我实在不好推辞。按照他带来的有关记载，马老，名珍，字文重。他的父亲、祖父和曾祖父都默默无闻地做过许多好事。他育有几个儿子和女儿。在他去世这一年的某月某日，他被安葬在祖坟的旁边。我给他写的墓志铭如下：

丰沛之间，自昔多魁。若汉之萧、曹，使不遇高祖，乘风云之会，固将老终其身于刀笔之间。世之怀奇不偶，无以自见于时，名湮没而不著者，何可胜数？若翁者，亦其人非耶？然考其为迹，亦异矣。呜呼！千里之足，困于伏枥；连城之珍，或混瓦砾。不琢其章，于璧何伤？不驾以骧，奚损于良？呜呼马翁，兹焉允臧。

译文

丰、沛一带，自古以来就有许多杰出的人物。汉朝的萧何、曹参，如果他们没有遇到汉高祖，没有遇到平步青云的机会，也就只能在刀笔之间终其一生了。在这个世界上，怀才不遇，不能被当时的社会所发现因而湮没无闻的人，难道数得过来吗？马老不就是这样的人吗？考查他的事迹，能够看到的确是非同寻常的。呜呼！一匹千里马就这样被用来拉车，一块价值连城的美玉就这样与普通瓦砾混在了一起。然而，一块玉石，即便不经过雕琢，对于它是一块玉这个事实，难道有什么妨害吗？一匹千里马，即便没有人驾驭它奔跑，它难道就不是一匹好马了吗？呜呼！这里安葬的马老，恰好就是这样的美玉和千里马。

明封刑部主事浩斋陆君墓碑志

丙子

封君之葬也，子澄毁甚，失明，病不能事事，以问于阳明子曰：“吾湖俗之葬也，咸竭资以盛宾主，至于毁家，不则以为俭其亲也。不肖孤则何费之敢靳，大惧疾之不任，遂底于颠殒，以重其不孝。敢请已之，如何？”阳明子曰：“不亦善乎！棺椁衣衾之得为也者，君子不以俭其亲。徇湖俗之所尚，是以其亲遂非而导侈也，又况以殆其遗体乎？吾子已之，既葬而以礼告，人岂有非之者！将湖俗之变，必自吾子始矣。一举而三善，吾子其已之。”既而复以志墓之文请。阳明子辞之不得，则谓之曰：“志墓非古也。古之葬者，不封不树。孔子之葬其亲也，自以为东西南北之人，不可以无识也，而封之，崇四尺。其于季札之葬，则为之识曰：“有吴延陵季子之墓。”后之志者，若是焉可矣。而内以诬其亲，外以诬于人，是故君子耻之。吾子志于贤圣之学，苟卒为贤圣之归，是使其亲为贤圣者之父也，志孰大焉！吾子曷已之？封君之存也，尝以其田二顷给吾党之贫者以资学，是于斯文为有襄也。而又重以吾子之好，无已，则如夫子之于札也乎？”因为之题其识墓之石，曰“皇明封刑部主事浩斋陆君之墓”，而书其事于石之阴。君讳璩，字文华，湖之归安人。墓在樊泽。子澄，举进士，方为刑部员外郎。澄之兄曰津。

译文

安葬陆浩斋君的时候，他的儿子澄因为过度悲伤而双目失明，以至于什么事情也不能做了，他问阳明子：“我们这里安葬死者的风俗是竭尽全部家产来感谢前来祭奠死者并对家属进行慰问的各位宾客，但是这样做常常会毁掉一个家庭；而如果不这样做，人们就会认为你对死去的亲人太节俭了。可是像我这样一个不肖的人，本来就很贫穷，即使想吝惜，又哪里有钱吝惜呢？我十分担心我因为眼病而不能胜任自己的工作。假如我也因为疾病而死，岂不是更加不孝？请问先生我到底该怎么办才好呢？”阳明子说：“现在这样不就很好吗！你只要为父亲置办了棺椁和寿衣，君子就不会认为你对亲人节俭了。依照这一带所崇尚的风俗来看，这样做也是为了体现对亲人的孝心，而不是去刻意引导人们追求奢侈和排场，更何况弄坏自己的身体呢？你既然已经安葬了父亲，而且也尽到了各种礼节，人们都是知道的，怎么会有人诋毁你呢？将来这里的风俗一旦有什么变化，也一定是从你而开始的。你这个举动有几个方面的积极意义，你就放心吧。”之后他请我为他的父亲写一篇墓志铭。我不好推辞，只好对他说：“写墓志这种做法在古代是没有的。古人安葬死者，既不封土也不立碑。孔子安葬父母时，认为各处死人很多，不能没有一个可以辨识的记号，于是就把父母的坟堆成四尺高，把这个高度作为一个标记。安葬季札时，写了‘有吴延陵季先生之墓’这几个字来作为标记。后人假如这样写墓志也是可以的。但如果在写墓志铭时，把内容写得名不副实，对内欺骗父母，对外欺骗他人，这是君子引以为耻的。假如你立志研究圣贤的学问，最后能成为圣贤，那么你的父亲就会成为圣贤者的父亲，这两种志墓的方法，哪一种更有意义呢？你在安葬父亲后，曾经拿出他的两顷田地送给同乡的贫困家庭，资助他们的孩子读书，这对当地文化的发展是有帮助的。此外，你还根据自己的喜好，改革了当地的风俗，用比较节俭的方式操办丧事，这就有些类似于安葬季札，是不是呢？”于是我为他写了标记他父亲坟墓的石碑：“皇明封刑部主事浩斋陆君之墓”，同时在石碑的背面写上了他的事迹。浩斋君，名璩，字文华，湖地归安人。墓在樊泽。儿子澄中了进士，现任刑部员外郎。澄的哥哥叫津。

谥襄惠两峰洪公墓志铭

特进光禄大夫柱国太子太保刑部尚书兼都察院左都御史致仕洪公，以嘉靖二年四月十九日薨，时年八十有一矣。讣闻，天子遣官九谕祭，锡谥襄惠，赐葬钱塘东穆坞之原。其嗣子澄将以明年乙酉月日举葬事，以币以状来请铭。

译文

特进光禄大夫柱国太子太保、刑部尚书兼都察院左都御史，已经退休的洪公，在嘉靖二年四月十九日去世，享年八十一岁。消息传到天子那里，天子立刻派官员前去祭吊，并赐给洪公“襄惠”的谥号，还赐他葬在钱塘东穆坞的一块平地上。他的儿子洪澄，准备在第二年乙酉月举办安葬的事宜，带着礼币和有关洪公的文字记载请我为他写一篇墓志铭。

维洪氏世显于鄱阳。自宋太师忠宣公皓始赐第于钱塘西湖之葛岭。三子景伯、景严、景庐皆以名德相承，遂为钱塘望族。八世祖讳其二，仕宋为浙东安抚使。元兴，避地上虞。曾祖讳荣甫。祖讳有恒。迨皇朝建国，乃复还家钱塘。有恒初名洪武昌，忌者上书言其名犯年号。高皇帝亲录之，曰：“此朕兴之兆耳。”御书“有恒”易之。父讳薪，徽州街口批验所大使。自曾祖以下，皆以公贵，赠太子太保刑部尚书，妣皆赠一品夫人。公讳钟，字宣之。自幼歧嶷不凡。成化戊子，年二十六，以《易经》领乡荐。乙未举进士，授官刑部主事，谙习宪典。时相继为大司寇者皆耆德宿望，咸器重礼信之。委总诸司章奏，疑议大狱，取裁于公，声闻骤起。庚子，升员外郎，仍领诸司事。癸卯，丁内艰。丙午起复，升郎中，寻虑囚山西。乙巳，江西、福建流贼甫定，公承命往审处之。归，言福建之武平、上杭、清流、永定，江西之安远、龙南，广东之程乡，皆流移混杂，习于斗争，以武力相尚，是以易哄而乱。譬若群豺虎而激怒之，欲其无相攫噬，难矣。宜及其平时，令有司多立社学，以训诲其子弟，销其兵器，易之以诗书礼让，庶几潜化其奸宄。”时以为知本之论。弘治己酉，升江西按察副使。癸丑，升四川按察使。所在发奸擿伏，无所挠避，而听决如流，庭无宿讼。由是横豪屏息，自土官宣慰使，皆懔懔奉约束。安氏世有马湖，恃力骄僭，为地方患。公从容画策去之，请吏于朝，遂以帖定。丙辰入觐，升江西右布政使。丁巳，转福建左布政使。著绩两省。戊午，升都察院右副都御史，巡抚顺天等府，兼整饬蓟州诸边备。时朵颜虏势日猖獗，公以边备积弛，乃建议增筑边墙。自山海关界岭口西北至密云古北口黄花镇，直抵居庸，延亘千余里，缮复城堡三百七十，悉城沿边诸县，官无浪费而民不知劳。自是缓急有赖。又奏减防秋官兵六千人，岁省挽输犒赏之费以数万。创建浮桥于通州，以利病涉。毁永平陶窑，以息军民横役之苦。夺民产及牧围草场之入于权贵者而悉还之，远近大悦，名称籍甚。然权贵人之扼势失利者，数短公于上，遂改云南巡抚，再改贵州。顷之，召还督理漕运，兼巡抚凤阳诸处。正德丁卯，升右都御史，仍董漕政。戊辰，命掌南京都察院事，寻升南京刑部尚书。己巳，改北京工部，复改刑部，兼都察院左都御史，加太子少保，赐玉带。庚午，特命出总川、陕、湖、河四省军务。时沔阳洞庭水寇丘仁、杨清等攻掠城邑，其锋甚锐，官军屡失利。公至，以计擒灭之。蓝五起蜀，与鄢老人等聚众往来，寇暴川、陕间，远近骚动。公涉历险阻，深入贼巢，运谋设奇，躬冒矢石，前后斩获招降以十数万，擒其渠酋二十八人，露布以闻。土官杨友、杨爱相仇，激为变，众至三万余，流劫重庆、保宁诸州县。公随调兵剿平之，复其故业。朝廷七降敕奖励，赐白金麒麟服，进太子太保。公辞不获，则引年恳疏乞归，章七上，始允之。圣谕优奖，赐驰驿还，仍进光禄大夫，录其孙一人入胄监。

译文

洪氏世代显赫于鄱阳一带。从宋朝太师忠宣公洪皓开始，就在钱塘西湖的葛岭安了家。忠宣公的三个儿子景伯、景严、景庐，都继承了他的功名和美德，洪家便成为钱塘的名门望族。洪氏的八世祖洪其在宋朝做过官，还有一个在宋朝时担任浙东安抚使。到了元朝，就在上虞过着半隐居的生活。洪公的曾祖父叫荣甫，祖父叫有恒，到明王朝建立的时候，就回到了钱塘老家。有恒一开始名字叫洪武昌，忌讳这个名字的人给皇帝上书，说他的名字冒犯了明朝的年号。皇帝亲自记下了他的名字，并说“这是我兴起的征兆啊”，还御书“有恒”两个字，替换了“武昌”两个字。洪公的父亲名字叫洪薪，担任徽州街口批验所大使。自从他曾祖父开始，洪家世代都数红公最为显贵，洪公被赐赠以太子太保刑部尚书的头衔，母亲、祖母也都被尊奉为一品夫人。洪公名叫洪钟，字宣之。自小就气度不凡。成化戊子年时，他二十六岁，由于《易经》学得非常好，被乡里举荐。乙未年考中进士，担任刑部主事，非常熟悉法律典章。当时相继担任司寇的都是德高望重的人，他们都非常器重他、信任他。作为刑部主事，洪公负责总管刑部各部门的奏章，各种疑难大案总是经由他裁决，他的名声很快就传开了。庚子年，洪公晋升为员外郎，但仍然管理着刑部各部门的工作。癸卯年，丁父忧在家，丙午月又晋升为郎中，为了调查案犯，他曾经去过山西。乙巳年，江西、福建一带流贼非常不安分，洪公奉命去处理此事。回来之后，他说：“福建的武平、上杭、清流、永定，江西的安远、龙南以及广东的程乡，这些地方流贼和移民混杂在一起，一直在争斗。假如用武力解决这个问题，就很容易招致民众的骚乱。这就如同面对豺狼猛虎，一旦激怒了它们，想让它们不互相残杀是很困难的。最好的办法是平时命令有关负责人多建立几个学堂，通过这些学堂教育和训诫他们的子弟。同时，收缴并销毁他们的兵器，教他们学习诗书礼节，这样做或许能潜移默化把他们改造过来。”当时，大家都认为这是把握了问题之根本的一番议论。弘治乙酉年，洪公被晋升为江西按察副使。癸丑年，被晋升为四川按察使。他到哪里，那里藏匿的坏人就会被他发现、制伏。他审理案件得心应手，一次审理就能够正确断案，因此朝堂上从没有出现过同一案件被反复诉讼的情况。于是那些横行霸道之人纷纷收敛，自从土官宣布了新的政令以后，他们都惶恐不安，老老实实地遵守这些法令。有一户姓安的，世代拥据马湖，他们依仗着财力强大，骄横跋扈，成为当地一大祸患。洪公从容策划想要除去这个祸患。于是，他便请这个姓安的到朝中任个小官，果然，这个姓安的变得服服帖帖，地方上安定多了。丙辰年，洪公觐见皇帝，被晋升为江西右布政使。丁巳年，又转任为福建左布政使。在这两个省，他都取得了十分显著的政绩。戊午年，洪公晋升为都察院右副都御史，巡抚顺天等府，同时兼管整顿蓟州等边关的防务工作。当时，朵颜等少数民族的势力日益猖獗。由于多年来边疆的防务一直废弛，洪公就建议增筑边墙。从山海关界岭口的西部，向北到密云古北口黄花镇，直达居庸关，城墙绵延一千多里，修复了三百七十座城堡，沿边各县，官员没有浪费的，百姓们也不知疲劳，从此治安有了可靠的保证。他还上奏折请求皇上减少了六千名秋防的官兵，这样每年节省的运输、犒赏的费用就有好几万。他还在通州建设浮桥，解决了百姓过河难的问题。他拆毁了永平的陶窑，以消除军民的劳役之苦。他还收回那些权贵们掠夺的老百姓的财产以及牧围草场，并全部退还给老百姓。远近的百姓非常高兴，对洪公予以很高的评价。但是，一些扼势失利后的权贵对洪公怀恨在心，多次在皇上面前说洪公的坏话，于是他被改任为云南巡抚，后来又改任为贵州巡抚。不久又被召回朝廷，负责监管漕运工作，同时兼巡抚凤阳等地。正德丁卯年，又提升为右都御史，仍然监管漕运工作。戊辰年，洪公又奉命掌管南京都察院的事务，很快提升为南京刑部尚书。己巳年，又改任北京工部，后来又改任刑部，兼任都察院左都御史，另外还兼任太子少保，皇上赐给他一条玉带。庚午年，洪公奉特别命令总管川、陕、湖、河四省的军务。当时沔阳、洞庭一带的水寇丘仁、杨清等人攻城掠邑，锋芒非常锐利，官军多次失利。洪公到任后，设下计谋捉住了他们的头目，消灭了这股恶势力。蓝五从四川起兵，与鄢老人等聚众来往于四川和陕西之间进行抢劫，横行霸道，远近百姓都感到惶恐不安。洪公克服艰难险阻，深入敌人的巢穴，运用谋略，设下奇阵，并冒着箭矢和滚石的危险，亲临前线指挥，前前后后共歼灭和俘获十几万匪徒，擒拿大大小小的头目二十八人，影响很大。土官杨友与杨爱彼此仇视，最后矛盾激化，引发了一场暴乱。他们聚众三万多人，抢劫了重庆、保宁各州县。洪公又调兵剿灭了这两股恶势力，平息了他们的争斗，恢复了各州县正常的生产和生活。朝廷曾经七次下达敕令对他进行嘉奖，赐予他白金麒麟服，晋升他为太子太保。洪公坚决辞谢不受，看到自己年纪大了，恳求皇帝准许他回家养老，前前后后共上了七次奏折，皇帝才批准。皇帝下旨赐给他驿马。回去之后，朝廷还赠他为光禄大夫，并录用他的一个孙子做胄监。

公既归，筑两峰书院子西湖之上，自号两峰居士。日与朋旧徜徉诗酒以为乐，如是者十有一年。嘉靖改元之壬午，朝廷念公寿耇，诏进公阶特进光禄大夫、柱国，赐玄纁羊酒，遣有司劳问，士夫之议者，咸以公先朝之老，抱负经济，年虽若迈而精力未衰，优之廊庙，足倚以为重，思复起公于家，而公已不可作矣。

译文

回到家乡之后，洪公在西湖边建造了两峰书院，自号两峰居士。每天与一些朋友饮酒论诗，过着十分快乐的生活，就这样过了十一年。嘉靖改元年的壬午，朝廷顾念洪公高寿，下旨赠洪公为光禄大夫、柱国，并赐给他玄纁羊酒，还派遣有关官员专程前去犒劳、慰问，士大夫们议论纷纷，都说洪公是先朝元老，有抱负又懂得谋划，虽然年迈但精力却还旺盛，如果把他请回朝廷，一定可以发挥很大的作用。大家都想朝廷能重新起用洪公，可是洪公身体已经不太好了。

公元娶郑氏，累赠一品夫人。继周氏、徐氏，又继魏氏，南京吏部尚书文靖公之女，女卒，赠一品夫人。二子魏出。长澄，乡进士，才识英敏，方向于用；次涛，荫授南京都察院都事，先卒。女二，侧出。长适漕运参将张奎，次适国子生李綦。孙男四：梗、楠、桥、檀。女七。墓合魏夫人之兆。铭曰：

译文

洪公的元配夫人郑氏，被朝廷封为一品夫人。继配有周氏和徐氏，后来还有魏氏，她是南京吏部尚书文靖公的女儿，最后也被朝廷封为一品夫人。洪公有两个儿子，长子叫洪澄，是乡进士，才识敏捷，正在被任用；次子叫洪涛，任南京都察院都事，很早就去世了。洪公有两个女儿，长女嫁给了漕运参将张奎，次女嫁给了国子生李綦。洪公有四个孙子，分别叫洪楩、洪楠、洪桥、洪檀。他还有七个孙女。洪公去世之后和魏夫人合葬在一处。墓志铭这样写道：

桓桓襄惠，嶷然人杰。自其始仕，声闻已揭。于臬于藩，益弘以骞。略于西陲，寔屏寔垣。既荒南服，圻漕是督。亟命于南，亟召于北。司空司寇，邦宪是肃。帝曰司寇，尔总予师。寇贼奸宄，维尔予治。既狸既遏，豕蹝狐逸。暨其成功，卒以老乞。天子曰俞，可长尔劬。西湖之湄，徉徉于于。圣化维新，聿怀旧臣。公已不作，维时之屯。天子曰咨，谥锡有。哀荣终始，其畴则如。穆坞之原，有郁其阡。诗此贞石，垂千万年。

译文

大名鼎鼎的襄惠，多么高大，是人中之杰。他从开始做官起便名声远扬。他依据法度治理藩地，把西部边境变成朝廷的城墙。平定南方以后，他又监管漕运，多次受命奔赴南方，又多次被召回北方。无论做司空还是做司寇，他总是严守国家和法律。皇帝说，集结你的队伍，寇贼奸佞，你总能够惩治。哪里出现匪徒和骚乱，只要他一去，他们就会纷纷逃散。取得胜利之后，便乞请天子同意他告老还乡。天子说，你也够辛苦的了，就回到西湖边好好休养吧。皇帝推行改革，心念旧臣，洪公不愿再重新做官，而甘心在家种田。天子于是不再强求，赐给他谥号，让他终身享有崇高的荣耀，赏赐给他的良田美宅永不变。穆坞的平原，一片郁郁苍苍。把诗题在这块碑石上，愿洪公永载史册，名垂千古。

赠翰林院编修湛公墓表

壬申

呜呼！圣学晦而中行之士鲜矣。世方弇阿为工，方特为厉，纷纵倒置，孰定是非之归哉！盖公冶长在缧绁之中，仲尼明非其罪；匡章通国称不孝，孟子辩之，夫然后在所礼貌焉。刚狷振砺之士，独行违俗，为世所妒嫉，卒以倾废踣堕，又浼以非其罪者，可胜道哉！予读怡庵志而悲之。怡庵湛公英者，广之增城人。介直方严，刻行砥俗，乡之善良咸服信取则，倚以扶弱御侮。然不辞色少贷人，面斥人过恶，至无所容。狡狯之徒动见矫拂，嫉视如仇，聚谋必覆公于恶，毋使抗吾为。公直行其心，不顾，竟为所构诬，愤发病以死。公既死，其徒恶益行。乡之人遂皆谓湛公行义，顾报戾其施，而恶者自若，吾侪何以善为？后十余年，为奸者贯盈，剪灭浸尽。而公子若水求濂洛之学，为世名儒，举进士，官国史编修。推原寻绎，公德益用表著。

译文

呜呼！圣人的学问已经晦暗了，品行端正的人也已经很少了。世人正盲目地追求功名利禄，这种情况越来越严重，人们的物欲被杂乱地放纵，人心与人欲本末倒置，谁来判定孰是孰非！公冶长在监狱时，孔子证明他是无罪的；全国百姓都说匡章不孝，孟子却站出来替他辩护，由于孔子和孟子等人的共同努力，人们后来终于明白了什么是真正的礼。那些刚直不阿、严于律己的人，按照自己的思想办事，不惧世俗，于是被世人嫉恨，最终一败涂地，而且还要背负各种罪名。这样的人真是数不胜数啊！我读了怡庵先生的文字，不禁为他感到悲哀。怡庵，就是湛英，广东增城人。他为人爽朗，端正严肃，对自己的一言一行要求很严格。从不轻易地迎合世俗，乡里那些正派善良的人都非常信任他，把他的言行作为自己的行为准则，并以他为榜样，帮扶弱小，抵御外侮。但由于他不注意言辞和神情，常常当面指责别人的过失，很少宽容他们。因此，一些狡诈之徒很容易就会被他揭穿老底，这些人便都把他看作仇人，他们聚集在一起密谋污蔑他，以免他再与他们作对。湛公仍然我行我素，还是照旧按自己的本心行事，不管别人是否恨他，结果竟然被他们诬告。他十分愤怒，最终病死。湛公去世之后，这些人变本加厉，更加胡作非为。乡里人都说湛公匡行正义反而被举报诬告，真正的坏人却逍遥自在，我们今后还怎么为善呢？又过了十几年，坏人罪大恶极，终于受到惩罚，而湛公的儿子湛若水却因为刻苦钻研周敦颐和二程的学说，成为了一位著名的儒学家。考中了进士，还当上了国史编修。推想一下他的成功历程，寻找一下他的成功原因，显然是与湛公的影响密不可分的，他的成就也更加显著地彰显了湛公的美德。

朝廷赠官如子，日显赫竦耀。乡人相与追嗟慕叹，为善之报何如？向特未定耳！呜呼！古有狷介特行之士，直志犯众恶，之死靡悔。湛公殆其人，非邪？向使得志立朝，当大节，其肯俯首为奸人仆役，响濡喘息以蕲缓须臾死？其不能矣！夫脂韦佞悦，亦何能缓急有毫毛之赖？为国者当何取哉？予悲斯人之不遇，而因重有所感也。昔者君子显微阐幽，以明世警瞶。信暴者无庸扬矣，彼忞然就抑，蒙溷垢而弗雪，其可以无表而出之！

译文

朝廷依照湛公的儿子的官位，也给湛公追封了官职，他家的地位一天比一天荣耀。乡里的人们都纷纷追忆湛公，不停地羡慕和赞叹，说善行的回报当初谁都没法料想到。呜呼！古代就有正直孤傲、特立独行的人，他们秉持自己的心志，触犯了不少恶人，但是死也不后悔。湛公难道不就是这样的人吗？假如当初湛公得志，在朝廷做了大官，而且愿意俯首听从奸臣的驱使，轻声细气，唯唯诺诺，虽然或许可以缓和一些矛盾，可以使寿命更长久一些，但终究还是免不了一死的。使用各种手段巴结讨好他人，取悦他人，以求苟且偷生，这样做是不可以的。而且用这种方法也不能解决丝毫问题，作为管理国家的重要官员到底应该如何选择为人处世呢？我悲叹湛公没有好的运气，却又对此感触颇深。以前的君子善于揭示深奥微妙的人生道理来警醒人们，以使世人变得明智。那些相信暴力的人都不能得势，湛公因为自强而受到压制，蒙受冤屈却不能得到平反昭雪，我怎能不为他写一篇墓表来替他申冤呢？

节庵方公墓表

乙酉

苏之昆山有节庵方翁麟者，始为士，业举子，已而弃去，从其妻家朱氏居。朱故业商，其友曰："子乃去士而从商乎？"翁笑曰："子乌知士之不为商，而商之不为士乎？"其妻家劝之从事，遂为郡从事。其友曰："子又去士而从从事乎？"翁笑曰："子又乌知士之不为从事，而从事之不为士乎？"居久之，叹曰："吾愤世之碌碌者，刀锥利禄，而屑为此以矫俗振颓，乃今果不能为益也。"又复弃去。会岁歉，尽出其所有以赈饥乏。朝廷义其所为，荣之冠服，后复遥授建宁州吏目。翁视之萧然若无与，与其配朱竭力农耕植其家，以士业授二子鹏、凤，皆举进士，历官方面。翁既老，日与其乡士为诗酒会。乡人多能道其平生，皆磊落可异。顾太史九和云："吾尝见翁与其二子书，亹亹皆忠孝节义之言，出于流俗，类古之知道者。"阳明子曰："古者四民异业而同道，其尽心焉，一也。士以修治，农以具养，工以利器，商以通货，各就其资之所近、力之所及者而业焉，以求尽其心。其归要在于有益于生人之道，则一而已。士农以其尽心于修治具养者，而利器通货，犹其士与农也；工商以其尽心于利器通货者，而修治具养，犹其工与商也。故曰：四民异业而同道。盖昔舜叙九官，首稷而次契，垂工益虞，先于夔、龙。商、周之代，伊尹耕于莘野，傅说板筑于岩，胶鬲举于鱼盐，吕望钓于磻渭，百里奚处于市，孔子为乘田委吏，其诸仪封、晨门、荷蒉、斫轮之徒，皆古之仁圣英贤，高洁不群之士。书传所称，可考而信也。自王道熄而学术乖，人失其心，交骛于利，以相驱轶，于是始有歆士而卑农，荣宦游而耻工贾。夷考其实，射时罔利有甚焉，特异其名耳。极其所趋，驾浮辞诡辨以诬世惑众，比之具养器货之益，罪浮而实反不逮。吾观方翁士商从事之喻，隐然有当于古四民之义，若有激而云者。呜呼！斯义之亡也久矣！翁殆有所闻欤？抑其天质之美而默有契也？吾于是而重有所感焉。吾尝获交于翁二子，皆颖然敦古道，敏志于学。其居官临民，务在济世及物，求尽其心。吾以是得其源流，故为之论著之云耳。”翁既殁，葬于邑西马鞍山之麓。配朱孺人，有贤行，合葬焉。乡人为表其墓，曰“明赠礼部主事节庵方公之墓”。呜呼！若公者其亦可表也矣！

译文

江苏昆山有个老人叫方麟，号节庵。起初他是个士人，以科考为业，后来他放弃了参加科举考试，跟随妻子朱氏住在她的娘家。朱家一直从事商业，方麟的朋友便说：“你打算要弃士从商吗？”方麟笑着回答说：“你怎么就知道士人不能从商，而商人就不能成为士人呢？”妻子家里的人劝他做一个从事，于是他便到郡里任了个从事。他朋友又说：“你是打算又放弃士人的工作而去任从事吗？”方翁又笑着说：“你又是怎么知道士人就不能做从事，而从事就不能够做士人的呢？”这样过了很长一段时间，他感叹道：“我不满意世上那些忙忙碌碌的人，他们整天为了名利和权势斤斤计较。我想用一种轻慢的态度也来做一些他们热衷的事，以矫正世俗偏好，克制低俗的追求，没想到最终还是无济于事。”于是他又放弃了从事这个工作。遇到灾年，粮食歉收，他就把家里粮食都拿出来赈济灾民。朝廷认为他的行为十分有义，就赐给他官帽和官服，后来又授予他建宁州州吏的官职。可是方翁却不把它当一回事，好像朝廷什么也没给他似的，他仍旧与妻子朱氏一起，辛勤地从事农业生产，靠种田来养活自己的家。方翁还给他的两个儿子方鹏和方凤传授学问，两个儿子都考中进士，做了官。方翁年迈之后，每天与同乡的士人饮酒论诗。乡里的人都能说出他的平生经历，他的经历光明磊落、卓荦不群。太史顾九和说：“我曾经见到方翁教他的两个儿子读书写字，都是些忠孝节义的话。他虽然出自流俗，却像古人一样通晓天道。”阳明子说：“古代士农工商四个行业的人有一个共同的道，那就是他们在各自的行业中所尽的心是相同的。士人修身养性，农民养家糊口，工匠制造各种器具，商人让货物得以流通，大家根据自己的天资和能力来选择所从事的工作，以便能够尽其心。其根本的宗旨就在于要有益于人生之道，这一点是各行各业共同具备的。士人和农民是为了在修身养性和养家糊口上尽自己的心，制造器具、使货物流通的工作也和士人、农民的工作差不了多少；工匠和商人是为了在制造器具和使货物流通方面尽自己的心，而修身治学、养家糊口的工作也和工匠、商人的工作差不了多少。所以说不同的人所从事的行业不同，但道相同。古代，舜排列九官的次序，第一个就是主管农业生产的稷，其次是主管五常教育的契，而主管百工的垂和主管草木鸟兽的益，却排在了主管音乐的夔和主管纳言传令的龙的前面。商周时期，伊尹在他的隐居之所耕田种地，傅说在岩地做板筑工作，胶鬲从事渔业和盐业，吕望在河边垂钓，百里奚从事商业，孔子也曾做过放牧官和仓库管理员；其他如仪封、晨门、荷蒉、斫轮这些人，也都是古代圣明贤能之人、高洁超凡之士。书传上所说的有关他们人和事都是可以考证的，因此也是值得相信的。自王道没落以后，学问和技术蒸蒸日上，人们大都迷失了本心，追逐名利，尔虞我诈，于是出现了羡慕士人却瞧不起农民，以当官为荣却以从事工商业为耻这些现象。探究这种现象的本质，实际上都还是为了个人利益，只不过说法不同罢了。极力追求所谓高尚的职业，用浮夸的言辞进行诡辩来欺骗世人迷惑民众，相比工匠、农民和商人，这种行为更恶劣，而且实际贡献还远比不上他们。我思索方翁从士人到商人以及从商人到从事的经历，觉得很有意思，隐约有古代的感觉，正像他被朋友激将时所说的那样。呜呼！关于四种行业和关系的意义的学说已经失落很久了，方翁或许大概还有所了解吧。也许他只是因为他天资较高，而在对四种行业之关系的理解上与古时候的实际情况达到了一种默契吧。我对于这种契合产生了许多感想。我曾经与方翁的两个儿子有过密切的交往。他们都十分聪明，敦行古道而且敏志于学，他们做官也是为了济世安邦以尽其心，正是因为这一点，我才联想到关于四种行业的源流的话题，所以才写了这么多字，发表了这些议论。”方翁去世之后，被安葬在村西马鞍山的山麓。他的妻子朱氏，有贤德的行为，与他合葬在一起。乡里的人在为他的墓碑上刻写下了这样的碑文：“明赠礼部主事方节庵先生之墓”。呜呼！像方公这样的人，的确是值得为他写墓表的。

湛贤母陈太孺人墓碑

甲戌

湛子之母卒于京师，葬于增城。阳明子迎而吊诸龙江之浒，已，湛子泣曰："若水之辱于吾子，盖人莫不闻。吾母殁而子无一言，人将以病子。"阳明子曰："名者，为之铭矣；表者，为之表矣。某何言？"虽然，良亦无以纾吾情。吾闻太孺人之生七十有九，其在孀居者余四十年，端靖严洁如一日。既老，虽其至亲卑幼之请谒，见之未尝逾阈也，不亦贞乎！绩麻舂粱，教其子以显，尝使从白沙之门，曰"宁学圣人而未至也"，不亦知乎！恤其庶姑与其庶叔，化厉为顺。抚孤与女，爱不违训，不亦慈乎！已膺封锡，禄养备至，而缟衣疏食，不改其初，不亦俭乎！贞知慈俭，老而弥坚，不亦贤乎！请著其石曰"湛贤母之墓"。湛子拜泣而受之。既行，人曰："湛母之贤，信矣。若湛子之贤，则吾犹有疑焉。湛子始以其母之老，不试者十有三年，是也。复出而取上第，为美官，则何居？母亦老矣，又去其乡而迎养，既归复往，卒于旅，则何居？"阳明子曰："是乌足以疑湛子矣！夫湛子纯孝人也，事亲以老于畎亩，其志也；其出而仕，母命之也；其迎之也，母欲之也；既归而复往，母泣而强之也。是能无从乎？无大拂于义，将东西南北之惟命。彼湛子者，亦岂以人之誉毁于外者，以易其爱亲之诚乎？"曰："湛子而是，则湛母非欤？"曰："乌足以非湛母矣！夫湛父之早世也，属其子曰：'必以显吾世。'故命之出者，行其夫之志也；就之养者，安其子之心也；强之往者，勉其子之忠，以卒其夫之愿也。昔者孟母断机以励其子，盖不归者几年，君子不以孟子为失养，孟母为非训。今湛母之心亦若此，而湛子又未尝违乎养也。故湛母，贤母也，湛子，孝子也。然犹不免于世惑，吾虽欲无言也，可得乎？"

译文

湛若水的母亲在京城去世，被葬在增城。阳明子来到龙江边迎接湛母的灵柩并进行吊唁，之后，湛子哭着对他说：“若水让先生受辱了，这一点人人不知道。可是我的母亲去世了，您不说一句话，人们会因为这件事非议您的。”阳明子说：“墓志，我已经为她写好了；墓表，我也为她写好了，还要我说什么话呢？”尽管这样，我还是感觉无法表达我的心情。我听说太孺人这辈子活了七十九岁，其中守寡四十多年。这么长的时间里，她品行端正，严于律己，洁身自爱。年纪大了以后，即使是最亲近的晚辈见她，接见他们时，她也从未跨出过门槛半步，这难道不是贞洁吗！她纺麻春粱，教育儿子要求上进，她曾经把儿子送到白沙的门下求学，并对儿子说“宁愿学习圣人而终生达不到圣人的境界，也比不学习强”，从这一点来看，她难道不是很有见识吗！她怜悯救济庶姑庶叔，使他们的性格由暴烈变为温顺。她抚养孤儿孤女，爱护他们却不违背古训。从这一点来看，她难道不是很慈爱吗！她已经获得了封赐，享受了官俸，可依然衣食简朴，从不改变平时的习惯，从这一点来看，她难道不是很节俭吗！她的贞洁、见识、慈爱和节俭，随着年龄的增长而益加坚定，这难道不是很贤德吗！湛若水请求我为他的母亲题写墓碑，碑文是“湛贤母之墓”。湛若水跪拜着感谢我，流着泪接受了碑石。他离开之后，有人对我说：“我们相信湛母的贤德，但我们怀疑湛子的贤德。湛子当初以母亲年老为借口，十三年没有参加科举考试，这样做是对的。但是后来，他又出去参加考试并且考出了上等成绩，还当了大官，这样做是居心何在？母亲老了，他接母亲去京城养老，而且回家之后又走了，以至于老母亲死在路途上，这样做怎能称得上贤德呢？”阳明子说：“仅凭这些事情，怎么能够怀疑湛子的贤德呢！湛子是一个厚道、孝顺的人，他一心想侍奉老母亲直至她去世；他外出做官，是奉母亲之；他接母亲去京城养老，也是母亲愿意去的；他回家之后又走了，是母亲哭着强迫他离开的；母亲的意志难道他能够不顺从吗？湛子从来不忽视大义，无论在哪里做事，都对母亲唯命是从，又怎么可能会因为外在的赞扬或诋毁而改变他孝老爱亲的诚意呢？”又有人说：“既然湛子这样做是对的，那不就是说他母亲做错了吗？”阳明子说：“怎么能够说他母亲做错了呢！湛父很早就去世了，湛母就嘱咐儿子说：‘你一定要好好努力，让我家显赫起来。’所以她要求儿子外出做事，以实现她丈夫的志向；她愿意到儿子那里养老，是为了让儿子能够安心工作；她强迫儿子离开，是为了让儿子能够对朝廷尽忠，以实现她丈夫的心愿。从前孟母断机意在激励儿子，孟子将近一年没回家，君子并不认为孟子不去赡养母亲，也不认为孟母没有教育好儿子。而现在，湛母的心意也和孟母类似，而湛子也没有违背赡养之道。所以说，湛母是一位贤德的母亲，湛子也是一个孝顺的儿子。但是，这还是避免不了世人的议论，所以，即使我不想说话，可能吗？”

程守夫墓碑

甲申

吾友程守夫以弘治丁巳之春卒于京，去今嘉靖甲申二十有八年矣。呜呼！朋友之墓有宿草则勿哭，而吾于君，尚不能无潸然也。君之父味道公与家君为同年进士，相知甚厚，故吾与君有通家之谊。弘治壬子，又同举于乡，已而又同卒业于北雍，密迩居者四年有余。凡风雪之晨，花月之夕，山水郊园之游，无不与共。盖为时甚久而为迹甚密也，而未尝见君有愤词忤色，情日益笃，礼日以恭。其在家庭，雍雍于于，内外无间。交海内之士，无贵贱少长，咸敬而爱之。虽粗鄙暴悍，遇君未有不熏然而心醉者。当是时，予方驰骛于举业词章，以相矜高为事，虽知爱重君，而未尚知其天资之难得也。其后君既殁，予亦入仕，往往以粗浮之气得罪于人。稍知创艾，始思君为不可及。寻谪贵阳，独居幽寂穷苦之乡，困心衡虑，乃从事于性情之学。方自苦其胜心之难克，而客气之易动；又见夫世之学者，率多妒嫉险隘，不能去其有我之私，以共明天下之学，成天下之务，皆起于胜心客气之为患也。于是愈益思君之美质，盖天然近道者，惜乎当时莫有以圣贤之学启之！有启之者，其油然顺道，将如决水之赴壑矣。呜呼惜哉！乃今稍见端绪，有足以启君者，而君已不可作也已。君之子国子生烓致君临没之言，欲予与林君利瞻为之表志。林君既为之表，而君之葬已久，志已无所及，则为书其墓之碑，聊以识吾之哀思。夫君者，不徒嬉游征逐之好而已。君讳文楷，世居严之淳安，其详已具于墓表。

译文

弘治丁巳年春天，我的友人程守夫在京城去世，到今年（嘉靖甲申年）已经二十八年了。呜呼！朋友的坟墓上已经长了多年的杂草，我也不必再哭泣，可我还是有许多心里话想对他说。守夫的父亲程味道公和我的父亲是同年进士，两人相知，感情深厚，我们两家也有着十分深厚的友谊。弘治壬子年，我又和程守夫同年从乡里被举荐，后来又同时完成学业。我们在北雍时住得非常近，四年多来，风雪之晨，花月之夕，到郊园游山玩水，我们没有不在一起的时候。我们相处的时间很长，交往也十分密切，可我却从没见过他有过不满的言辞和气愤的神情。相反，他的性情一天比一天敦厚，礼节一天比一天恭敬。他在家时总是从容平和，对家里人和外人没有什么不同。他广交天下的士人，不管这些人是富贵还是贫贱，也不管是年长还是年少，他都十分敬重、爱戴，即使是鄙陋粗野、性情暴烈的人，遇到他也没有不受他影响而被他感动的。那时，我正追求自己的功业，忙于词章，总感觉自己很不错，虽然我知道尊重他，可我还不知道他的天资是那么难得。他去世之后，我也踏入了仕途，经常因为行事鲁莽和意气浮躁而得罪人，吃了苦头之后才想到他的为人是那样难以企及。不久，我被贬谪到贵阳，独自一个人居住在幽僻贫穷的乡下，常常进行思考，于是便开始从事心性之学。到这时才发现好胜要强之心非常难克服，脾气秉性是十分容易冲动的。这从当今世上许多学者的身上都能够看出来，这些学者心胸十分狭隘、容易嫉妒；不能克服私心以便共同来领会天下的学问，完成天下的任务。这一切都是因为好胜心太强和诱惑太多。相比之下，我愈加思慕程守夫的美好品质，他简直可以称得上是一个天然的接近天道的人，只可惜我当时没能用圣贤之学去启发他！假如遇到人启发，他一定能自然而然地顺应天道，就如同决堤的河水流进沟壑一样自然顺畅。呜呼！真是太可惜了！我竟然直到今天才知道。但是，现在即使有再多的圣贤之学能够用来启发他，他也不可能再活过来了。他的儿子国子生程烓，把他临死时说的话全部告诉了我，想请我和林利瞻给他写墓表和墓志。林君已经为他写了墓表，而他也已经安葬很长时间了，写墓志也已经来不及了，我于是就为他题写了墓碑，权且表达我的哀思。君子之间的交往绝不只是贪图嬉戏、游玩、征逐的快乐。程守夫，原名文楷，世世代代居住在淳安，详细的情况都写在了墓表里。

太傅王文恪公传

丁亥

公讳鏊，字济之。王氏其先自汴扈宋南渡，讳百八者，始居吴之洞庭山。曾祖伯英，祖惟道，考光化知县朝用，皆赠光禄大夫柱国少傅兼太子太傅户部尚书武英殿大学士，妣三代皆一品夫人。公自幼颖悟不凡，十六随父读书太学，太学诸生争传诵其文，一时先达名流咸屈年行求为友。侍郎叶文庄、提学御史陈士贤，咸有重望于时，见而奇之，曰"天下士"。于是名声动远迩。成化甲午，应天乡试第一。主司异其文，曰："苏子瞻之流也。"录其论策，不易一字。乙未会试，复第一。入奉廷对，众望翕然。执政忌其文，乃置一甲第三，时论以为屈。授翰林编修，闭门力学，避远权势，若将浼焉。九载，升侍讲。宪庙《实录》成，升右谕德，寻荐为侍讲学士兼日讲官。每进讲，至天理人欲之辩，君子小人之用舍，必反覆规谕，务尽启沃。方春，上游后苑，左右谏不听，公讲文王不敢盘于游田，上为罢游。讲罢，常召所幸广戒之，曰："今日讲官所指，殆为若等，好为之！"时东宫将出阁，大臣请选正人以端国本，首荐用公，以本官兼谕德。寻升少詹事兼侍讲学士。既而吏部阙侍郎，又遂以为吏部。时北虏入寇，公上筹边八事，虽忤权倖，而卒多施行，公辅之望日隆。于是灾异，内阁谢公引咎求退，遂举公以自代。武宗在亮暗，内侍八人，荒游乱政，台谏交章，中外汹汹。公协韩司徒率文武大臣伏阁以请，上大惊怒，有旨召公等。至左顺门，中官传谕甚厉，众相视莫敢发言。公曰："八人不去，乱本不除，天下何由而治！"议论侃侃，韩亦危言继之，中官语塞。一时国论倚以为重。然自是八人者竞分布要路，瑾入柄司礼，而韩公遂逐，内阁刘、谢二公亦去矣。诏补内阁缺，瑾意欲引冢宰焦。众议推公。瑾虽中忌，而外难公论，遂与焦俱入阁。瑾方威钳士类，按索微瑕，辄枷械之，几死者累累。公亟言于瑾曰："士大夫可杀不可辱，今既辱之，又杀之，吾尚何颜于此？"由是类从宽释。瑾衔韩不已，必欲置之死，无敢言者。又欲以他事中内阁刘、谢二公。前后力救之，乃皆得免。大司马华容刘公以瑾旧怨，逮至京，将坐以激变土官岑氏罪死。公曰："岑氏未叛，何名为激变乎？"刘得减死。或恶石淙杨公于瑾，谓其筑边太费，屡以为言。公曰："杨有高才重望，为国修边，乃可以功为罪乎？"瑾议焚废后吴氏之丧以灭迹，曰："不可以成服。"公曰："服可以不成，葬不可以苟。"景泰汪妃薨，疑其礼。公曰："妃废不以罪，宜复其故号，葬以妃，祭以后。"皆从之。当是时，瑾权倾中外，虽意不在公，然见公开诚与言，初亦间听。及焦专事媕阿，议弥不协。而瑾骄悖日甚，寿流缙绅。公遏之不能得，居常戚然。瑾曰："王先生居高位，何自苦乃尔耶？"公日求去。瑾意愈咈，众虞祸且不测。公曰："吾义当去，不去乃祸耳。"瑾使伺公，无所得，且闻交贽亦绝，乃笑曰："过矣。"于是恳疏三上，许之。赐玺书乘传岁夫月米以归。时方危公之求去，咸以为异数云。

译文

公名鏊，字济之。王氏先祖宋时从开封南渡，改名为百八，开始居住在吴地洞庭山。他的曾祖父伯英、祖父惟道、父亲光化，有的任过知县，有的任过朝廷命官，都被封为光禄大夫、柱国少傅兼太子太傅、户部尚书、武英殿大学士，三代夫人均被封为一品夫人。王公从小就十分聪颖，十六岁时随父亲在太学读书，太学的学生们都争相传诵他的诗文，一时间许多先达名流也都不顾年龄比他大而争相和他交朋友。侍郎叶文庄、提学御史陈士贤，都是很有声望的人士，他们见了王文恪，也都认为他是个奇才，称他是"天下士"。于是王文恪更加声名远扬。成化甲午年，他在应天参加科举考试，获取第一名，主考官认为他的文章特别出众，称赞他道："你是苏子瞻之类的奇才。"后来，他把这篇文章收录到他的论著里，一个字都没有改动。乙未年会试，他又考取第一名。入朝廷对策，大家都对他赞叹不已。但是，当时的执政官十分妒忌他的文才，只给了他一甲第三的成绩，当时大家都认为这个成绩实在委屈了他。在被授予翰林编修这一职务之后，他便闭门致力于学问，远离权势，生怕被他们沾染。九年之后，他被提升为侍讲。《实录》一书完成，他被提升为右谕德，不久又被推荐为侍讲学士，兼做日讲官。每次讲课，他都会讲解到天理人欲的辩论以及君子与小人的任用与舍弃，他反复讲解，总是尽可能地启发听者。这年春天，皇上在后花园游玩不止，左右大臣劝谏，他都不听。王公上谏说周文王都不敢沉迷于游玩和田猎，皇上听后便结束了游园活动。每次他讲完课，皇帝经常把近幸的太监召集过来告诫他们说："今天讲官所讲的内容，你们一定要好好去做！"东宫太子将要出就封国，大臣请太子挑选正直的人来端正国家的根本，第一个被推荐的人就是王公，太子让他任本官兼谕德。不久他又被提升为少詹事兼侍讲学士。后来吏部缺一位侍郎，他又被任命为吏部侍郎。当时北方少数民族入侵，王公呈上八条守边措施，这些措施虽然触犯了当时的一些权贵和宠臣的利益，但最终大多还是得到了实施。王公的威望一天比一天高起来。各种灾害也不同于以往了，内阁谢公引咎辞职，于是推举王公让他代替自己的职位。明武宗在位时，宫里有八个侍从，他们成天游山玩水，扰乱朝政。群臣议论纷纷，大家多次上书请求处理他们。王公和韩司徒率领文武大臣跪在朝堂上请求皇上处罚那八个侍从，皇帝大吃一惊，非常气愤，立刻下旨召王公等人到左顺门，中官传递圣谕的口气十分严厉，大家都看着王公，不敢说话。王公说："那八个人不离开，朝政混乱的根子不铲除，天下还怎么能够治理得好！"他侃侃而谈。韩公也接着他说了不少让人警醒的话，结果弄得中官哑口无言。一时间，全国上下议论纷纷，都认为王公的话非常重要。但是，在这以后，那八个人竟然都分别被安排在更重要的职位上。刘瑾担任掌司礼太监，而韩公却被逐出内阁，刘、谢两公也都纷纷离开。皇上下诏找人补任内阁空缺，刘瑾想趁这个机会引荐冢宰焦。而大臣们却建议让王公进入内阁。刘瑾虽然心里忌恨王公，可又碍于公众的舆论，无法阻止，最终王公得以和焦一起进入内阁。刘瑾掌权后，大施淫威，处处压制士人一类的官员，他只要抓住这些人一点小毛病，就会给他们戴上手铐脚镣，甚至胡乱用刑，很多人都快要死掉了。王公急切制止刘瑾说："士大夫可杀不可辱，你不仅侮辱他们，现在还要杀他们，我还有什么脸面继续干下去呢？"于是，刘瑾不得不对这些人从宽处理，把他们释放了。刘瑾对韩公怀恨在心，一直想置他于死地，只是不敢说出口而已。刘瑾还以其他的事为由想加害内阁刘、谢二公。王公得知后，鼎力相救，他们才得以幸免于难。大司马刘华容由于和刘瑾有旧怨，也被抓进京城，给他定了个怂恿土官岑氏谋反的罪名，准备判处他死刑。王公说："岑氏并没有反叛，怎么会有怂恿叛乱的罪名？"刘华容这才被免了死刑。有人在刘瑾面前诬告杨石淙，说他在修筑边防工事时铺张浪费，而且还乱说刘瑾的坏话。王公说："杨石淙是个德才兼备的人，享有很高的威望，他为国家修筑边防工事，是有功劳的，为何非要把功劳说成罪过呢？"废后吴氏去世，刘瑾不打算举办丧事以消除吴氏的影响，他还说："不准穿丧服。"王公说："丧服可以不穿，但是葬礼不能随随便便。"景泰汪妃去世了，不知道应该用怎样的礼仪才好。王公说："汪妃不是因为犯什么罪过才被废的，应该恢复她之前的封号，用皇妃的待遇安葬她，用皇后的待遇祭祀她。"这些意见，刘瑾都一一听从了。当时刘瑾的势力很大，他虽然不把王公放在眼里，但当王公开诚布公地跟他说话时，起初多多少少他还是听从一些。后来，焦经常犹疑不决，王公与他越来越合不来。而刘瑾也日益骄横跋扈，在缙绅各阶层也都造成了恶劣的影响。王公极力阻止他却无济于事，所以感到非常苦闷。刘瑾说："王先生身居高位，何苦跟自己过不去呢？"王公日日请求辞职，刘瑾更加得意，所以对王公来说还有很多难以料想的灾祸。于是他说："我本来就应该离开现在的位置，不离开会带来灾祸的。"刘瑾就派人监视王公，但并没有得到什么线索，而且听说他连朋友送的礼物都不接受；便笑着说："这也实在太过分了吧。"王公再三上疏请求辞职，皇帝终于批准。赐给他盖有皇帝玉玺的文件，让他带着皇帝赏赐的车辆、书传、长工和稻米回家。当时人们看到王公请求辞官回家，都以为出了什么大事。

公既归吴，屏谢纷嚣，翛然山水之间，究心理性，尚友千古。至其与人，清而不绝于俗，和而不淆于时。无贵贱少长，咸敬慕悦服，有所兴起。

平生嗜欲淡然。吴中士夫所好尚珍赏观游之具，一无所入。惟喜文辞翰墨之事，至是亦皆脱落雕绘，出之自然。中年尝作《明理》《克己》二箴，以进德砥行。及充养既久，晚益纯明，凡有著述，必有所发。其论性善云："欲知性之善乎，盍反而内观乎？寂然不动之中，而有至虚至灵者存焉。湛兮其非有也，窅兮其非无也，不堕于中边，不离于声臭。当是时也，善且未形，而恶有所谓恶者哉？恶有所谓善恶混者哉？恶有所谓三品者哉？性，其犹鉴乎？鉴者，善应而不留。物来则应，物去则空，鉴何有焉！性，惟虚也，惟灵也，恶安从生？其生于蔽乎！气质者性之所寓也，亦性之所由蔽也。气质异而性随之。譬之珠焉，坠于澄渊则明，坠于浊水则昏，坠于污秽则秽。澄渊，上智也；浊水，凡庶也；污秽，下愚也。天地间腷塞充满，皆气也；气之灵，皆性也。人得气以生而灵随之，譬之月在天，物各随其分而受之。江湖淮海，此月也；池沼，此月也；沟渠，此月也；坑堑，亦此月也，岂必物物而受之？心者，月之魄也；性者，月之光也；情者，光之发于物者也。"其所论造，后儒多未之及。居闲十余年，海内士夫交章论荐不辍。及今上即位，始遣官优礼，岁时存问。将复起公，而公已没，时嘉靖三年三月十一日，寿七十五矣。赠太傅，谥文恪，祭葬有加礼。四子：延喆，中书舍人；延素，南京中军都督府都事；延陵，郡学生；延昭，尚幼。皆彬彬世其家。

译文

王公回到吴地，从此远离纷繁喧嚣的尘世干扰，徜徉于山水之间，以千古圣贤为友，潜心研究心性。他与人相处，清高但不脱离世俗，和睦但不混淆于时尚。不管是富贵的还是贫贱的、年少的还是年长的，都非常尊敬和仰慕他，对他心悦诚服，由于他的影响，这些人都取得了很大的进步。王公一生没什么嗜好，清心寡欲，吴中的士大夫所喜欢的珍宝、庙观和游具之类的东西，没有一样是他喜欢的。他只喜欢文辞翰墨之类的东西。他的文章、书法都不事雕绘，清新自然。中年时，为勉励自己提高道德水平，改善自己的行为，他曾经写过《明理》《克己》两本箴言。经过长期的修身养性，到晚年王公更加思想纯洁，明白事理，凡有著述，一定要表达自己的想法。他论述"性善"时说："想知道性为什么是善的吗？为何不反省一下自身呢？寂然不动之中，存在着一种至虚至灵的东西。它清澈透明，我们看不见摸不着。它深远莫测，却又不是没有。它无边无际，却又不离开我们所能感知到的具体事物。在这个时候，善还没有成形。那什么又是恶呢？又如何会有所谓善恶相混呢？恶所谓的三品又指的是什么呢？性真的像镜子吗？作为镜子，善能够在性中反映出来，却又不会留在性中。外物来了镜子里就有反映，外物移开了镜子里就是空的，镜子还有什么呢！性只是虚的，只是一种空灵。恶如何能从性里生发出来呢？气质，是性赖以生存的地方，也是性被遮蔽的原因。气质变化了，性也会随之发生变化。这就好比一颗珠子，即使坠入到清澈的水里也还能看得见，但坠入浑浊的水里就看不到了，因为它坠入污秽中它也就是污秽的了。清澈的水好似上等的智慧，浊水好似普通的智慧；污秽好似下等的愚蠢。天地间充塞得满满的东西就是气，气的灵魂就是性。人获得了气就有了生命，灵魂也紧紧地跟随着这个生命。这好似月亮在天上，万事万物各都随其本分，但都能受到月光照耀。江河湖海里的月亮是天上的这轮月亮，池沼里的月亮也是天上的这轮月亮，沟渠里的月亮也是天上的这轮月亮，山谷里的月亮也是天上的这轮月亮，月亮难道非要一个一个地给予吗？心，好似月亮的魄；性，好似月亮的光；情，就是光照射到物体上。”王公所创造的这套理论，后代的许多儒学家都不能比得上。他闲居在家的十余年时间里，经常有人推荐他出去做官，直到当今的皇帝即位，才派遣官员用厚重的礼节来请他。正准备起用他时，他却去世了。他去世的时间是嘉靖三年三月十一日，享年七十五岁。朝廷赠予他太傅，谥号文恪，还为他举办了隆重的葬礼。王公育有四个儿子，其中王延哲任中书舍人，王延素任南京中军都督府都事，王延陵是郡学生，王延昭年龄还小。这几个孩子都像他家上几辈人一样文质兼备。

史臣曰：世所谓完人，若震泽先生王公者非邪？内裕伦常，无俯仰之憾；外际明良，极禄位声光之显。自为童子至于耆耋，自庙朝下逮闾巷，至于偏隅；或师其文学，或慕其节行，或仰其德业，随所见异其称，莫或有瑕疵之者。所谓“寿福康宁，攸好德而考终命”，公殆无愧尔矣！无锡邵尚书国贤与公婿徐学士子容，皆文名冠一时，其称公之文规模昌黎，以及秦汉，纯而不流于弱，奇而不涉于怪，雄伟俊洁，体裁截然，振起一代之衰，得法于《孟子》。论辩多古人未发。诗萧散清逸，有王、岑风格。书法清劲自成、得晋、唐笔意。天下皆以为知言。阳明子曰："王公所深造，世或未之能尽也，然而言之亦难矣。著其性善之说，以微见其概，使后世之求公者以是观之。"

译文

史臣说：世人所说的完人，会不会就是王先生这样的人呢？从内在的品性看，他熟稔各种伦理道德，没有自卑也没有自傲的缺憾；从外在的成就看，他不仅明白事理，还享有高官厚禄，地位显赫，名声显耀。从少年一直到老年，上到朝廷下到里巷，甚至偏远的地方，人们要么研究他的文章、学问，要么仰慕他的气节、品行，要么仰慕他的美德、功业。总之，大家都依据自己所见到的来称赞他，他几乎没有什么缺点。他真正称得上"寿福康宁，生性仁善而且宽厚宁静，一直到终老去世"，所有这一切，王公应该都是当之无愧的吧！无锡的尚书邵国贤和王公的女婿学士徐子容，两人都是名噪一时的人物，邵国贤称赞王公的文章有韩昌黎的气概和秦汉的文风，单纯却不柔弱，奇绝却不怪诞，雄伟俊洁，独树一帜，可谓振起了文章的一代之衰，得法于《孟子》。但他的辩论之中又有很多是古人所不曾有过的。他的诗歌潇洒清逸，有王维、岑参的风格。他的书法清秀有力，有晋朝、唐朝的笔意。天下人都认为他才是一个最懂得立言的人。阳明子赞叹说："王公造诣高深，世上很难有人能够全部领会他的思想，即使要把它全部说出来也是非常困难的。我这里仅仅提及他的性善之说，以便后人研究王公时，能够以小见大，从中看出王公的不凡。"

平茶寮碑

丁丑

正德丁丑，瑶寇大起，江、广、湖、郴之家，骚然且三四年矣。于是三省奉命会征。乃十月辛亥，予督江西之兵自南康入。甲寅，破横水、左溪诸巢，贼败奔。庚申，复连战，奔桶冈。十一月癸酉，攻桶冈，大战西山界。甲戌，又战，贼大溃。丁亥，尽殪之。凡破巢八十有四，擒斩三千余，俘三千六百有奇。释其胁从千有余众，归流亡，使复业。度地居民，凿山开道，以夷险阻。辛丑，师旋。于乎！兵惟凶器，不得已而后用。刻茶寮之石，匪以美成，重举事也。提督军务都御史王某书。

正德丁丑年，瑶寇大肆侵犯。江、广、湖、郴一带的百姓，被骚扰达三四年之久。于是三省奉朝廷之命联合出兵征讨瑶寇。十月辛亥日，我率领江西的军队从南康进兵。甲寅日，攻占了横水、左溪等地的瑶寇巢穴，敌寇大败而逃。庚申日，又连续打了几场胜仗，敌寇逃奔到桶冈。十一月癸酉日，带兵攻打桶冈，在西山边界进行了一场大规模的战斗。甲戌日，又打了一仗，瑶寇大败，四散而逃。丁亥日那天，入侵瑶寇便全部被歼灭了。朝廷这次出兵平叛，一共攻破瑶寇巢穴八十四个，歼灭贼寇三千余人，俘虏了三千六百多人，释放瑶寇的胁从一千余人，让流亡的民众又重新回到家乡，使他们恢复了农业生产，丈量土地安排他们居住，还凿山开道，把崎岖险峻的道路修好。辛丑日，大军凯旋。呜呼！武器只是一种凶器，我们是不得已才使用的。在茶寮的岩石上刻下碑文，不是为了赞美我们的功绩，而是为了表达我们对这次出兵讨伐瑶寇的重视。提督军务都御史王守仁书。

平浰头碑

丁丑

四省之寇，惟浰尤黠。拟官僭号，潜图孔烝。正德丁丑冬，犇、瑶既殄，益机险阱毒，以虞王师。我乃休士归农。戊寅正月癸卯，计擒其魁，遂进兵击其懈。丁未，破三浰，乘胜归北。大小三十余战，灭巢三十有八，俘斩三千余。三月丁未，回军。壶浆迎道，耕夫遍野，父老咸欢，农器不陈，于今五年，复我常业，还我室庐，伊谁之力？赫赫皇威，匪威曷凭？爰伐山石，用纪厥成。提督军务都御史王某书。

译文

四省的贼寇中，浰地的贼寇最为狡黠。他们甚至拟定了一套官制，私自建立封号，急切地图谋推翻明王朝。正德丁丑年冬天，犇、瑶被灭以后，浰地的瑶寇更加阴险毒辣。他们设置各种机关陷阱，想欺骗朝廷军队使其上当。我却让士兵放假回家种田。戊寅年正月癸卯日，我设下计谋擒拿了贼寇的头目，接着进兵攻打他们的薄弱环节。丁未日，攻克了三浰，乘胜继续向北挺进。经过大大小小三十几次战斗，消灭贼寇巢穴三十八个，俘虏和歼灭贼寇三千多人。三月丁未日，大军回来。一路上都有人送茶送水迎接，到处都是农夫，父老乡亲们都非常高兴，农夫们都忙着农活，到了今年五月，各处已经恢复了正常的生产生活，房屋也都修葺一新了，这依靠的是谁的力量？皇威显著盛大，区区贼匪何足挂齿？于是开辟出一块山石，用它来纪念我们的战功。提督军务都御史王守仁书。

田州立碑

丙戌

嘉靖丙戌夏，官兵伐田，随与思恩之人相比复煽，集军四省，汹汹连年。于时皇帝忧悯元元，容有无辜而死者乎？乃命新建伯王守仁：“曷往视师，其以德绥，勿以兵虔。”班师撤旅，信义大宣。诸夷感慕，旬日之间，自缚来归者七万一千。悉放之还农，两省以安。昔有苗徂征，七旬来格，今未期月而蛮夷率服。绥之斯来，速于邮传，舞干之化，何以加焉！爰告思、田，毋忘帝德，爰勒山石，昭此赫赫。文武圣神，率土之滨，凡有血气，莫不尊亲。

译文

嘉靖丙戌年夏天，官府出兵讨伐田州，然后思州和恩州的民众也被煽动起来，同四省的军队对抗，气势汹汹地坚持了好几年。当时皇帝忧心忡忡，他十分怜悯百姓，怎么忍心让无辜百姓受牵连呢？于是给新建伯王守仁下命令：“你去视察军队，官府只能用仁德来安抚百姓，不可用武力进行镇压。”这样，当官兵撤退的时候，朝廷的信义得到了广泛的宣传，在民众中产生了很大的影响。各地蛮夷民族都非常感动仰慕，十天之内就有七万一千人自愿请罪向朝廷归降。朝廷于是把他们全部释放回去，让他们专心从事农业生产，两省从此安定下来。之前出兵征讨三苗，被阻挡了七十多天，如今不到一个月时间蛮夷便全都臣服了。安抚百姓，百姓就会归顺，绥靖来得之快，简直超过了邮传的速度，还有什么办法比化干戈为玉帛更好呢！于是告诫思、田的百姓，不要忘记皇帝的仁德，所以开辟出这块山石，刻上碑文，以昭示文武官兵赫赫的圣明贤德，普天之下只要是有血性的人，没有不尊重和亲近他们的。

田州石刻

田石平，田州宁。（民谣如此）。田水萦，田山迎。（府治新向）。千万世，巩皇明。嘉靖岁，戊子春，新建伯，王守仁，勒此石，告后人。

译文

田石平，田州安宁。（民谣就是这样）。田水曲折，田山迎面出现。（州府治理田州的新打算）。千万世，巩固皇明。嘉靖年间，戊子春天，新建伯王守仁刻下此石，以告后人。

陈直夫南宫像赞

夫子称史鱼曰："直哉！邦有道如矢，邦无道如矢。"谓祝鮀、宋朝曰："非斯人，难免乎今之世矣。"予尝三复而悲之。直道之难行，而谄谀之易合也，岂一日哉！鱼之直，信乎后世，其在当时，不若朝与鮀之易容也，悲夫！

译文

孔子称赞史鱼说："这个人是多么坦诚正直啊！国家政治清明的时候，他像箭一样直；国家政治不清明的时候，他还是像箭一样直。"孔子评价祝鮀和宋朝这两个人时说："不是他们这样的人，是很难在当今的世上立足的。"我也曾多次为这种情况悲叹。正直很难行得通，而谄谀奉承却容易适应社会，这种现象出现，何止一天两天！史鱼的正直令后人异常钦佩，可在当时他就不如祝鮀和宋朝那样受人们欢迎，因而也就不如祝鮀和宋朝那样容易被社会接受，这真让人悲哀啊！

吾越直夫陈先生，严毅端洁，其正言直气，放荡佞谀之士，嫉视若仇。彼宁无知之？卒于己非便也。故先生举进士不久，辄致仕而归。屡荐复起，又不久辄退，以是也哉！然天下之言直者，必先生与焉。始予拜先生于钱清江上，欢然甚得。先生奚取于予？殆空谷之足音也。世日趋于下，先生而在，虽执鞭之事，吾亦为之。今既没矣，其子子钦以先生南宫图像请识一言。先生常尘视轩冕，岂一第之为荣？闻之子钦，盖初第时有以相遗者，受而存之。先生没，子钦始装潢，将藏诸庙，则又为子者宜尔也。诗曰：

译文

我们浙江的陈直夫先生，严肃刚毅、端正高洁，他的直言正气叫那些放荡成性、阿谀逢迎的士人十分反感，他们像对仇人一样嫉妒仇恨他。可他宁肯不管这些，也不愿改变自己正直的品性，但最终还是给自己造成了很多麻烦。所以他中了进士之后不久就退休回家了。他多次被人举荐，但做不了几天官就又退了下来，这岂不是因为他太正直了吗？可是天下说真话、直话的人总是与先生十分要好。当初我在钱清江上拜见陈先生，我们两人谈得非常投机。但先生从我这里获取的，大概只是空谷的脚步声吧。当今世风日下，先生假如还在世，即使让我为他执鞭，我也愿意。可是先生已经去世，他的儿子子钦拿出他的南宫图像，请我在上面写些东西。先生一向把高官厚禄看作尘土，又怎会以一次考试获取的功名为荣呢？他的儿子子钦说，先生刚刚上任做官时，有人把这幅南宫图像送给了先生，先生接受下来并一直保存着。直到先生去世之后，子钦才将画像予以装裱，并打算把它藏在祖庙里，这是做儿子的应该做的事情。诗曰：

有服襜襜，有冠翼翼。在彼周行，其容孔式。秉笏端弁，中温且栗。既醉以酒，既饱以德。彼何人斯？邦之司直。邦之司直，宜公宜孤。既来既徂，为冠为模。孰久其道，众听且孚。如江如河，其趋弥污。邦之司直，今也则亡。

译文

有襜这种长长的单衣，有众多严整有序的帽子。在大路上践行最好的学说，深远广大。拿着笏板，戴着帽子，谨慎严肃。饮酒醉，以德饱。那是一个什么样的人？那是一个正直的人。那是一个正直的人，他会很大公无私，会很孤单。他来到这里，是第一，是楷模。谁能明白他秉承的道？大家都听从且信服他。他如同江河，接纳了污浊。这样一个正直的人，现在已经不在了。

三箴

呜呼小子，曾不知警。尧讵未圣，犹日兢兢。既坠于渊，犹恬履薄；既折尔股，犹迈奔蹶。人之冥顽，则畴与汝。不见痈肿，砭乃斯愈？不见痿痹，剂乃斯起？人之毁诟，皆汝砭剂。汝曾不知，反以为怒。匪怒伊色，亦反其语。汝之冥顽，则畴之比。呜呼小子，告尔不一。既四十有五，而曾是不忆！

译文

唉，你这个小子！你曾经不知道警醒自己。谁能说尧不是圣人，但他仍然每天小心翼翼，十分谨慎。有些人即使坠入了深渊，仍然像踩在薄冰上一样警惕；有些人即使断了大腿，也仍然要奔跑。人的冥顽不化，就是像你这样。你没看到过吗？石针可以治疗肿胀，药剂可以治疗痿痹，别人对你的诽谤和辱骂，都是给你的石针和药剂。可你却不曾知道这些，反而为别人的批评指责而感到愤怒。你不仅脸色表现出愤怒，甚至还反唇相讥。你难道不是冥顽不化吗？唉，你这个小子！我不止一次地告诫你，可你现在已经四十五岁了，都不曾回想过我对你的告诫！

呜呼小子，慎尔出话。懆言维多，吉言维寡。多言何益？徒以取祸。德默而成，仁者言讱。孰默而讥？孰讱而病？誉人之善，过情犹耻；言人之非，罪曷有已？呜呼多言，亦惟汝心。汝心而存，将日钦钦。岂遑多言，上帝汝临。

译文

唉，你这个小子！以后说话时一定要小心谨慎。忧愁的话多说，好话少说。多说话能有什么好处呢？只会带来祸端。良好的品德要在默默无语的修养中才能养成，仁德的人往往语言迟缓，谁又会暗中讥笑他呢？谁又会因为他说话迟缓而说他的坏话呢？赞扬别人的善行，如果过分了也是一种耻辱；批评别人的过失，也应该适可而止。千万不能多说话！你一定要把这一点牢牢记在心里，要天天提醒自己。天帝就在我们的头顶上，难道还需要多说话吗？

呜呼小子！辞章之习，尔工何为！不以钓誉，不以蛊愚。佻彼优伶，尔视孔丑。覆蹈其术，尔颜不厚？日月逾迈，尔胡不恤？弃尔天命，昵尔仇贼。昔皇多士，亦胥兹溺。尔独不鉴，自抵伊亟！

译文

唉，你这个小子！你学习修辞和文法，追求那么精巧是为什么？不可用它来沽名钓誉，也不可用它来迷惑愚钝的人。你轻视那些优秀的乐工，你总认为他们很丑。可是你自己也在学习演技，而且根本没有他们的功底深厚。时光流逝，你为何不感到可惜？你抛弃天命，亲近你的仇敌，前朝有许多士人都是由于这个原因才沉沦下去的，可你却不能吸取他们的教训，一次又一次地犯这样的错误。

南镇祷雨文

癸亥

惟神秉灵毓秀，作镇于南，实与五岳分服而治。维是扬州之域，咸赖神休以生以养。凡其疾疫灾眚之不时，雨旸寒暑之弗若，无有远近，莫不引颈企足，惟神是望。怨有归，功有底，神固不得而辞也，而况绍兴一郡，又神之宫墙辇毂之下乎？谓宜风雨节而寒暑当，民无疾而五谷昌，特先诸郡以需神惠。而乃入夏以来，亢阳为虐，连月弗雨，泉源告竭，黍苗荐槁，岁且不登，民将无食。农夫相与咨于野，商贾相与憾于市，行旅相与怨于途，守土之官帅其吏民奔走呼号。维是祈祷告请。亦无不至矣，而犹雨泽未应，旱烈益张。是岂吏之不职而贪墨者众欤？赋敛繁刻而狱讼冤滞欤？祀典有弗修欤？民怨有弗平欤？夫是数者，皆吏之谪，而民何咎之有？夫怒吏之不臧，而移其谪于民，又知神之所不忍也。不然，岂民之冥顽妄作者众，将奢淫暴殄以怒神威，神将罚而惩之欤？夫薄罚以示戒，神之威灵亦即彰矣。百姓震惧忧惶，请罪无所，遂弃而绝之，使无噍类，神之慈仁固应不为若是之甚也！夫民之所赖者神，神之食于兹土，亦非一日矣。今民不得已有求于神，而神无以应之，然则民将何恃？而神亦何以信于民乎？

译文

我们之所以把南镇建在这里，是因为神赐予这里秀美的景色和绝好的风水。南镇处于这个位置，实际上是和五岳分治这片土地，所以扬州这片土地全仰仗神的护佑了，这里的生灵就全靠神的庇护和养育了。这里只要出现了疾病瘟疫和各种灾害，只要出现天气不好的情况，不管是远处还是近处的百姓，没有不伸着脖子踮着脚跟盼望着神灵开恩的。他们认为怨有归，功有底，这都是神不应推卸的责任，何况绍兴一郡正好处在神灵的宫墙辇毂下面呢？只要风调雨顺，寒暑正常，百姓们没有什么灾病，五谷丰登，人们总会说这是因为我们郡比其他各郡优先沾了神的光，得到了神灵的恩惠。但是，今年自入夏以来，阳光肆虐，接连几个月都没有下雨，泉源都干涸了，禾苗也都枯槁了。眼看着一年不能有收成，百姓也将要没有粮食吃了。农夫们纷纷都跑到野外去商议，商人们都在市场上叹息，旅行的人都在路途中埋怨，管理这片土地的官员们率领着他们的百姓奔走呼号。他们就这样祈祷请求，可仍然没有降水。像这样雨水不应，旱情越来越严重，这难道是因为官吏不称职，贪官污吏太多了吗？是因为赋税太多太重，官府处理案件时造成的冤狱太多了吗？是因为我们没有做好祭祀神灵的礼仪吗？是因为民怨不平吗？如果是这些原因造成天不下雨，那都是官吏们的过错，百姓又有什么过错呢？对官吏的不良行为感到愤怒，却迁怒于百姓，我们知道这是神灵也于心不忍的。既然不是这样，难道是因为百姓中冥顽妄为的人太多，是他们骄奢淫逸，任意浪费糟蹋，从而触怒了神威，神于是要惩罚他们吗？稍微惩罚一下他们以引起他们的戒心，神的灵威就能够得到显现了，又何必用如此严酷的惩罚呢？如今百姓感到震惊恐惧，他们想向神灵请罪，却找不到合适的方式，只好自暴自弃听天由命，假使没有一个能够活下来的人，凭着神灵的仁慈，也不应该这样严酷！百姓们依靠的是神灵，神灵也要由这片土地来供养，这已经不是一天两天的事了。如今百姓不得已有求于神灵，而神灵却毫无反应，那么百姓还能够依靠谁呢？神灵又拿什么来取信于百姓呢？

某生长兹土，犹乡之人也。乡之人以某尝读书学道，缪以为是乡人之杰者，其有得于山川之秀为多，藉之以为吾愚民之不能自达者，通诚于山川之神，其宜有感。夫某非其人也，而冒有其名；人而冒以其名加我，我既不得而辞矣，又何敢独辞其责耶？是以冒昧辄为之请，固知明神亦有所不得而辞也。谨告。

译文

我生长在这片土地上，也算是这里的人。这里的乡民认为我曾经读书学道，都误以为我是乡民中的杰出人物，认为我获得的山川灵秀之气最多，他们还认为我们这样的愚昧百姓就算不能靠自己通达、显赫起来，凭借着我们对山川神灵的一片赤忱之情，神灵也一定会有所感动。我并不是什么杰出的人物，只不过虚有其名而已；人们冒昧地把这个名声加到我头上，我没有推辞，此刻又怎敢推卸罪责呢？所以，我冒昧地为百姓们祈求神灵开恩，是因为我知道圣明的神灵也有不可推辞的责任。谨以此敬告神灵。

瘗旅文

戊辰

维正德四年秋月三日，有吏目云自京来者，不知其名氏，携一子一仆，将之任，过龙场，投宿土苗家。予从篱落间望见之，阴雨昏黑，欲就问讯北来事，不果。明早遣人觇之，已行矣。薄午有人自蜈蚣坡来，云一老人死坡下，傍两人哭之哀。予曰："此必吏目死矣。伤哉！"薄暮复有人来，云："坡下死者二人，傍一人坐叹。"询其状，则其子又死矣。明日复有人来，云见坡下积尸三焉。则其仆又死矣。呜呼伤哉！念其暴骨无主，将二童子持畚锸，往瘗之。二童子有难色然。予曰："噫！吾与尔犹彼也。"二童悯然涕下，请往，就其傍山麓为三坎埋之，又以只鸡饭三盂，嗟吁涕洟而告之。曰：

译文

正德四年秋月初三，有个小吏从京城来到这里，不知道他姓什么叫什么，他带着一个儿子和一个仆人，将要去上任，路过龙场，投宿在当地的一户苗族人家里。我从篱墙的间隙中看到了他们，当时天下着雨加上又近天黑，想跟他打听一下北方的情况，却没有问成。第二天一早，我就派人去看他们，没想到他们已经走了。临近中午的时候，有人从蜈蚣坡那边过来，说有一位老人死在蜈蚣坡下，旁边有两个人在哭泣，十分悲伤。我说："这一定是那个小吏死了。真是令人悲伤！"天快黑的时候，又有人来报告说："蜈蚣坡下死了两个人，旁边有一个坐着叹息。"问他发生了什么事，原来小吏的儿子又死了。第二天又有人过来说，看见蜈蚣坡下有三具尸体。看来那位仆人也死了。呜呼！实在太令人痛心了！想到他们的尸骨暴露在荒野，无人认领，我便吩咐两位童仆拿着箕畚和铲子和我一起前去掩埋。两位童仆脸上露出为难的神情。我便对他们说："我和你们的命运，与他们的命运也是一样的啊。"两位童仆都很怜悯那三个死去的人，悲伤得流下了眼泪，并要求一起去，我们就在那三人死去的山脚下，挖了三个坑把他们埋葬了，然后又拿了一只鸡和三碗饭供奉他们，我叹息着，流着泪，对着他们的坟墓祭告道：

呜呼伤哉！繄何人？繄何人？吾龙场驿丞余姚王守仁也。吾与尔皆中土之产，吾不知尔郡邑，尔乌为乎来为兹山之鬼乎？古者重去其乡，游宦不逾千里。吾以窜逐而来此，宜也；尔亦何辜乎？闻尔官，吏目耳，俸不能五斗，尔率妻子躬耕可有也，乌为乎以五斗而易尔七尺之躯？又不足，而益以尔子与仆乎？呜呼伤哉！尔诚恋兹五斗而来，则宜欣然就道，乌为乎吾昨望见尔容蹙然，盖不任其忧者？夫冲冒雾露，扳援崖壁，行万峰之顶，饥渴劳顿，筋骨疲惫，而又瘴厉侵其外，忧郁攻其中，其能以无死乎？吾固知尔之必死，然不谓若是其速，又不谓尔子尔仆亦遽尔奄忽也。皆尔自取，谓之何哉！吾念尔三骨之无依而来瘗尔，乃使吾有无穷之怆也。呜呼痛哉！纵不尔瘗，幽崖之狐成群，阴壑之虺如车轮，亦必能葬尔于腹，不致久暴露尔。尔既已无知，然吾何能为心乎？自吾去父母乡国而来此，二年矣，历瘴毒而苟能自全，以吾未尝一日之戚戚也。今悲伤若此，是吾为尔者重而自为者轻也。吾不宜复为尔悲矣。吾为尔歌，尔听之。歌曰：

译文

呜呼，真令人悲痛啊！你们是哪里人？叫什么名字？我是龙场的驿丞余姚人王守仁。我和你们一样都是生长在中原，我不知道你们的家乡是哪里，你们为什么要到这偏僻的山上做鬼呢？古人是不会轻率地远离故乡的，出外做官的也不会超过千里。我是因为流放才来到这里的，这是没有办法的事；可是是因为什么罪过，导致非来这里不可呢？从你这个小小官吏的外观看，拿的薪俸不过五斗米，你带着妻子儿女耕田种地也能够获得这么多了，为什么竟要用这五斗米来换取自己的堂堂七尺之躯呢？又为什么还觉得不够，竟然还要搭上儿子和仆人的性命呢？呜呼，这实在让人痛心啊！你如果的确是为了这五斗米而来，就应该欢欢喜喜地上路，为什么我昨天看到你时，你的表情却如此忧愁呢？你有很多忧虑的事吗？一路上奔波劳苦，风餐露宿，攀援悬崖峭壁，行走在万峰之顶，饥渴劳顿，筋骨疲惫，再加上瘴疠侵袭，忧郁进攻身体，难道能免于一死吗？我本来就知道你一定会死，可是没想到会如此之快，更没有想到你的儿子和仆人也会这么快随你而去。这都是你自找的，我还能说什么呢！我不过是念及你们三人的尸骨无所归依，才来掩埋你们，这却使我有了无尽的悲伤。呜呼，实在太令人痛心了！纵然我不来埋葬你们，那幽暗的山崖上猛兽成群，阴深的沟壑里毒蛇粗如车轮，它们也一定能把你们葬在腹中，不会让你们长期抛尸荒野的。你们已经毫无知觉，但我又怎么能忍心不管呢？自从我离开父母家乡，来到此地已经两年了。我之所以多次遇上瘴疠毒气还能保全自己的性命，主要是因为我一天也不曾怀有悲戚的情绪。今天我之所以如此悲伤，主要是因为我为你们想得太重，而为我自身则是次要的。我不应该再为你们悲伤了。我要为你们歌唱，请你们听着。歌词是这样的：

连峰际天兮，飞鸟不通；游子怀乡兮，莫知西东。莫知西东兮，维天则同。异域殊方兮，环海之中。达观随寓兮，奚必予宫？魂兮魂兮，无悲以恫。

译文

连绵的群峰接云天啊，飞鸟也飞不过；怀念家乡的游子啊，无问西东。头顶的苍天都相同。纵然不同的地方相隔甚远，但都在四海的环绕之中。豁达乐观的人啊，到处为家，又何必苦守那一处旧居？魂灵啊，魂灵啊，不要悲伤，也不要惶恐。

又歌以慰之，曰：

译文

我还要再唱一首歌来安慰你们，歌词是这样的：

与尔皆乡土之离兮，蛮之人言语不相知兮。性命不可期。吾苟死于兹兮，率尔子尔仆来从予兮。吾与尔遨以嬉兮，骖紫彪而乘文螭兮，登望故乡而嘘唏兮。吾苟获生归兮，尔子尔仆尚尔随兮，无以无侣悲兮。道旁之冢累累兮，多中土之流离兮，相与呼啸而徘徊兮。飧风饮露，无尔饥兮；朝友麋鹿，暮猿与栖兮。尔安尔居兮，无为厉于兹墟兮。

译文

我与你都是离乡背井的苦命人，蛮人的言语谁都听不懂。我们对未来没有期待，我们的前程是一场空。假如我也死在这里，请带领你的儿子你的仆人紧紧跟从。我将邀你一起玩耍，驾骏马乘飞龙，登高望乡，唏嘘不已。假如我重生归去，你的儿子仆人就跟着你吧，我不会因为无人陪伴而悲伤。道路旁的坟冢到处都是，死者大多从中原流离至此，他们彼此呼唤，久久徘徊。餐风饮露，你将不会感到饥饿；早上与麋鹿为友，晚上同猿猴栖息。这样你就可以在这里安居下来了，不会为这里的一派荒凉而忧心。

祭郑朝朔文

甲戌

维正德九年，岁次甲戌，七月壬戌朔越十有六日丁丑，南京鸿胪寺卿王守仁驰奠于监察御史亡友郑朝朔之墓。

译文

正德九年，甲戌年的七月十五日过了十六天，也就是丁丑日这一天，南京的鸿胪寺卿王守仁到他已故的朋友监察御史郑朝朔的墓前祭奠。

呜呼！道之将行，其命也与！道之将废，其命也与！呜呼朝朔！命实为之，将何如哉！将何如哉！辛未之冬，朝于京师，君为御史，余留铨司。君因世杰，谬予是资；予辞不获，抗颜以尸。君尝问予："圣学可至？"余曰"然哉，克念则是。"隐辞奥义，相与剖析，探本穷原，夜以继日。君喜谓予："昔迷今悟，昔陷多岐，今由大路。"呜呼绝学！几年于兹。孰沿就绎？君独奋而。古称豪杰，无文犹兴；有如君者，无愧斯称。当是之时，君疾已构，忍痛扶孱，精微日究。人或劝君："盍亦休只？"君曰："何哉？夕死可矣！"君遂疾告，我亦南行。君与世杰，访予阳明。君疾亦笃，遂留杭城。天不与道，善类云倾。呜呼痛哉！时予祖母，亦婴危疾。汤药自须，风江阻涉。君丧遂行；靡由一诀。扶榇而南，事在世杰，负恨负愧，予复何说！嗟予颛弱，实赖友朋，砥砺切磋，庶几有成。死者生者，索居离群。静言永怀，中心若焚。墓草再青，甫兹驰奠。遥望岭云，有泪如霰。呜呼哀哉，予复何言？尚飨。

译文

呜呼！道将行，这是天命吧！道将废，这也是天命吧！呜呼！朝朔啊！这一切都是天命，你又能如何呢！你又能如何呢？辛未年冬天，我和你一起到京城上朝。你是御史，我留铨司。你通过世杰介绍，误认为我有很高的天资；我没有接受他这个说法，但又不能态度严正地推辞。你曾经问我："圣学是否能够真的达到圣人的境界？"我说："当然，只要能做到克制私念就可以。"一旦遇到生僻的字词和深奥的语句，我们就共同夜以继日地分析研究它们的本源。你高兴地对我说："之前误入了歧途，现在才算是走上了正道。"呜呼，真是绝学啊！经过几年的学习、思考和探索，你已经弄明白了。古代有很多被称为豪杰的人，他们虽然没有留下多少文字，可他们还是取得了很高的成就。你就是这样的人，你被称为豪杰是当之无愧的。那时候，你已经病了，强忍着痛苦，拖着虚弱的身体，坚持深入研究圣学。有人劝你说："为何不关心关心自己的身体呢？"你说："身体有什么要紧呢？如果早上知道了'道'，就是晚上死了也是值得的。"你于是因病告假，我也到南方去了。你和世杰共同到阳明洞来拜访我。你的病实在太厉害了，只好留在杭城。可惜天不与道，善良的人倾覆了。呜呼，这实在太令人痛心了！当时我的祖母也患了重病，我不得不留在她的身边侍奉，直到你的丧事办完之后，我才得以动身前往；结果连一句诀别的话也没能说，我手扶你的棺材，望向南方。在你病重期间以及丧期中的许多事情都是世杰做的，我感到非常悔恨和惭愧，我还有什可说的呢！我多么愚昧虚弱，实际上是依赖朋友的帮助，通过与他们的砥砺切磋，才有了如今这点成就。现在死生相隔，各自孤独。一说起怀念朋友的话，我就内心如焚。墓周围的草又青了，我才跑来祭奠。遥望远处山岭上白云缭绕，我泪水如霰，纷纷飘落。呜呼，悲哀啊！我还能说什么呢？请享用祭品吧！

祭浰头山神文

戊寅

维正德十三年戊寅二月十五日甲申，提督军务都御史王某谨以刚鬣柔毛，昭告于浰头山川之神。

译文

正德十三年二月十五日，提督军务都御史王守仁慎重地以刚鬣柔毛做成的毛笔，向浰头的山川诸神作如下昭告。

惟广谷大川，阜财兴物，以域民畜众。故古者诸侯祭封内山川，亦惟其有功于民。然地灵则人杰，人之无良，亦足以为山川之羞。兹土为盗贼所盘据且数十年，远近之称浰头者，皆曰“贼巢”，耻莫大焉，是岂山川之罪哉？虽然，清冽之井，粪秽而不除，久则同于厕溷矣；丹凤之穴，鸱狐聚而不去，久则化为妖窟矣。粪秽之所，过者掩鼻；妖孽之窟，人将持刃燔燎，环而攻之。何者？其积聚招致使然也。诚使除其粪秽，刮剜涤荡，将不终朝而复其清冽；鸱狐逐而鸾凤归，妖孽之窟还为孕祥育瑞之所矣。今兹土之山川，亦何以异于是？

译文

广谷大川，财物丰厚，五谷丰登，人畜兴旺。所以古代的诸侯祭封山川，也是因为山川诸神于民有功。地灵才能人杰，人无良，山川也会蒙羞。这片土地已经被盗贼盘踞了几十年，远近的百姓都称浰头这个地方为“贼巢”，这真是奇耻大辱，难道这是山川的罪过吗？即使如此，清冽的水井，如果秽物不除，时间久了也会变得像厕所一样肮脏；丹凤的巢穴，如果鸱狐聚在里面不走，时间久了也会变成妖窟。秽物堆积的地方，人们从旁边经过总要掩住口鼻；妖孽的窟穴，人们将会拿着刀包围它，然后用火把它烧掉。这是为什么呢？因为这些地方聚集了丑恶的东西，才招致这样的结果。假如除掉这些秽物，然后再精心清洗，不需要一个早晨就能够重新恢复井水的清冽；假如驱走这些鸱狐，让凤重新飞回来，妖孽之窟仍然还能成为孕育祥瑞的地方。现在这片土地和这又有什么不同呢？

守仁奉天子明命，来镇西陲。愤浰贼之凶悖，民苦荼毒，无所控吁，故迩者计擒渠魁，提兵捣其巢穴。所向克捷，动获如志。斯固人怨神怒，天人顺应之理，将或兹土山川之神厌恶凶残，思欲洗其积辱，阴有以相协，假手于予？今驻兵于此弥月余旬，虽巢穴悉已扫荡，擒斩十且八九，然漏殄之徒，尚有潜逃，小民不能无怨于山川之神为之逋逃主，萃渊薮也。今予提兵深入，岂独除民之害，亦为山川之神雪其耻。夫安旧染，弃新图，非中人之情，而况于鬼神乎？今此残徒，势穷力屈，亦方遣人投招。将顺而抚之，则虑其无革心之诚，复遗患于日后；逆而弗受，又恐其或出于诚心，杀之有不忍也。神其阴有以相协，使此残寇而果诚心邪，即阴佑其衷，俾尽携其党类，自缚来投，若水之赴壑，予将堤沿停畜之；如其设诈怀奸，即阴夺其魄，张我军威，风驰电扫，一鼓而歼之。兹惟下民之福，亦惟神明之休。坛而祀之，神亦永永无祚。惟神实鉴图之！尚飨。

译文

守仁奉天子圣令，前来镇守西陲。我对浰贼的凶悍感到非常气愤，老百姓深受他们残害，连控诉呼吁的地方都没有，我们决定先擒拿盗贼的首领，然后率军捣毁他们的巢穴。我们所向披靡，连战连胜，很快实现了我们的愿望。这本来就是应该的。他们的罪行实在令民众怨恨，令神灵愤怒，歼灭他们是顺应天理人意，或许是这里的山川诸神也厌恶盗贼的凶残，想要洗清这久积的耻辱，因而暗中相助，借我的手镇压了这伙盗贼吧。我们在这里驻兵已经一个多月了，虽然盗贼的巢穴全都被扫荡了，盗贼十之八九也都被擒拿或被斩首，但是一些漏网的匪徒还在潜逃，普通百姓不能不埋怨山川诸神为他们的潜逃提供了藏匿之所。现在我率领军队深入追击，不仅仅是为民除害，也是为山川之神洗刷耻辱。安于往昔沾染的不良习气，放弃新的追求，这不是一个正直的人心甘情愿做的，何况鬼神呢？这伙残余的匪徒，势单力薄，如今已经到了穷途末路了。我们正派人去号召他们自首，然后将对他们从宽发落，但又担心他们不是真心实意地悔过自新，以致遗患无穷；然而如果不接受他们自首，又担心他们中间确实是有人是出于诚心来自首，杀了这样的人，我们也心中不忍。神灵能否暗中相助，使这些残余的贼寇能够真心实意地自首呢？如果神灵能相助，就请让他们真心地带着他们的同党，自己绑缚着自己前来自首，就像水奔赴沟壑一样，我将会筑堤修坝蓄积；如果他们想要弄阴谋诡计，就请神灵暗中夺取他们的魂魄，张扬我军的威风，让我军如风驱电扫一般，一鼓作气全部把他们歼灭。这是百姓之福，也是神明的美善。我们将会设坛祭祀你们，这样神灵之福将绵延无尽。希望神灵明鉴！请享用吧。

祭徐曰仁文

戊寅

呜呼痛哉！曰仁，吾复何言！尔言在吾耳，尔貌在吾目，尔志在吾心，吾终可奈何哉！记尔在湘中还，尝语予以寿不能长久。予诘其故。云：“尝游衡山，梦一老瞿昙，抚曰仁背，谓曰‘子与颜子同德’，俄而曰‘亦与颜子同寿’。觉而疑之。”予曰：“梦耳。子疑之，过也。”曰仁曰：“此亦可奈何？但令得告疾早归林下，冀从事于先生之教，朝有所闻，夕死可矣。”呜呼！吾以为是固梦耳，孰为乃今而竟如所梦邪！向之所云，其果梦邪？今之所传，其果真邪？今之所传，亦果梦邪？向之所梦，亦果妄邪？呜呼痛哉！

译文

呜呼，悲痛啊！曰仁，我还能说些什么呢！你说的话还回响在我的耳边，你的容貌还萦绕在我的眼前，你的志向还留在我的心里，我该怎么办！记得你在湘中时曾经对我说你的寿命不会太长久。我当时就反驳你。你说：“在游览衡山的时候，我曾经梦见过一位老和尚，他一边抚摸着我的背一边对我说‘你与颜渊有相同的品德’，一会儿他又说‘也与颜渊有相同的寿命’。醒来后，我一直感到很疑惑。”我说：“这只是一个梦而已。你的疑心未免也太重了。”曰仁说：“如果真是如此，这也是没有办法的事！只不过现在我要因病告退了，早日辞官回乡，也希望能够研究先生的心性之学，如果早上能够有所思悟，那么即使晚上死去也无憾了。”呜呼！我原以为这只是一个梦，不曾想到如今竟真的如梦中那样！原先他说的真的只是一个梦吗？今天所传闻的，是真的吗？今天所传闻的，也只是一个梦吗？原先所梦见的，是荒诞的吗？呜呼，真让人痛心啊！

曰仁尝语予："道之不明，几百年矣。今幸有所见，而又卒无所成，不亦尤可痛乎？愿先生早归阳明之麓，与二三子讲明斯道，以诚身淑后。"予曰："吾志也。"自转官南赣，即欲过家，坚卧不出。曰仁曰："未可。纷纷之议方驰，先生且一行，爰与二三子姑为饘粥计，先生了事而归。"呜呼！孰谓曰仁而乃先止于是乎！吾今纵归阳明之麓，孰与予共此志矣！二三子又且离群而索居，吾言之而孰听之？吾倡之而孰和之？吾知之而孰问之？吾疑之而孰思之？呜呼！吾无与乐余生矣。吾已无所进，曰仁之进未量也。天而丧予也，则丧予矣，而又丧吾曰仁何哉？天胡酷且烈也！呜呼痛哉！朋友之中，能复有知予之深、信予之笃如曰仁者乎？夫道之不明也，由于不知不信。使吾道而非邪则已矣，吾道而是邪，吾能无蕲于人之不予知予信乎？

译文

曰仁曾经对我说："道不明朗已经几百年了。如今虽然有幸看见了一点，可最终还是没有多少成就，这不也是特别值得痛心的事吗？愿先生早日回到阳明山麓，为我们这些人讲明这个道，以便我能以至诚立身行事。"我说："这是我的志向。"自从转到南赣做官，我就一直想回家，从此隐居起来再也不出门。曰仁说："先生不能这样做。有关心性之学的言论正在迅速传播，况且先生又是唯一内行的人，姑且为了我们这些人，先生还是把事情做完再回家吧。"呜呼！谁会想到曰仁竟然先去世了呢！纵使我回到阳明山脚下，谁又能与我共此志向呢！你们几个人又都离群索居，我讲解，有谁能来听呢？我倡导，有谁能来和呢？我了解，有谁能来问呢？我困惑，有谁能来一起思考呢？呜呼！我感觉活着毫无乐趣。我已经没有什么进展了，但曰仁的进步是无法估量的。天若要毁灭我，就毁灭我好了，为何要毁灭我的曰仁呢？上天啊，你为什么这么残酷！呜呼，实在是太令人痛心了！朋友之中，还有谁能像曰仁这样深深地了解我、真诚地相信我呢？道之所以不明朗，是因为人们不知道也不相信。如果我的道不是邪道，就可以祈盼人们了解它相信它；如果我的道是邪道，我能祈盼人们了解我、信任我吗？

自得曰仁讣，盖哽咽而不能食者两日。人皆劝予食。呜呼，吾有无穷之志，恐一旦遂死不克就，将以托之曰仁，而曰仁今则已矣。曰仁之志，吾知之，幸未即死，又忍使其无成乎？于是复强食。呜呼痛哉！吾今无复有意于人世矣。姑俟冬夏之交，兵革之役稍定，即拂袖而归阳明。二三子苟有予从者，尚与之切磋砥砺，务求如平日与曰仁之所云。纵举世不以予为然者，亦且乐而忘其死，惟百世以俟圣人而不惑耳。曰仁有知，其尚能启予之昏而警予之惰邪？呜呼痛哉，予复何言！

译文

自从获知曰仁的死讯之后，我因过度悲伤不思茶饭已经两天了。人们都劝我吃些东西。呜呼，我有远大的志向，又害怕自己一旦死去而不能实现，便想将它托付给曰仁，没想到曰仁竟然先我而去了。我也知道曰仁的志向，幸亏我没有很快死去，我能忍心让他的志向无法实现吗？于是我就强迫自己吃些东西。呜呼，真是太让人痛心了！我如今已经不再有意于人世了。姑且等到冬夏之交，一旦战乱稍稍平定，我就坚决回到阳明山。其他几位如果有愿意跟随我而去的，我尚且还能同他们互相勉励切磋，我一定要像平日那样严格要求自己，就像和曰仁说过的那样。即使举世之人都不认可我的心性之学，我也会乐此不疲，忘我地去求索，我愿意为成为圣人达到不惑的境界而等待一百年。曰仁如果在天有灵，他还会在我困惑的时候给我启迪，在我懈怠的时候给我警醒吗？呜呼！这实在是太让人心痛了！我还能有什么话可说呢！

祭孙中丞文

己卯

呜呼！脅阿苟容，生也何庸！康慨激烈，死也何惘！勤劳施于国，而惠泽被于民，孰谓公之死而非生乎？守臣节以无亏，秉大义而不屈，孰谓公之归而非全乎？方逆焰之已炎，公盖力扑其燎原之势而不能，屡疏乞免，又不获请，则旁行曲成，冀缓其怒而徐为之图。盖公处事之权，而人或未之尽知也。比其当危临难，伏节申忠，之死靡回，然后见公守道之常，心迹如青天白日，而天下之人始洞然无疑矣。呜呼！逆藩之谋，积之十有余年，而败之旬日，岂守仁之智谋才力能及此乎？是固祖宗之德泽，朝廷之神武，而公之精忠愤烈，阴助默相于冥冥之中，是亦未可知也。公之子挟刃赴仇，奔走千里，至则逆贼已擒，遂得改殡正殓，扶公榇而还。父子之间，忠孝两无所愧矣，亦何憾哉！守仁于公，既亲且友，同举于乡，同官于部，今又同遭是难，岂偶然哉！灵舟将发，薄奠写哀，言有尽而意无穷。呜呼！

译文

呜呼！曲从讨好以取悦于人，苟且偷生，这样活着是多么平庸！精神振奋，慷慨激昂，充满正气，死亡又有什么可怕！孙公为国家勤勤恳恳地工作，把恩惠和福泽施布给百姓，谁能说他不是虽死犹生呢？他坚守做臣子的气节，一点不让它有所损害；他秉承着大义，一点也不愿屈服，谁说他全是错的呢？当叛贼的气焰正高涨的时候，孙公想尽力扑灭他们的燎原之势却没有做到，他一次又一次上疏请求朝廷免去自己的职务，但没有获得朝廷的批准，于是他只有从别的途径通过各种曲折的方式进行工作，希望这样既可以缓解皇帝的愤怒，又能够慢慢地图谋讨伐逆贼的办法。他处理事情如此谨慎周到，而当时人们大约还不知道这一点。直到他面临危难，仍坚守节操，伸张忠心，慷慨赴死以后，人们才发现他是如此恒常地坚守道义，他的心迹像青天白日一样纯洁；天下之人这时才清楚透彻地了解了他。呜呼！叛贼的阴谋酝酿了十几年了，可是仅仅几十天就被打败，这难道是凭借着守仁的智谋才力所能做到的吗？这很有可能是祖宗的恩泽、朝廷的神武以及孙公的忠诚愤激之心，在冥冥之中暗中帮助我们。孙公的儿子，拿着刀奔走了上千里，要去为父亲报仇，等他赶到那儿，叛贼已经被擒住了，于是他便把父亲的遗体装殓好，扶着灵柩回家了。他们父子两人，一个无愧于忠诚，一个无愧于孝道，从这一点来看，孙公的去世又有什么可遗憾的呢！守仁和孙公既是亲戚又是朋友，我们同时通过乡试被选拔出来，又同时到部里做官，现在又共同遭遇这场国难，这难道是偶然吗！装载孙公灵柩的船即将出发了，谨以此文祭奠孙公并表达我的哀思，言语有尽但心意无穷。呜呼！

祭外舅介庵先生文

辛巳

呜呼！自公之葬兹土，逮今二十有六年，乃始复一拜墓下。中间盛衰之感，死生之戚，险夷之变，聚散之情，可悲可愕，可扼腕而流涕者，何可胜道？呜呼伤哉！死者日以远，生者日以谢，而少者日以老矣。自今以往，其可悲可愕，可扼腕而流涕者，其又可胜道耶？二十六年而始获一拜，自今以往，获拜公之墓下者知复能几？呜呼伤哉！惟是公之子姓群然集于墓下，皆鸾停鹤峙，振羽翮而翱乎云霄未已也。所以报纯德而慰公于地下者，庶亦在兹已乎！某奉召北行，便道归省，甫申展谒，辄已告辞，言有尽而意无穷。顾瞻丘垅，岂胜凄断！尚飨。

译文

呜呼！自从公安葬在这块土地上，至今已二十六年，直到今天我才得以在墓下重新祭拜您。这期间盛衰的感慨、死生的悲戚、险夷的变化、聚散的情怀以及各种让人悲叹、惊愕、扼腕流涕的事情，哪里能够说得清道得完呢？呜呼，实在太令人痛心了！去世的人一天天远离我们，活着的人一天天老去，年轻的人也一天天变老。从今往后，令人悲叹、惊愕、扼腕流涕的事情，又怎么能够说得尽道得完呢？我二十六年才能来到公的墓前祭拜一次，在这之前能到公的墓前祭拜的人又有几个呢？呜呼，实在太令人痛心了！但愿公的后代们能聚集到公的墓下，个个都是贤俊之才，像鸾凤仙鹤一样停息直立，然后振翅高飞，翱翔于云端。他们要想报效公纯粹的德行，告慰公于九泉之下，或许这是一个较好的方式吧。我奉朝廷的命令北上，顺道回家探望父母家人，然后特意来公的墓前祭拜，就要告辞了，言语有尽而心意无穷。再回过头来瞻仰一下公的坟墓，我简直难以忍受这种凄凉断肠的感受！请享用祭品吧。

祭文相文

呜呼！文相迈往直前之气，足以振颓靡而起退懦；通敏果决之才，足以应烦剧而解纷拿；激昂奋迅之谈，足以破支辞而折多口。此文相之所以超然特出乎等夷，而世之人亦方以是而称文相者也。然吾之所望于文相，则又宁止于是而已乎！与文相别数年矣，去岁始复一会于江浒。握手半日之谈，豁然遂破百年之惑，一何快也！吾方日望文相反其迈往直前之气，以内充其宽裕温厚之仁；敛其通敏果决之才，以自昭其文理密察之智；收其奋迅激昂之辨，以自全其发强刚毅之德。固将日趋于和平而大会于中正。斯乃圣贤之德之归矣，岂徒文章气节之士而已乎？惜乎，吾见其进而未见其止也！一疾奄逝，岂不痛哉！闻讣，实欲渡江一恸，以舒永诀之哀。暑病且冗，欲往不能，临风长号，有泪如雨。呜呼文相，予复何言！

译文

呜呼！文相那勇往直前的气概，足以让那些消沉萎靡畏缩懦弱的人振奋；文相那敏锐果敢的才干，足以应付解决各种突发的麻烦和纷扰；文相那激昂伶俐的谈吐，足以让那些强词夺理的人哑口无言。这些都是文相超凡脱俗的表现，世上的人也都这么评价他。然而，我对文相的看法又何止这些呢！我与文相已经分别好几年了，去年才得以在江边和他再次相会。我们握着手交谈了半日，一下子彻底解决了百年的困惑，那是多么快乐啊！那时候，我天天盼望着文相能够丢掉他那勇往直前的气概，以便向内充实自己宽容温厚的仁心；能够收敛他那敏锐果敢的才干，以便向自己昭示文理缜密明晰的智慧；能够收起他那激昂伶俐的谈吐，以便完善自己刚强坚毅的德性。这样就能够一天天地接近平和，并且最后达到正道，这样一来，圣贤的德行也就能够达到了，哪里还只是一个擅长写文章、有志气、有节操的士人呢？

然而让人遗憾的是，我只看到他的进步，却没能看到他止于至善！一场疾病就夺去了他的生命，这难道不令人痛心吗？听闻他的死讯，我非常想渡江去凭吊他，以抒发我永诀的哀思。可是因为我暑热生病很严重，没能前往，只能临着风大声号哭，泪如雨下。呜呼，文相！我还能说些什么呢！

又祭徐曰仁文

甲申

呜呼曰仁！别我而逝兮，十年于今。葬兹丘兮，宿草几青。我思君兮一来寻，林木拱兮山日深。君不见兮，窅嵯峨之云岑。四方之英贤兮日来臻。君独胡为兮，与鹤飞而猿吟？忆丽泽兮欷歆，奠椒醑兮松之阴，良知之说兮闻不闻？道无间于隐显兮，岂幽明而异心？我歌白云兮，谁同此音？

译文

呜呼，曰仁啊！你离我而去到现在已经有十年了。你埋葬在这里，坟上的草不知道青了多少回了。每当我思念你的时候，就到这里来将你寻找。树木茂密，山林一天比一天幽深。你看不到远处那高峻连绵的山顶上正云雾缭绕。四面八方的英贤，天天来到这个至善之境。为什么唯独你与仙鹤飞翔，与猿猴吟啸？回忆一下这令人羡慕的丽泽，我在松树阴遮蔽的山顶以美酒祭奠你，你能听到良知之说吗？道不问显耀还是隐蔽，阴间和尘世的心之本体难道有什么不同吗？我歌唱白云，谁能与我同和此音？

祭国子助教薛尚哲文

甲申

呜呼！良知之学不明于天下，几百年矣。世之学者，蔽于见闻习染，莫知天理之在吾心，而无假于外也。皆舍近求远，舍易求难，纷纭交骛，以私智相高。客气相竞，日陷于禽兽夷狄而不知。间有独觉其非而略知反求其本源者，则又群相诟笑，斥为异学。呜呼！可哀也已！

译文

呜呼！良知的学问不被天下人所明白已经有好几百年了。世上的学者，往往被看到听到的情况以及不好的习惯所蒙蔽，不知道天理实际上就在自己的心中，是不需要向心外去求取的。他们大都舍近求远，舍易求难，胡乱地去追求，以偏私的见识一较高下。为了一些虚无缥缈的东西展开竞争，以致陷身于野蛮粗俗之中而自己却不知道。偶尔有人觉察出自己做得不对，并大概知道反过来从自己身上探求本源，人们就会群起耻笑责骂他，把良知之学看作是异学。呜呼！这实在太让人悲哀了！

盖自十余年来，而海内同志之士稍知讲求于此，则亦如晨星之落落，乍明乍灭，未见其能光大也。潮阳在南海之滨，闻其间亦有特然知向之士，而未及与见。间有来相见者，则又去来无常。自君之弟尚谦始从予于留都，朝夕相与者三年。归以所闻于予者语君，君欣然乐听不厌，至忘寝食，脱然弃其旧业如敝屣。君素笃学高行，为乡邦子弟所宗依，尚谦自幼受业焉。至是闻尚谦之言，遂不知己之为兄，尚谦之为弟；己之尝为尚谦师，而尚谦之尝师于己也。尽使其群子弟侄来学于予，而君亦躬枉辱焉。非天下之大勇，能自胜其有我之私而果于徙义者，孰能与于此哉！自是，其邑之士若杨氏兄弟与诸后进之来者，源源以十数。海内同志之盛，莫有先于潮阳者，则实君之昆弟之为倡也。其有功于斯道，岂小小哉！

译文

十多年来，四海之内和我志同道合的士人，稍微懂得讲求良知的学问的，也像晨星一样寥寥无几，忽明忽灭，未能见到他们发扬光大。潮阳在南海之滨，听说那里也有非常向往致良知的士人，可我没来得及与他们相见。偶尔有来相见的，却又来去不定。自从你弟弟尚谦开始跟着我留在京都学习，已经朝夕相处三年了。每次他回家就把从我这里听到的都告诉你，你非常高兴，百听不厌，以至于废寝忘食，就像放弃一双旧鞋一样毅然放弃了旧业。你平素学习刻苦，品德高尚，成为同乡子弟的榜样，尚谦自小就接受你的教诲。直到现在，如果不是听了尚谦的话，我还不知道你是他的兄长，他是你的弟弟；你曾经是尚谦的老师，尚谦曾经跟从你学习过。你让你们那里的子弟全都到我这儿来跟我学习，而你也屈尊亲自来我这儿学习。如果不是天下的大勇之士，是不可能战胜狭隘的自我私心的；即便是那些讲究义气的人，又有谁能够做到这一点呢！从那之后，你家乡的士人，像杨氏兄弟，以及后来的各位士人，源源不断来我这儿跟我学习的有数十位。四海之内和我志同道合的人，没有哪个地方能有潮阳这么多，这实际应该归功于你们兄弟俩的倡导。你们对于良知之道，哪里只是小小的功劳啊！

方将因藉毗赖，以共明此学，而君忽逝矣。其为同志之痛，何可言哉！虽然，君于斯道亦既有闻，则夕死无憾矣，其又奚悲乎？吾之所为长号涕洟而不能自已者，为吾道之失助焉耳。天也，可如何哉！

译文

我正准备凭借着我们是同乡和亲戚的关系和你共同昭明良知之学，没想到你却突然去世了。作为志同道合的人，我的悲痛怎能用语言表达得尽啊！即使如此，你对良知之道已经有所领悟，所以也算是虽死无憾了，我为何还要悲痛呢？我之所以长号痛哭不能自已，是因为我在追寻良知之路上失去了一个很好的帮手啊。苍天啊，这该怎么办才好啊！

相望千里，靡由走哭，因风寄哀，言有尽而意无穷。呜呼哀哉！

译文

相隔千里，我不能跑去哭祭你，只能请风来寄托我的哀思，言有尽而意无穷。呜呼哀哉！

祭朱守忠文

甲申

呜呼！圣学之不明也久矣。予不自量，犯天下之诋笑，而冒非其任，恃以无恐者，谓海内之同志若守忠者，为之胥附先后，终将必有所济也。而自十余年来，若吾姚之徐曰仁，潮阳之郑朝朔、杨仕德，武陵之冀惟乾者，乃皆相继物故。其余诸同志之尚存足可倚赖者，又皆离群索居，不能朝夕相与，以资切磋砥砺之益。今守忠又复弃我而逝，天其或者既无意于斯文已乎？何其善类之难合而易睽，善人之难成而易丧也！呜呼痛哉！

译文

哎！圣人的学问不被世人理解已经很久了。我不自量力，冒着全天下人的诋毁和嘲笑，有恃无恐，认为四海之内的志同道合之人，如果能够做到前仆后继，那么最终就一定能够周济天下。然而这十几年来，我们余姚的徐曰仁，潮阳的郑朝朔、杨仕德，武陵的冀惟乾等，竟然都相继去世了。其余各位志同道合之人虽然还都活着，也足以作为依靠，可他们一个个又都离群索居，我不能与他们朝夕相处来获取切磋砥砺的益处。如今守忠又弃我而去了，苍天啊，你是不是已经对斯文失去了兴趣？为何好人那么难以聚合却又那么容易分离！为何好人那么难以取得成就却又那么容易离去！呜呼，这实在是令人心痛啊！

守忠之于斯道，既已识其大者，又能乐善不倦，旁招博采，引接同志而趋之同归于善，若饥渴之于饮食，视天下之务不啻其家事，每欲以身殉之。今兹之没也，实以驱贼山东，昼夜劳瘁，至殒其身而不顾。呜呼痛哉！

译文

对于良知之道，守忠已经认识到了其中最主要的东西，而且还乐于坚持做好事，博览群书，旁征博引，引导和帮助那些志同道合的人，和他们共同追求着至善，就如同饥渴的人追求饮食一样，他们不仅将天下的大事看作自己的家事，还常常想以身殉道。他的去世，实际上是因为到山东讨伐逆贼，昼夜操劳，劳累过度导致的。呜呼，这是多么令人痛心的事啊！

始守忠之赴山东也，过予而告别，云："节于先生之学，诚有终身几席之愿，顾事功之心犹有未能脱然者，先生将何以裁之？"予曰："君子之事，敬德修业而已。虽位天地、育万物，皆已进德之事，故德业之外无他事功矣。乃若不由天德，而求骋于功名事业之场，则亦希高慕外。后世高明之士，虽知向学，而未能不为才力所使者，犹不免焉。守忠既已心觉其非，固当不为所累矣。"呜呼，岂知竟以是而忘其身乎！

译文

守忠准备要到山东的时候，来到我这里来告别，说："我对先生的心性之学，的确有终身学习下去的愿望，但是我还有追求功名事业之心，我不能完全摆脱它们，还没能做到超然物外，先生对此有什么指教吗？"我说："君子要做的事情，就是要提高自己的道德修养，修为自己的事业。人生于天地之间，培育万物，都是为了增进道德修养，所以在德业之外不存在其他的事业和功名。假如不是出于先天的良知而在功名事业上追逐，那么这就是好高骛远，贪心使然。后代高明的士人，即使懂得学习心性之学，也不得不被所谓的才气和实力所驱使，仍免不了去追求功名和事业。既然守忠已经察觉到这样做不对，就应该能够不被名利所累。"哎！我怎么会料到他竟会因为追求事业和功名而忘记关心自己的身体呢！

守忠之死，盖御灾捍患而死勤事，能为忠臣志士之所难能矣。而吾犹以是为憾者，痛吾道之失助。为海内同志之不幸焉耳。呜呼痛哉！灵輀云迈，一奠永诀。岂无良朋，孰知我心之悲？呜呼痛哉！

译文

守忠是因为防御灾患而死的，是因为尽心尽力地工作而死的，这是许多忠臣志士也难以做到的。可我还是因为他的去世感到遗憾，我为我的良知之道上又失去一个得力的助手而感到痛心。我为海内的志同道合的人感到不幸。呜呼，这实在是太让人难过了！灵柩出发之际，谨以此文祭奠守忠，作为和他永别之际的赠言。我失去了好朋友，有谁能了解我内心的悲伤呢？呜呼，心痛啊！

祭洪襄惠公文

呜呼！公以雄特之才，豪迈之气，际明良之会，致位公孤。勋业振于当时，声光被于远迩。功成身退，全节令终。若公真可谓有济时之具，而为一世之杰矣。悲夫，才之难成也！干云合抱，岂岁月所能致？任之栋梁，已不为不见用矣，又辍而置之闲散者十余年，不亦大可惜也乎！天岂以公有克肖之子，将敛其所未尽者而大发诸其后人也乎？

译文

呜呼！您凭着出色的才能、豪迈的气魄和崇高的道德修养，成为朝廷重臣。在当时，您的功劳和业绩令人瞩目，您的声名和威望远近皆知。功成名就之后，您全身而退，一生保持着良好的节操。像您这样的人真可称得上有济世的才德，不愧为一世的英杰。实在是令人悲哀啊！一个人的才能是很难充分发挥的，既需要先天的禀赋，又需要后天的努力，哪里是岁月能够自然造就的呢？把您当作栋梁使用，就已经不是什么不合理的事了，却偏偏让您这样的人才白白地闲置了十几年，这难道太可惜了吗？老天难道是因为您拥有一个非常像您的儿子，所以故意把您还没有完全施展出来的才能收藏起来，以便使您的后人更加发达吗？

公优游林下，以乐太平之盛；其没也，天子锡之祭葬，褒以美谥。生荣死哀，亦复何憾矣！而予独不能无悲且感者。方公之生，人皆知公之才美，而忌者抑之，使不得尽用，时之人顾亦概然视之，曾不知以为意。呜呼！岂知其没也，遂一仆而不可复起矣。老成典刑，为世道计者，能无悲伤乎哉！

译文

您徜徉于山水之间，享受着太平盛世的欢乐；您去世之后，天子为您赐祭赐葬，为了褒奖您还特意封给您一个美好的谥号。您活着光荣，死去依然荣耀。我哪里还有什么感到遗憾的呢？可是我偏偏感到很悲哀，不能不为此感慨万千。您活着的时候，人人都知道您有很高的才干，可是嫉妒您的人却偏偏要压制您，使您不能完全得到重用，当时的人们也忽略了这一点，不以为意。哎！谁知道您这一倒下就再也不能起来了啊！朝中老臣，那些为世道出谋划策的人，他们难道能不为此感到悲伤吗！

先君子素与于公，守仁虽晚，亦辱公之知爱。公子尝以公之墓铭见属，曾不能发扬盛美。兹公之葬，又不能奔走执绋，驰奠一觞。聊以寓其不尽之衷焉尔。呜呼哀哉！尚飨。

译文

家父与您一向关系很好，守仁虽是晚辈，但仍蒙受您的理解和厚爱。您的儿子曾经嘱咐我给您写一篇墓志铭，我却不能阐发弘扬您的美德。现在您马上就要下葬了，我又不能前去为您送葬，只能遥遥为您奠祭一杯薄酒，聊以寄托我不尽的哀思。呜呼！这实在是太让人悲伤了！您享用祭品吧。

祭杨士鸣文

丙戌

呜呼士鸣，吾见其进也，而遽见其止邪！往年士德之殁，吾已谓天道之无知矣，今而士鸣又相继以逝，吾安所归咎乎？呜呼痛哉！

译文

呜呼！士鸣啊！我刚刚看到你的进步，你却突然离开了人世！之前士德去世的时候，我就说天道再也无人知晓了，如今你紧跟着也去世了，这到底是为什么啊！呜呼！太令人痛心了！

忠信明睿之资，一郡一邑之中不能一二见，而顾萃于一家之兄弟，又皆与闻斯道，以承千载之绝学，此岂出于偶然者！固宜使之得志大行，发圣学之光辉，翼斯文于悠远。而乃栽培长养，则若彼其艰；而倾覆摧折，又如此其易！其果出于偶然，倏聚倏散，而天亦略无主宰于其闻耶？呜呼痛哉！

译文

诚信睿智，一个郡或一个村都很难看见哪怕一两个人具备这样的品质，而这样的品质集中在一家的兄弟两人身上，况且兄弟俩又都懂得良知之道，都在继承着千载的绝学，这难道是偶然的吗！这样的人，本来应该使他们能够得志以行大义，并取得巨大的成就，以便发扬圣学的光辉，让文化得到久远广泛的传播。可是，培养一个人才需要很长时间，摧折一个人才却是那么容易！难道他们具有这样的才能真的是出于偶然，所以才倏聚倏散？难道苍天一点也没有从中主宰吗？呜呼，实在的太令人痛心了！

潮郡在南海之涯，一郡耳。一郡之中，有薛氏之兄弟子侄，既足盛矣，而又有士鸣之昆季。其余聪明特达毅然任道之器，后先颉颃而起者以数十。其山川灵秀之气，殆不能若是其淑且厚，则亦宜有盈虚消息于其间矣乎？士鸣兄弟虽皆中道而逝，然今海内善类，孰不知南海之滨有杨士德、杨士鸣者为成德之士？如祥麟瑞凤，争一睹之为快，因而向风兴起者比比。则士鸣昆季之生，其潜启默相以有绩于斯道，岂其微哉！彼黄馘槁毙，与草木同腐者，又何可胜数！求如士鸣昆季一日之生死，又安可得乎？呜呼！道无生死，无去来。士鸣则既闻道矣，其生也奚以喜？其死亦奚以悲？独吾党之失助，而未及见斯道之大行也，则吾亦安能以无一恸乎！呜呼痛哉！

译文

潮阳只不过是南海边的一个郡而已，一郡之中出了薛氏兄弟子侄这样的人才，就已经够兴旺的了；而又出了士鸣兄弟俩，其余的聪明通达、刚韧果断能够肩负重任的仁人志士，先后出了几十个。这些凝聚了山川灵秀之气的人，即使不如士鸣他们那样贤良敦厚，也应该是很不错的，也许人和人之间本来就应该有些差别吧。士鸣兄弟虽然半途去世了，但是如今海内的有德之士谁人不知道南海边有杨士德、杨士鸣这两位成就了道德的人士呢？杨士德、杨士鸣就像祥麟瑞凤一样，大家都争着想见到他们，甚至以看他们一眼为快乐，因此，受他们的影响，一心向道的人到处都是。所以说，士鸣兄弟俩对这些人起到了潜移默化的作用，这种作用对传播良知之道是有很大功劳的，难道能说它微不足道吗！人世间那些碌碌无为稀里糊涂地死去最终像草木一样腐烂的人，多到数不尽！他们想要像士鸣兄弟这样活着，哪怕只活一天，也是做不到的。呜呼！道没有生死去来。士鸣既然已经闻道了，他活着我为他高兴什么，他死了我又为他悲伤什么呢？只是我们这个学派又失去了一个得力助手，没能使良知之道发扬光大，我不得不为此悲恸啊！呜呼，实在是太令人痛心了！

祭元山席尚书文

丁亥

呜呼！元山真可谓豪杰之士，社稷之臣矣。世方没溺于功利辞章，不复知有身心之学，而公独超然远览，知求绝学于千载之上；世方党同伐异，徇俗苟容，以钩声避毁，而公独卓然定见，惟是之从，盖有举世非之而不顾；世方植私好利，依违反覆，以垄断相与，而公独世道是忧，义之所存，冒孤危而必吐，心之所宜，经百折而不回。盖其所论虽或亦可动于气、激于忿，而其心事磊磊，则如青天白日，洞然可以信其无他。世方妒忌谗险，排胜己以嫉高明，而公独诚心乐善。求以伸人之才，而不自知其身之为屈；求以进贤于国，而不自知怨谤之集于其身。盖所谓“断断休休，人之有技，若己有之”者。此大臣之盛德，自古以为难，非独近世之所未见也。呜呼！世固有有君而无臣，亦有有臣而无君者矣。以公之贤，而又遭逢主上之神圣，知公之深而信公之笃，不啻金石之固、胶漆之投，非所谓明良相逢，千载一时者欤？是何天意之不可测？其行之也，方若巨舰之遇顺风；而其倾之也，忽中流而折樯舵；其植之也，方尔枝叶之敷荣；而摧之也，遂根株而蹶拔。其果无意于斯世斯人也乎？呜呼痛哉！呜呼痛哉！

译文

呜呼，元山真能够称得上是豪杰之士、社稷之臣。世人正沉溺在功利和辞章之中，不再知道有身心之学，而您却超越常人的想法和行为，追求高远，懂得探究千载绝学；世人正结党分派，打击持不同意见的人，沿袭世俗的偏见，苟且偷生，沽名钓誉，躲避批评，而您却坚持自己的见解，只追随身心之学，置举世的非议而不顾；世人正追逐个人私利，尔虞我诈，明争暗斗，唯独您担忧世道，即使冒着孤独和危险，也要把真话说出来，只要是凭着良心应该做的事情，您都百折不挠地去做。您发表的议论虽然有的是出于义愤与激动，但您的心却如同青天白日一样光明磊落，完全可以让人相信其中没有掺杂任何私心杂念。世人心中正充满着嫉妒、谗言和阴险，他们嫉妒排挤能力超过自己的人，只有您真心实意地乐于行善。谋求伸张他人才能的办法，却不知道自身经受着委屈；谋求向国家举荐贤能之士，却不知道怨恨和诽谤正在指向自己。大概所谓“认为他人拥有的能力和自己拥有的是一样的”，这样的人历史上也断断续续地出现过，这是作为大臣的最美好的德行，自古就被认为是非常难的，并不只是近代没有见过这样的人。呜呼！世上原本就存在着有君就无臣、有臣就无君的现象。您凭借您的贤德，恰巧又遇到了圣明的皇帝，他深深知晓您的心意，又十分信任您，这种理解和信任比金石还紧固，比胶漆还缠绵，这难道不就是人们通常所说的明君与良相千载难逢吗？为什么天意却如此难测？这种君臣关系得到发展，就像巨舰远航遇到顺风；这种关系发生倾覆，就像船到中流被折断樯桅和船舵；培植这种关系，就像树木刚刚长出枝叶；摧毁这种关系，就如同将树连根拔起。难道老天对这个世界和这个世界上的人们一点情意也没有吗？呜呼，这实在太令人痛心了！这实在太令人痛心了！

某之不肖，屡屡辱公过情之荐，自度终不能有济于时，而徒以为公知人之累，每切私怀惭愧。又忆往年与公论学于贵州，受公之知实深。近年以来，觉稍有所进，思得与公一面，少叙其愚以来质正，斯亦千古之一快，而公今复已矣。呜呼痛哉！

译文

我没有什么才能，却承蒙您多次盛情举荐，我自认为没能为时局做出什么贡献，白白地辜负了您的知遇之恩，所以常常暗自惭愧。回忆起往昔与您在贵州谈论心性之学的时候，我觉得受您的影响实在是太大了。近年来，我感到稍微有点进步，总想着如果能与您见上一面，和您谈一谈愚见，以便求得质询和纠正，这该是千古最快乐的一件事了，可是您如今却去世了。呜呼，实在是令人痛心啊！

闻公之讣，不能奔哭，千里设位，一恸割心。自今以往，进吾不能有益于君国，退将益修吾学，期终不负知己之报而已矣。呜呼痛哉！言有尽而意无穷。呜呼痛哉！

译文

听闻您去世的噩耗，我不能前去哭灵，只好远在千里之外为您设立灵位祭拜，以寄托我万分悲恸的心情。从今以后，在朝廷上做官，我不能对皇帝和国家有什么贡献；隐退江湖，将对研究我的心性之学有好处，想来最终也难以报答您的知遇之恩了。呜呼！这多么令人痛心啊！言有尽而意无穷。呜呼！实在是令人痛心啊！

祭吴东湖文

丁亥

呜呼吴公，吾不可得而见之矣！公之才如干将、莫邪，随其所试，皆迎刃而解；公之志如长川逝河，信其所趣，虽百折不回；公之节如坚松古柏，必岁寒而后见；公之学如深林邃谷，必穷探而始知。自其筮仕，迄于退休，扬历中外，几于四十年，而天下皆以为未能尽公之才；登陟崇显，至于大司空，而天下皆以为未能行公之志。虽未尝捐躯丧元，而天下信其有成仁死义之勇；虽未尝讲学论道，而天下知其有辟邪卫正之心。呜呼！若公者，真可谓一世豪杰，无所待而兴者矣。

译文

呜呼，吴公！我不能够再见到您了！您的才能就像干将、莫邪这两把宝剑一样锋利，无论面对什么疑难或麻烦，您都能迎刃而解；您的志向就像奔流不息的河流，凡是您想要做的事情，您都会百折不挠地去完成；您的气节就像坚松古柏，必须要到严寒的时候才能充分显露出来；您的学问就像深林幽谷一样，必须亲自去探访才能了解。从您开始踏入仕途直到退休，宦海沉浮，将近四十年，而天下人都认为您的才华还没有完全展现出来；您登上了高官显位，担任了大司空，而天下人都认为这还没有完全实现您的志向。虽然您没有为国家、为正义舍弃您的生命，但天下人都相信您有舍身成仁的勇气；虽然您不曾讲学论道，但天下人都知道您有匡扶正义、抵制邪气的决心。呜呼！像您这样的人，真可以说是一代英豪，是不能指望上天能够降你于人间的。

某于公未获倾盖，而向慕滋切；未获识公之面，而久已知公之心。公于某，其教爱勤惓，不特篇章之稠叠，而过情推引，亦复荐制之频烦。长愧菲薄，何以承公之教？而惧其终不免为知人之累也。今兹承乏是土而来，正可登堂请谢，论心求益，而公则避我长逝已一年矣！呜呼伤哉！幸与公并生斯世，而复终身不及一面，茫茫天壤，竟成千古之神交，岂不痛哉！薄奠一觞，以哭我私，公神有知，尚来格斯！

译文

我虽然没有在您身边工作过，却一直十分向往和仰慕你；我虽然没有见过您，却很早就了解您的心意。您不知疲倦地教诲关心我，不惜长篇累牍地热情引荐我、指导我，我常常感到十分惭愧和自卑，我能拿什么来回报您呢？恐怕最终我还是会辜负你的知遇之恩。如今我终于来到了这片土地，正好可以登门拜望您，向您请罪，还可以和您谈论心性之学，以获得教益，可是您却离我而去一年了！呜呼，这实在是令人悲伤啊！我虽然有幸能够和您在同一个时代生活，却始终没能见您一面，天壤辽阔旷远，我们竟然成了千古之神交，这多么令人痛心啊！我用一觞薄酒祭奠您，为我的私心而哭泣，您如果泉下有知，还请接受我的哀思！

祭永顺宝靖土兵文

戊子

维湖广永顺、宝靖二司之土兵，多有物故于南宁诸处者。嘉靖七年六月十五日乙卯，钦差总制四省军务尚书左都御史新建伯王委南宁府知府蒋山卿等，告于南宁府城隍之神，使号召诸物故者之魂魄，以牛二、羊四、豕四，祭而告之曰：

译文

湖广的永顺、宝靖两支部队中，有许多战士死在南宁一带。嘉靖七年六月十五日的乙卯时刻，钦差总制四省军务的尚书左都御史新建伯王守仁，委托南宁府知府蒋山卿等人，向南宁府城隍神祭告。请他召集各位阵亡战士们的魂魄，然后把两头牛、四只羊、四口猪，祭献给这些死难者们，祭文如下：

呜呼！诸湖兵壮士，伤哉！尔等皆勤国事而来，死于兹土，山溪阻绝，不能一旦归见其父母妻子，旅魂飘摇于异域，无所依倚，呜呼痛哉！三年之间，两次调发，使尔络绎奔走于道途，不获顾其家室，竟死客乡，此我等上官之罪也，复何言哉！复何言哉！古者不得已而后用兵，先王不忍一夫不获其所，况忍群驱无辜之赤子而填之于沟壑？且兵之为患，非独锋镝死伤之酷而已也，所过之地，皆为荆棘；所往之处，遂成涂炭。民之毒苦，伤心惨目，可尽言乎？迩者思、田之役，予所以必欲招抚之者，非但以思、田之人无可剿之罪，于义在所当抚，亦正不欲无故而驱尔等于兵刃之下也。而尔等竟又以疾病物故于此，则岂非命耶？呜呼伤哉！人孰无死，岂必穷乡绝域能死人乎？今人不出户庭，或饮食伤多，或逸欲过节，医治不痊，亦死矣。今尔等之死，乃因驱驰国事，捍患御侮而死，盖得其死所矣。古人之固有愿以马革裹尸，不愿死于妇人女子之手者。若尔等之死，真无愧于马革裹尸之言矣。呜呼壮士！尔死何憾乎？

译文

呜呼！各位湖广的壮士们，何其悲伤！你们都是为了国家而战死在这片土地上的，山川河流阻挡，你们不能回家看一看父母妻儿，你们的魂魄在异域飘摇，无所依靠。呜呼，这实在是令人心痛啊！三年间，朝廷两次调动发兵，使你们不停地在途中奔走，你们不能照顾自己的家室，最终客死异乡，这是我们这些为官者的罪过啊，我们还有什么话好说呢！我们还有什么话好说呢！古时候，人们往往是到迫不得已的时候才发动军队，先王也不忍心让任何一个人流离失所，更不忍心让成群的赤子之躯填到沟壑。而且，战士们遭受的祸患还不仅仅是被刀箭等武器打死打伤之类的残酷事情，他们所经过的地方都变成一片荆棘，他们所到之处都是一片生灵涂炭。百姓的疾苦，让他们触目伤心，所有这一切怎么能够说得尽呢？最近的思、田之战，我之所以要坚持招降叛贼，不仅是因为思、田的敌人没有犯下足够被剿灭的罪行，按理应当宽免他们，而且是因为我不想无缘无故驱使你们前去厮杀，没想到你们竟然又因疾病死在这里，这难道是命吗？呜呼，实在是太令人痛心了！人终有一死，但难道一定要死在穷乡绝域吗？现在，许多人足不出户而死，有的因为饮食过多，有的因为纵欲过度，有的因为疾病医治不好。可是你们的死是为了国家，是为了替百姓抵御外侮消除祸患，所以你们的死是死得其所。古人本来就宁可马革裹尸英勇战死在沙场，也不愿死在女人和子女手里。像你们这样死去，是无愧于马革裹尸这种说法的。呜呼，壮士啊！你们的死还有什么可遗憾的呢？

今尔等徒侣皆已班师去矣，尔等游魂漂泊，正可随之西归。尔等尚知之乎？尔等其收尔游魂，敛尔精魄，驾风逐雾，随尔徒侣，去归其乡。依尔祖宗之坟墓，以栖尔魂；享尔妻子之蒸尝，以庇尔后。尔等徒侣或有征调之役，则尔等尚鼓尔生前义勇之气，以阴助尔徒侣立功报国，为民除患。岂不生为壮烈之夫，而没为忠义之士也乎！

译文

现在你们的战友都已经班师回朝了，你们漂泊的游魂正好可以跟随他们归向西方，你们知道吗？你们收敛好自己的游魂和精魄，驾着风，乘着雾，随着你们的战友回到故乡去吧。然后依傍着你们的祖宗的坟墓，让你们的灵魂得到安息；享用你们的妻儿祭献的供品，以便荫庇你们的后代。你们的战友可能还要参加其他战役，你们要鼓足你们生前的义勇之气，暗中帮助他们立功报国，为民除患。这样，你们活着是壮烈之人，死了是忠义之士！

予因疾作，不能亲临祭所，一哭尔等，以舒予伤感之怀。临文凄怆，涕下沾臆。今委知府布告予衷，尔等有灵，尚知之乎？呜呼伤哉！

译文

由于疾病发作，我不能亲自到场为你们祭祀，只好痛哭一场，来表达我的哀伤之情。对着这篇祭文，我凄切悲怆，只能用眼泪来表达我的感情。现在我委托知府祭奠你们，你们在天有灵，知道这一切吗？呜呼，实在是太令人悲痛了！

祭军牙六纛之神文

戊子

惟神秉扬神武，三军司命。今制度聿新，威灵丕振。伏惟仰镇国家，绥定祸乱，平服蛮夷，以永无穷之休。尚飨。

译文

六纛之神啊，你们秉持传扬着神的威武，主宰着三军将士的性命。如今国家制度上下一新，威灵大振。我们跪请您保佑国家江山社稷，平定灾祸变乱，让蛮夷顺服，以使你们的美善永世长存。请享用祭品吧。

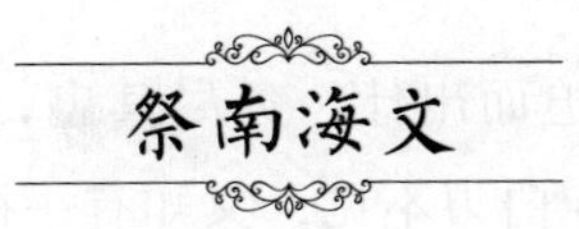

祭南海文

戊子

天下之水，萃于南海，利济四方，涵濡万类。自有天地，厥功为大。今皇圣明，露降河清。我实受命，南荒以平。阴阳表里，维海效灵。乃陈牲帛，厥用告成。尚飨。

译文

天下的水，最终都汇聚到南海，南海对四面八方都施下了恩泽，万物都要靠南海之水滋润浸养。自从有天地以来，南海就立下了很大的功劳。现如今，皇帝圣明，普降恩泽，天下太平。我这次受命来平定南方。阴阳表里，都是南海的英灵在为我朝效力。于是我们特意摆上专门宰杀的牲畜和布帛，请南海之神享用吧。

祭六世祖广东参议性常府君文

戊子

于维我祖，效节于高皇之世，肇禋兹土，岁久沦芜。无宁有司之不遑，实我子孙门祚衰微，弗克灵承显扬。盖冥迷昏隔者八九十年，言念怆恻，子孙之心，亦徒有之。

译文

我祖啊，高皇在世的时候，您为了尽忠高皇而不幸去世，当时这里还有人为您祭祀，时间长了人们便把你遗忘了。与其说是因为有关官员忙得顾不上您，倒不如说是因为我们这些子孙后代家室衰微，不能继承并显扬您的丰功伟绩，竟这样稀里糊涂地过了八九十年，我们只会对您的不幸遭遇感到悲伤和同情，却不能拿出实际的行动纪念您，简直是空有一颗子孙的心。

恭惟我祖晦迹长遁，迫而出仕，务尽其忠，岂曰有身没之祀？父死于忠，子殚其孝，各安其心。白刃不见，又知有一祀之荣乎？顾表扬忠孝，树之风声，实良有司修举国典，以宣流王化之盛美，我祖之烈，因以复彰。见人心之不泯，我子孙亦藉是获申其怆郁，永有无穷之休焉。及兹庙成，而末孙某适获来蒸，事若有不偶然者。我祖之道，其殆自兹而昌乎！

译文

您原本是打算隐姓埋名长期隐居的，后来才被迫出来做官，为官期间您殚精竭虑尽忠朝廷，哪里想到过死后被人祭祀的事呢？然而，父辈为忠而死，子辈也尽了他们的孝道，这样，双方都能安定心神，谁又能想到死后被人祭祀的光荣呢？但是，表扬忠孝的行为，树立忠孝的风气，又的确是一个好的官员应该做到的，当下有关部门正在修订国法典章，以便宣扬圣朝教化的巨大成就，我祖的功业也能够得到重新彰显了。可见，人心是不会泯灭的。我们这些子孙后辈也借这个机会表达一下我们的悲怆和忧伤，这是一件永垂不朽的大好事。等到这座庙建成的时候，末孙王守仁正好来到此地上任，如果这不是一种巧合，那么您的盛德大概会从此昌盛起来吧！

某承上命，来抚是方。上无补于君国，下无益于生民，循例省绩，实怀多惭。至于心之不敢以不自尽，则亦求无忝于我祖而已矣。承事之余，敢告不忘。以五世祖秘湖渔隐先生彦达府君配。尚飨。

译文

我奉圣上的命令，前来安抚这个地方。可是我上无助于国家社稷，下无益于黎民百姓，每当我依照往例总结反省自己的时候，总是感到很惭愧。对于自己，我自然不敢不尽心，但更求无愧于我祖。在继承您的功业之外，为了让黎民百姓不忘您的功绩，我们把五世祖秘湖渔隐先生彦达府君的牌位和您的牌位共同供奉在这个庙里。请享用祭品吧。